Volker J. Becker

GOTTES GEHEIME GEDANKEN

Was uns westliche Physik
und östliche Mystik über Geist,
Kosmos und Menschheit zu sagen haben

W0073011

WILHELM HEYNE VERLAG
MÜNCHEN

Verlagsgruppe Random House FSC-DEU-0100
Das für dieses Buch verwendete
FSC®-zertifizierte Papier *Holmen Book Cream*
liefert Holmen Paper, Hallstavik, Schweden.

Taschenbucherstausgabe 11/2011

Copyright © 2008 by Lotos Verlag, München,
in der Verlagsgruppe Random House GmbH
Copyright © 2011 dieser Ausgabe
by Wilhelm Heyne Verlag, München,
in der Verlagsgruppe Random House GmbH
Umschlaggestaltung: Guter Punkt, München
Umschlagmotiv: © Amos Struck, www.photocase.com
Herstellung: Helga Schörnig
Satz: Leingärtner, Nabburg
Druck und Bindung: GGP Media GmbH, Pößneck
ISBN 978-3-453-70189-2

www.heyne.de

Llixgrijb

Stellen wir uns doch einmal einen Bereich vor, in dem es keine Höhe, Breite, Tiefe oder Zeit gibt ... Stellen wir uns ein Wesen vor, das in diesem Bereich lebt, ein Wesen Namens Llixgrijb.

Stellen wir uns vor, das arme Llixgrijb sitzt in einer Art extradimensionalem Einsturz gefangen ... Es gibt kein Entrinnen. Aber Llixgrijb ... kann nicht sterben. Sein Bewusstsein dauert an, ganz auf sich gestellt und in alle Ewigkeit – wie immer in solch einem Bereich Ewigkeit aussehen mag –, absolut paralysiert. Wie würden wir uns in dieser Situation verhalten? ... Wir würden Welten in unserem Geist erschaffen, Welten in uns selbst ... Llixgrijb schuf sich ein Universum ...

Aus: *The Jamais Vu Papers* von Wim Coleman und Pat Perrin

Möge dieses Buch allen Llixgrijbs auf der Suche nach Wahrheit und Weisheit dienlich sein und dem Geist des Llixgrijbs bei der Erschaffung seines Universums helfen!

V. J. Becker
25. 12. 2005

Inhalt

Leben, Geist, Bewusstsein und was kommt danach?

Vorwort

>*Als Gott das Universum schuf, war seine geringste Sorge,
es so zu schaffen, dass wir es verstehen.*«

ALBERT EINSTEIN

Es gibt im Großen und Ganzen zwei Sorten Bücher auf dem Markt, welche den Anspruch erheben, wissenschaftlich zu sein. Die erste Gruppe, welche dem meist mehr als gerecht wird, von promovierten Wissenschaftlern und Universitätsprofessoren verfasst, ist leider oft für das breite Publikum wenig geeignet. Meist trocken geschrieben, sprachlich und fachlich auf einem sehr hohen Niveau, mit Mathematik und Fachwörtern durchzogen, sodass viele Laien abgeschreckt werden. Darüber hinaus will nicht jeder Leser mit der kompletten Wissenschaftsgeschichte konfrontiert werden, wenn er nur etwas über den aktuellen Stand des naturwissenschaftlichen Weltbildes erfahren möchte. Populärwissenschaftliche Bücher sind oft sehr ähnlich im Inhalt und holen zu weit aus. Selbst wenn man mehrere Werke durcharbeitet, erfährt man wenig Neues. Dies ist verständlich, da sich seriöse Wissenschaftler nicht gern Spekulationen hingeben und sich nur streng an die empirische Wissenschaft halten.

Die zweite Gruppe populärwissenschaftlicher Veröffentlichungen ist meist zu spekulativ, driftet zu sehr ins Mystische und Esoterische ab, liefert nur wenige bis gar keine rationalen Erklärungen. Es werden Kapitel für Kapitel nicht verifizierbare Erlebnisberichte von Geistererscheinungen, Ufosichtungen u. Ä. aneinandergereiht. Diese Lektüre kann für jeden denkenden Menschen nur unbefriedigend sein. Im vorliegenden Werk versucht der Autor einen Brückenschlag zwischen Philosophie, Wissenschaft, Parapsychologie, Grenzwissenschaft und Mythologie. Auf diese Weise soll ein ganzheitliches Bild vom Verständnis unseres Universums, der Frage nach der Schöpfung sowie heute noch nicht befriedigend erklärten Themen hergestellt werden. Dabei wird sowohl auf Mathematik als auch auf Erlebnisberichte verzichtet, es soll weitgehend nur durch gedankliche philosophische Betrachtungen der Versuch unternommen werden, dem Geheimnis der Schöpfung auf den Grund zu gehen. Eine Theorie oder ein Versuch muss nicht bis ins Detail erklärt bzw. verstanden werden, wichtig ist nur, dass man sich Gedanken über die daraus entstehenden Konsequenzen macht.

Die meisten Bücher, im Übrigen auch Filme, in unserer westlichen Welt haben einen Anfang und ein Ende, sind ähnlich einer Linie gerade, aufeinander aufbauend in einer Richtung verlaufend. In östlichen Weltanschauungen spielt die Linie keine so große Rolle, hier dominiert der Kreis, alles ist in einem abgeschlossen, in sich selbst zurücklaufend, ohne Anfang und Ende, aus sich selbst heraus existent, jedes ist Teil des Ganzen, jedes Teil enthält das Ganze, alles ist Anfang und Ende zugleich.

Dies bedeutet für das vorliegende Buch, dass man es nicht durchgehend von vorne bis hinten in exakter Reihenfolge lesen muss, man kann Seiten und Kapitel überspringen oder untereinander vertauschen, ohne den Sinn zu entstellen. Wobei sich die Kapitel aber auch gegenseitig durchdringen, so findet man quantenphysikalische Aspekte im Bereich des Bewusstseins und umgekehrt.

Auch kreuzen sich die Untergruppen der Parapsychologie mit der Quantenphysik oder die Unsterblichkeit der Seele überschneidet sich mit der Suche nach Gott.

So ist eben alles von jedem durchdrungen. Denn wie in der östlichen Tradition seit Jahrtausenden bekannt, enthält das Teil das Ganze und Alles ist Anfang und Ende.

In der Argumentationskette wird weitgehend versucht, sich an wissenschaftlich fundierte Thesen zu halten, wobei die meisten hier aufgeworfenen Fragen sich heute wissenschaftlich nicht befriedigend beantworten lassen. Es ergibt sich daher, dass viele Gedankengänge rein philosophischer Natur sind.

Auch bemüht sich der Autor, keine einseitige Stellung zu beziehen. In den einzelnen Themenbereichen werden sowohl Pro und Kontra behandelt. Wobei es natürlich je nach Gebiet für die eine oder andere Seite mehr oder weniger Argumente gibt.

Einige Argumentationsketten widersprechen sich auch, aber genau dies ist gewollt. Es gibt eben nicht immer eindeutige Sichtweisen.

Des Weiteren war ich von anderen Büchern oft enttäuscht, nachdem die in der Überschrift eines Kapitels gemachten Versprechungen im Text nicht erfüllt wurden. Man muss sich oft durch 30 oder 40 Seiten kämpfen und erfährt nur an einer Stelle etwas über das eigentliche Problem. Ich hoffe, dies besser gelöst zu haben. Deshalb fallen die Unterkapitel auf den ersten Blick etwas knapp aus. Auch erachte ich es nicht für sinnvoll, jedes erwähnte physikalische Gesetz oder jede Theorie bis ins Detail seitenlang zu erörtern. Die Erklärungen gehen nur so weit bzw. so tief, wie sie hier nötig sind. Bei Unklarheiten sollten Fachbegriffe oder Gesetze in der entsprechenden Literatur nachgelesen werden.

Die in diesem Buch verarbeiteten Gedanken sind über einen Zeitraum von etwa 20 Jahren entstanden. Seit dem Abitur faszinieren mich die grundlegenden Fragen unserer Existenz, aber auch Themen wie die Parapsychologie, welche von der Wissenschaft heute noch nicht befriedigend beantwortet werden können. Es ist für mich nicht wichtig zu wissen, wie ein Videorekorder funktioniert, es genügt zu wissen, dass es dabei kein Geheimnis gibt, dass es Ingenieure gibt, welche dieses Gerät bauen und erklären können. Diese endgültige Beschreibung eines Sachverhaltes ist bei den hier behandelten Themen heute noch nicht möglich, deshalb sind sie ja auch so interessant. Als ich nach Jahren intensiven Selbststudiums und unzähligen besuchten Vorlesungen, Vorträgen, Seminaren oder Diskussionsrunden genug eigene Gedanken oder auch neue eigene Interpretationen von Gedanken anderer gesammelt hatte, reifte der Entschluss zu diesem Buch.

Mit der naiven Vorstellung, mal eben in zwei, drei Wochen alles sauber abzutippen, machte ich mich an die Arbeit. Dabei musste ich feststellen, dass sich beim Schreiben und Recherchieren in den Unterlagen immer neue Gedanken einstellten, aber auch Älteres verworfen wurde. So begann ein Prozess, der über einen Zeitraum von gut zwei Jahren mit dem hier vorliegenden Buch abschließt.

Einige Theorien mögen dem nüchtern wissenschaftlich denkenden Leser manchmal etwas weit hergeholt erscheinen. Aber wir wären in den letzten Jahrhunderten nicht einen Schritt weitergekommen, wenn es nicht immer Menschen gegeben hätte, welche die bis dahin geltenden Weltbilder infrage stellten und neue Gedanken entwickelten. Alles Neue wirkt zuerst unglaubwürdig. Bedenken Sie, wie die Relativitätstheorie oder die Quantentheorie auf Galilei oder Newton wirken würde. Diese würden als Hexerei und Okkultismus verworfen. Vielleicht gehen Physiker in 100 Jahren mit immateriellen Geistwelten oder holografischen Paralleluniversen genauso selbstverständlich um wie heute mit Raketentechnik oder Kernspaltung.

Wenn ich in Vorträgen oder Diskussionen die Worte Relativitätstheorie oder Quantentheorie erwähne, bekomme ich von Zuhörern oder Gesprächspartnern oft Antworten wie: »Ja, das ist zwar alles ganz schön, aber eben doch nur eine Theorie!« Deshalb muss hier ganz klar gesagt werden, dass der Begriff der Theorie im wissenschaftlichen Sinne nicht mit dem Sinn im normalen Sprachgebrauch verwechselt werden darf. Eine wissenschaftliche Theorie ist ein Modell, welches mit physikalischen Gesetzen und Axiomen untermauert bzw. mathematisch bewiesen worden ist. Ja, es ist kein Problem, einen Sachverhalt rein theoretisch mathematisch zu beweisen. Sie können ja auch den Satz des Thales mathematisch beweisen, ohne alle möglichen Winkel im Halbkreis einzeln nachzumessen. Darüber hinaus kann anhand der Schönheit und Einfachheit, der Konsistenz und Symmetrie einer Theorie abgeleitet werden, ob sie in das Weltbild passt. Aber auch in der Praxis sind die großen Theorien längst unzählige Male bewiesen worden und sie heißen trotzdem noch Theorie.

Ein weiterer wichtiger Punkt ist die Tatsache, dass es Dinge oder Prozesse gibt, welche nach den Gesetzen der Physik prinzipiell unmöglich sind, und andere, welche nur heute aufgrund unseres aktuellen Standes der Technik nicht möglich, in Zukunft aber sehr wohl realisierbar sind. Es existiert z. B. kein physikalisches Gesetz, welches Telepathie prinzipiell verbietet. Dagegen ist es aber prinzipiell unmöglich, ein Perpetuum Mobile zu bauen; dies wird auch in 100 000 Jahren nicht möglich sein. Energie kann nicht erzeugt oder vernichtet, sondern nur umgewandelt werden. Die Gesamtenergie im Universum bleibt immer gleich. Im Moment ist es uns nicht möglich, mit 99 % der Lichtgeschwindigkeit zu fliegen, dies ist aber nur ein technisches Problem. Grundsätzlich ist dies möglich. Daher ist anzunehmen, dass wir es in 100 000 Jahren können werden.

So hoffe ich nun, den Leser auf der Suche nach der tieferen Wahrheit und den Fragen unserer Existenz ein kleines Stück weiterzubringen.

Dank gilt allen Menschen, welchen ich in diesen zwanzig Jahren der Suche nach Wahrheit und Weisheit begegnet bin und welche mich zu dem vorliegenden Manuskript mit Anregungen und Gesprächen inspiriert haben. Darunter Physiker, Ingenieure, Philosophen, Mediziner, Theologen, Buddhisten, Parapsychologen, Esoteriker oder einfach der geistreiche Mann auf der Straße.

Einleitung

> *»Ich möchte dem alten Herrn in die Karten schauen,*
> *seine Gedanken kennen, alles andere sind Details.«*
>
> ALBERT EINSTEIN

Im Jahr 1600 wurde ein italienischer Philosoph Namens Giordano Bruno als Ketzer auf dem Scheiterhaufen verbrannt, weil er die kopernikanische Lehre vertrat und Thesen über ein endloses Weltall und andere Planeten äußerte. 33 Jahre später hatte ein anderer Astronom etwas mehr Glück. Als er vor der heiligen Inquisition seiner Irrlehre abschwor, wurde er nur zu lebenslangem Arrest und Lehrverbot verurteilt, sein Name war Galileo Galilei. Es sollte bis ins Jahr 1992 dauern, dass die Kirche Galilei offiziell rehabilitierte.

Seit sich die Wissenschaft abgespalten von der Religion entwickelt, kommt es immer wieder zu Kontroversen. Es dominiert die Vorstellung, dass Wissenschaft und Religion zwei antagonistische Weltanschauungen verkörpern. Dabei hat in den Köpfen moderner Denker längst ein Paradigmenwechsel stattgefunden, sodass man sie heute als komplementäre Interpretationen einer ganzheitlichen tieferen Wirklichkeit auffassen muss. Einstein drückt dies wie folgt aus:

»Wissenschaft ohne Religion ist lahm, Religion ohne Wissenschaft ist blind!«

Wir bilden uns ein, mit unserem wissenschaftlichem Reduktionismus alles zu verstehen. Die moderne wissenschaftliche Forschung ist gerade mal etwa 300 Jahre alt, noch vor etwa 200 Jahren hätten die Menschen ein Telefon, ein Auto oder einen Fernseher als übernatürlich oder als Hexerei empfunden. Es drängt sich die Frage auf, wann wir Dinge wie Telepathie oder Telekinese wissenschaftlich erklären und als ganz natürlich ansehen. Im Vergleich zu den 13,7 Milliarden Jahren, welche unser Kosmos schon existiert, ist die Existenz des menschlichen Verstandes bzw. der Wissenschaft nur eine Sekunde in der Unendlichkeit. Wir wissen noch so gut wie nichts von der Realität, wir haben gerade erst begonnen, darüber nachzudenken. Moderne Theorien wie die Quantentheorie scheinen darauf hinzudeuten, dass alles im Universum zusammenhängt, sogar das menschliche Bewusstsein, und implizieren somit analog zu östlichen Philosophien ein holistisches Weltbild. Den Sinn eines Buches finden wir in keinem einzelnen Wort, kein Mediziner hat je Leben in den Atomen einer Zelle entdeckt, kein Neurochirurg einen Gedanken in einer Hirnzelle, um mit Aristoteles zu sprechen: »Das Ganze ist mehr als die Summe seiner Teile!«

Begeben wir uns nun auf die fantastische Reise in die Tiefen des Seins und beschließen diese Einleitung mit den Worten Werner Heisenbergs: »Ein Schluck aus dem Becher der Wissenschaft macht atheistisch, aber am Boden findet sich Gott!«

Gott, Schöpfung und Urknall

> *»Wir leben in der vollkommensten aller Welten.«*
>
> GOTTFRIED WILHELM LEIBNIZ

> *»Gott ist Mathematiker.«*
>
> PAUL DIRAC

Betrachtet man sich das Werk eines Künstlers, eines Malers oder Bildhauers, so ist es nicht zwingend erforderlich zu wissen, mit welchen Werkzeugen, welcher Art Farbe usw. das Werk geschaffen wurde, um das Gesamtbild zu verstehen. Details eines Kunstwerkes besitzen nicht unbedingt eine größere Relevanz, welche zum Verständnis des Sinns beiträgt. Die wahre Tiefe steckt in der Gesamtheit. Wir wollen uns nun nicht damit beschäftigen, die Expansionstheorie, die Inflationsphase, die Entstehung von Sternen durch Gravitationsdruck aus Gasen oder die Erzeugung von Licht durch Kernfusion zu erklären. Dies ist hinlänglich in unzähligen Werken geschehen. Die moderne Physik erklärt die Prozesse zur Entstehung des Universums bis zum Urknall recht genau, und jeder von uns kann sich wohl in etwa eine Vorstellung davon machen, wie sich etwas ausdehnt bzw. wächst, wie sich etwas aus etwas bereits Vorhandenem heraus entwickelt. Dies deckt sich mit unserer täglichen Alltagserfahrung. Wo die moderne

Physik versagt, ist die sogenannte Singularität, ein Raumpunkt unendlicher Dichte, unendlicher Gravitation, das Ende von Raum und Zeit, der tatsächliche Beginn der Existenz! Die meisten Menschen begehen den Fehler und stellen sich einen leeren Raum vor, in den hinein die Materie explodiert bzw. in dem die Materie dann expandiert. Richtig ist, dass der Raum selbst mit dem Urknall entsteht und expandiert, die Materie expandiert also mit dem Raum im Nichts. Materie und Raum wachsen synchron. Wir landen in unseren Gedanken immer wieder bei einem leeren Raum. Aber es ist tatsächlich so, dass außerhalb des explodierenden Universums nichts ist, nicht einmal Raum noch Zeit, denn alles begann mit dem Urknall zu existieren, selbst der leere Raum. Es gibt keine gesicherten Hypothesen, was den Urknall verursachte, warum Raumzeit und Materieenergie entstanden und was »davor« war. Genau diesem Problem wollen wir uns durch gedankliche Sophistik nähern. Wir können uns keine Singularität vorstellen. Wir können uns keinen vierdimensionalen Raum vorstellen. Wir können uns das NICHTS nicht vorstellen, dass es NICHTS gibt, weder Zeit noch Raum, dass die Zeit mit dem Urknall begann und es kein Davor gegeben hat. All diese Dinge spielen in unserem Alltag keine Rolle. Da sich aber unser Gehirn in der Evolution in der Raumzeit, in drei Raumdimensionen und in der Zeit entwickelt hat, ist es nicht in der Lage, mit diesen Dingen umzugehen. Genau dieser Problematik wollen wir uns nun nähern, wie Einstein schon sagte: »... alles andere sind Details!«

Vom Urknall zur Entropie

Dass es vor etwa 13,7 Milliarden Jahren den Urknall, einen Anfang des Universums, gegeben hat, gilt als wissenschaftlich gesichert und erwiesen. So konnte Edwin Hubble in den Zwanzigerjahren des letzten Jahrhunderts nachweisen, dass sich alle Galaxien im Kosmos voneinander entfernen, und ihre Fluchtgeschwindigkeit bestimmen. Und zwar entfernt sich alles von jedem, von jedem Punkt im Kosmos aus entfernen sich alle Galaxien; dies erweckt den Anschein, als sei jeder Punkt der Mittelpunkt des Universums. Man kann es sich so vorstellen, als wäre man eine Ameise, welche auf einem Luftballon herumkrabbelt, der gerade aufgeblasen wird. Egal in welche Richtung die Ameise schaut, alles scheint sich von ihr zu entfernen, jeder Punkt der Ballonoberfläche. So als wäre jeder Punkt der Mittelpunkt der Oberfläche.

Mithilfe der Rotverschiebung des Sternenlichts aufgrund des Doppler-Effektes lässt sich die Fluchtgeschwindigkeit genau ermitteln. Die Lichtwellen der Sterne werden in die Länge gezogen, zum rötlichen Spektrum hin verschoben. Würden die Sterne auf uns zurasen, würden die Wellen gestaucht, also zum blauen Spektrum hin verschoben. Dies ist vergleichbar den unterschiedlichen Tönen eines sich entfernenden oder nahenden Zuges oder dem Martinshorn eines Einsatzfahrzeugs, wenn es auf uns zufährt oder sich entfernt.

1978 wurden die Physiker Arno Penzias und Robert Wilson für die Entdeckung der 3-Grad-Kelvin-Hintergrundstrahlung mit dem Nobelpreis ausgezeichnet. Diese Strahlung, über den ganzen Kosmos homogen verteilt, gilt als Restwärme der gigantischen Urexplosion, als Nachhall der Schöpfung! All dies beweist, dass ein Urknall stattgefunden hat.

Der wohl wichtigste Beweis für den Urknall ist der zweite Hauptsatz der Thermodynamik. Jedes physikalische System strebt dem Zustand geringster Energie, geringster Ordnung entgegen. Dieses Maß an Unordnung, auf das alles hinausläuft, nennt man Entropie. Und das Universum als Ganzes ist ein in sich abgeschlossenes physikalisches System. Wir beobachten, wie ein Glas herunterfällt und zerbricht; eine heiße Tasse Kaffee kühlt ab, bis sie die Umgebungstemperatur erreicht hat; öffnet man das Fenster in einem beheizten Raum, vermischen sich Innen- und Außenluft, bis der geringste Zustand, das thermodynamische Gleichgewicht, hergestellt ist.

All diese Prozesse laufen in eine Richtung ab. Sie werden nie erleben, dass ohne menschliches Dazutun, sprich Energiezufuhr, ein solcher Prozess rückwärts läuft; es sind irreversible Prozesse. Es wird nicht passieren, dass eine heiße Tasse Kaffee in einem Raum von allein noch heißer wird und der Raum dafür kälter. Wenn Sie ein Aquarium in zwei Becken unterteilen, eines mit warmem und eines mit kaltem Wasser befüllen, wird sich alles vermischen, wenn Sie die Trennwand entfernen. Es wird die größtmögliche Entropie oder Unordnung entstehen. Umgekehrt werden Sie nie erleben, dass sich ein Wasserbecken von allein in ein warmes und ein kaltes Becken aufteilt.

Diese Gerichtetheit des Kosmos ist verantwortlich dafür, dass wir einen psychologischen Zeitfluss, einen Zeitpfeil empfinden.

Natürlich ist es möglich, partiell in einzelnen Systemen Ordnung, also negative Entropie herzustellen. Man kann Kaffee kochen, Zimmer heizen, Dinge herstellen und so weiter. Aber die dafür benötigte Energie führt dem Kosmos mehr Entropie zu, sodass unter dem Strich das ganze Universum immer mehr dem thermodynamischen Gleichgewicht, der größten möglichen Entropie, also Unordnung entgegenstrebt – unaufhaltsam, irreversibel.

Daraus folgt: Das Universum hat in einem Zustand perfekter Ordnung begonnen!

Die ist ein Anzeichen für einen geplanten Schöpfungsakt!

Schöpfung aus dem Nichts

Das Universum hat sich aufgrund einer Kausalkette von Ereignissen zu dem entwickelt, was wir heute beobachten. Der Ursache folgt die Wirkung. Alle Prozesse und Dinge im Kosmos wie z. B. die Entstehung von Sternen oder die Bildung von Galaxien lassen sich aufgrund von Ursachen anhand bestehender physikalischer Gesetze erklären. Diese Kausalkette lässt sich so weit – bis zum Urknall – zurückverfolgen, dass damit sogar die Entstehung von Materie/Energie aufgrund von Quantenprozessen aus dem Nichts heraus erklärt wird. Physiker haben in Teilchenbeschleunigern die Entstehung von Teilchen aus dem Nichts nachgewiesen. Bei diesem Prozess verhält es sich so, dass mit der entstehenden Materie immer auch die gleiche Menge Antimaterie entstehen muss, sodass unter dem Strich immer wieder das NICHTS herauskommt. Die Energie von Materie und Antimaterie addiert ergibt wieder null! Nachgewiesen wurde die tatsächliche Existenz von Antimaterie in den Dreißigerjahren des letzten Jahrhunderts durch den Physik-Nobelpreisträger Paul Dirac. Stellen Sie es sich in etwa so vor: Ihr Konto hat den Stand null. Wenn Sie jetzt 5 Euro überziehen, also minus 5 Euro haben, haben sie dafür 5 Euro plus in der Hand, aber unter dem Strich sind es immer noch null Euro!

Ganz genau genommen wird für die Paarbildung Materie – Antimaterie etwas Energie benötigt, diese Energie wird dann bei der Vernichtung wieder abgestrahlt. Jetzt könnte man sagen, es handele sich hier um die göttliche Energie oder Schöpfungskraft, aber nach der Quantentheorie und speziell nach Schrödingers Unbestimmtheitsrelation ist es möglich, dass diese Energie sozusagen kurzzeitig aus einem Nichts auftaucht und der Materie geliehen wird.

Materie und Antimaterie vernichten sich bei Kontakt sofort in einer gigantischen Explosion. Deshalb können wir davon ausgehen, dass sich in unserer Umgebung keine Antimaterie befindet. Da unser Universum nun mal offensichtlich aus Materie besteht, muss es also auch noch parallel ein Universum aus der gleichen Menge Antimaterie geben! Die meisten Physiker glauben heute allerdings, dass beim Urknall etwas mehr Materie als Antimaterie entstanden ist. Nach der Vernichtung von Materie und Antimaterie ist dieses Etwas übrig geblieben und stellt heute unseren Kosmos dar. Warum es dieses Ungleichgewicht gegeben hat, lässt sich heute noch nicht befriedigend erklären. Man könnte auch hier aufgrund dieses Materieüberschusses auf eine bewusst planende schöpfende Kraft schließen.

Selbst wenn es uns gelingt, eine sinnvolle Erklärung für die Entstehung von Materie/Energie zu finden, bleibt immer noch das Problem, dass dieser Prozess nur in einer schon vorhandenen oder zumindest gleichzeitig entstehenden Raumzeit stattfinden kann.

Es gibt leider bis heute keine befriedigende Theorie, wie die Raumzeit entstanden sein könnte. Der Physiker Stephen Hawking hat eine Art quantentheoretisches Modell des Urknalls geschaffen. Er glaubt, demnach könne auch die Raumzeit selbst aufgrund von Quantenfluktuationen ohne Ursache aus dem Nichts entstanden sein. Wir müssen heute davon ausgehen, dass das Nichts instabil ist und ohne erkennbaren Grund etwas hervorbringt. Unser gesamtes Universum ist ein Gratisgeschenk aus dem Nichts. Das Universum erschafft sich selbst aus dem Nichts. Es ist etwa so wie bei Baron Münchhausen, welcher sich selbst an seinen eigenen Haaren aus dem Sumpf zieht. Bleibt aber immer noch die philosophische Frage, ob es nicht eine platonische Welt der Mathematik und Gesetze geben muss, welche es dem Nichts gestattet, instabil zu sein!

Man könnte sich auch vorstellen, wir würden mit unserem Kosmos eingebettet in einem höherdimensionalen Raum leben. Zur Vereinfachung stellen wir uns vor, wir seien zweidimensionale Lebewesen auf einem Ball – also einer gekrümmten zweidimensionalen Fläche. Wir würden nur diese Oberfläche wahrnehmen. Der Raum im Ball und um ihn herum würde für uns nicht existieren. Er wäre nicht Bestandteil unserer Physik und könnte mit unserem Denken nicht erfasst werden. Wenn der Ball nun bis auf einen unendlich kleinen Punkt schrumpft, würde er verschwinden. Unser Universum könnte so ins Nichts verschwinden. Ebenso könnte es auch, aus unserer Perspektive betrachtet, aus dem Nichts heraus in Erscheinung getreten sein. Unsere Raumzeit könnte also eingebettet in eine höhere Raumzeit existieren, entstehen oder verschwinden. Für uns sähe es so aus, als käme sie aus dem Nichts. Aber auch hier bleibt wieder die Frage, wo kommt die höhere Raumzeit her?

Wenn der Urknall wirklich ein Punkt der Singularität ist, wo all unsere physikalischen Gesetze ihre Gültigkeit verlieren, wo Raumzeit und Materieenergie sich auflösen, wird der Mensch vermutlich nie die Ursache dieses Ereignisses ergründen können. Es liegt hinter einem Horizont jenseits unseres Einflussbereiches, für Physik und Verstand nicht fassbar, weil es nicht von dieser Welt ist und nicht zu unserem Universum gehört.

Wo bisher die erste Ursache zur Schaffung des Universums aus dem Nichts fehlte, setzten die Religionen einen Schöpfer ein. Dieser scheint nun nicht mehr nötig, da Gesetze die Erschaffung aus dem Nichts erklären. Dies wirft nun folgende Frage auf: Wenn es nichts gab, weder Raum noch Zeit, weder Materie noch Energie, wo oder wann waren dann die zur Schöpfung aus dem Nichts erforderlichen physikalischen Gesetze, beziehungsweise wer hat diese geschaffen oder erdacht? Diese Gesetze müssen doch schon transzendent zum Urknall jenseits von Raum und Zeit existiert haben, um einen Kosmos in die Realität zu erheben!

Also wer oder was erklärt die Gesetze? Diese Fragen schaffen Raum für einen transzendenten Schöpfer, jenseits von Raum und Zeit, der nicht wie ein Handwerker das Universum erschafft, sondern eher wie ein Komponist die für seine Entstehung nötigen Gesetze erdenkt!

Man fühlt sich an hinduistische Philosophie erinnert, in der der Kosmos ein Traum der Götter Wishnu und Brahna ist, die Realität geschaffen durch geistige Kraft. Dieser Geist oder diese Kraft oder Energie, die meisten nennen sie Gott, muss also zeitlos und raumlos existieren. Man könnte fast biblisch sprechen immer und überall, da sie/er nicht an die Raumzeit gebunden ist. Es gab ja kein »vor dem Urknall«, Raum und Zeit sind ja mit dem Urknall entstanden.

Man kann sich dem Urknall immer mehr zeitlich annähern, aber ein Davor gibt es nicht. Es ist so, als wenn man auf der Erde immer weiter nach Norden geht. Irgendwann kommt man am Nordpol an. Man kann dann nicht mehr weiter nördlich, dann geht es in jede Richtung wieder nach Süden.

Wir können also die Entstehung des Kosmos physikalisch erklären, aber nicht die Entstehung der physikalischen Gesetze. Dafür ist wieder eine erste Ursache nötig, ein planender Geist jenseits von der geschaffenen Raumzeit.

Im Buddhismus wird der menschliche Geist als Ursache allen Seins angesehen, als letzte Realität, welcher alles entspringt. Interessant ist, wie dicht hier östliche Philosophie und westliche Wissenschaft beieinanderliegen.

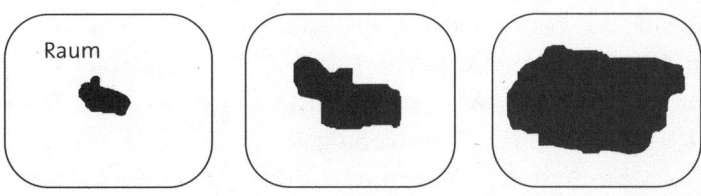

Falsche Vorstellung: Das Universum (Materie/Energie) dehnt sich nach dem Urknall in der vorhandenen Raumzeit aus.

Richtige Vorstellung: Die Materie/Energie entsteht aus dem Nichts zusammen mit der Raumzeit. Materie, Energie, Raum und Zeit dehnen sich gleichsam zusammen als eine untrennbare Einheit aus.

Ist das Universum der Plan eines Uhrmachers?

Stellen Sie sich vor, Sie finden bei einem Spaziergang im Wald eine Uhr.

Selbst wenn Sie mit der mechanischen Wirkungsweise nicht vertraut sind und selbst wenn Sie noch nie eine Uhr gesehen hätten bzw. gar keine Uhr kennen würden, würden Sie nach eingehender Untersuchung zu dem Schluss gelangen, dass dieses Objekt kein Zufall ist. Dass es zu präzise geschaffen ist, dass es einen Zweck erfüllen muss, dass es bewusst geplant und hergestellt wurde. Dieser Gedankengang wurde in ähnlicher Weise das erste Mal im 18. Jahrhundert von dem Theologen William Paley formuliert.

Obwohl unser Universum und auch das Leben auf unserem Planeten ein ungleich höheres Maß an Komplexität aufweisen als eine Uhr, wollen wir es als planlosen Zufall hinnehmen?

Der Urknall, eine gigantische Explosion von unvorstellbarer Energie, war präziser abgestimmt als ein Schweizer Uhrwerk. Wäre er nur minimal stärker gewesen, hätten sich keine Gaswolken zu Sternen bilden können. Wäre er nur minimal schwächer gewesen, wäre das All schnell wieder in sich zusammengestürzt. In beiden Fällen hätte es einen Kosmos, wie wir ihn beobachten, nicht gegeben und Leben hätte sich nicht entwickeln können.

Dieses Prinzip der Feinabstimmung gilt im Übrigen für alle Naturkonstanten und Grundkräfte im All. Nur geringste Unterschiede bei den Kernkräften oder der Ladung eines Elektrons, und alles hätte ganz anders ausgesehen. Alles hätte sich anders entwickelt, und Leben in der Form, wie wir es kennen, wäre nie entstanden.

Diese Tatsachen implizieren einen planenden Schöpfer

und einen hoch sensiblen, fein abgestimmten Schöpfungsakt. Es muss eine höhere Form von Energie oder Intelligenz geben, welche dies verursacht hat. Die Religionen nennen sie Gott, die Wissenschaften suchen noch danach!

Warum also sieht es so aus, als sei der gesamte Kosmos auf die Entstehung von Leben hin ausgerichtet, jedes physikalische Gesetz, jede Naturkonstante perfekt geplant, um ein Sonnensystem (oder mehrere) mit Planeten zu schaffen, welche aufgrund ihrer Bedingungen die Entwicklung von intelligentem Leben vorantreiben? Es sieht fast so aus, als hätte der Kosmos gewusst, dass wir kommen! Zufall oder Plan? Man kann dem mit folgender Argumentation entgegnen: Wir sind hier und haben uns entwickelt und stellen solche Fragen, weil die Gesetze nun mal dazu geführt haben, dass wir hier sind und uns intelligent entwickeln. Wäre es anders gewesen, hätte sich vielleicht in einem anderen Universum eine andere Art von Leben entwickelt und andere oder ähnliche Fragen würden gestellt. Aber das würden wir nicht mitbekommen. Wir nehmen ja nun mal nur unsere Existenz in unserem Universum wahr.

Ebenso gut können sich schon unzählige Universen ohne Leben entwickelt haben, mit lebensfeindlichen Gesetzen, gar ohne Planeten. Dies würden wir ja auch nicht mitbekommen. Wir nehmen nun mal dieses Universum wahr, weil wir uns in diesem Universum aufgrund dieser Gesetze entwickelt haben.

Es hätte auch anders sein können oder auch gar nicht sein können. Alles ist möglich, alles ist Zufall. Diese Logik nennt man das anthropische Prinzip.

Dazu passt folgender Gedanke des Schriftstellers Douglas Adams: Sollte je ein menschlicher Geist das Universum, das Geheimnis der Schöpfung entschlüsseln, würde Gott alles verschwinden lassen und durch etwas noch viel Bizarreres ersetzen. Es gibt Menschen, die behaupten, dies sei schon geschehen!

Ein Universum ohne Anfang und Ursache

Wir haben nun gesehen, dass kein Zweifel besteht, dass das Universum einen Anfang hatte, und ansatzweise versucht, Erklärungen für den Schöpfungsakt zu finden. Trotzdem wollen viele Menschen glauben, es hätte keinen Anfang gegeben, um so das Problem der ersten Ursache zu vermeiden. Deshalb kurz einige Gedanken zu einem zeitlich unendlichen Universum.

Stellen Sie sich vor, das Universum würde seit einer unendlichen Zeit existieren. Dann wären auch schon unendlich viele Ereignisse eingetroffen. Diese Aussage impliziert, dass alles, was passieren kann, auch schon passiert ist. Dies bedeutet, dass Sie, wenn Sie jetzt hier sitzen und diese Zeilen lesen, dies nicht zum ersten Mal tun. Sondern dies ist, da in einer unendlichen zeitlichen Abfolge alles schon enthalten ist, schon einmal passiert. Man kann es sogar noch weiter treiben und argumentieren, dass in einer unendlichen Abfolge von Ereignissen jedes Ereignis unendlich oft enthalten ist. Das heißt, dass Sie dieses Buch schon unendlich oft gelesen haben und dass alles, was noch passiert, in Zukunft nur unendliche Wiederholungen sind. Macht dieses Universum, diese Existenz dann noch einen Sinn? Eine absurde Vorstellung! Man umgeht zwar so die erste Ursache, aber die Frage, warum es überhaupt etwas gibt und nicht einfach NICHTS gibt, bleibt bei diesem Modell komplett unbeantwortet. Wie schon Leibniz sagte: »In der Natur gibt es einen Grund dafür, dass etwas existiert und nicht NICHT existiert!« In jedem Fall gelangen wir aus wissenschaftlicher und philosophischer Sicht immer wieder zu dem Schluss, dass das Universum mit einer ersten Ursache begonnen hat. Als diese erste Ursache haben wir einen Schöpfer, Gott, angenommen. Dies wirft die Frage auf, welche Ursache hatte Gott? Wer oder was hat Gott geschaffen bzw. verursacht? Theologen und Philosophen argumentieren, dass diese erste Ursache keiner vorangegangenen Ursache bedarf. Gott braucht keinen Schöpfer. Gott ist die erste Ursache aller Ursachen und ist die Ursache für sich selbst. Die Erklärung seiner Existenz ist in ihm selbst zu finden und durch ihn selbst erklärt.

Aber was hat Gott gemacht, als er noch kein Universum erschaffen hatte?

Hat er ewig gewartet, um dann zu sagen, so jetzt schaffe ich ein Universum?

Macht ein Gott ohne ein Universum einen Sinn? Kann es überhaupt einen Schöpfer ohne Schöpfung geben? Dann hatte Gott also vielleicht gar keine Wahl, er musste, um sich selbst zu erschaffen, ein Universum erschaffen! Denn ohne die Schöpfung ist er ohne Sinn, er würde nicht gebraucht. Wenn Gott also das Universum erschaffen musste, um sich selbst einen Sinn zu geben, um sich selbst zu erschaffen, hatte er ja keine Willensfreiheit. Kann er dann allmächtig sein? Dies erinnert mich an die Frage: Kann Gott einen Stein schaffen, welcher so schwer ist, dass er ihn nicht heben kann? Wenn er diesen Stein nicht erschaffen kann, ist er nicht allmächtig! Wenn er diesen Stein aber erschaffen kann, kann er ihn nicht heben. In diesem Fall wäre er auch nicht allmächtig! Deshalb behaupten viele Denker, dass diese erste Ursache ohne Ursache, nämlich Gott, nicht nötig sei. Wenn ein Gott ohne Ursache existiert, warum kann dann nicht das

Universum ohne Ursache existieren. Man kürzt die Kausalkette um ihr erstes Glied. Der Urknall ist die erste Ursache und trägt seine Erklärung in sich selbst. Er braucht keine Ursache, genau wie ein Gott. Der Urknall ist die Schöpfung ohne Schöpfer. Die Natur selbst enthält die Schöpfung. Der Kosmos selbst ist Gott, die Gesamtheit aller Gesetze und existierenden Dinge, aller Energie, Raum, Zeit und Materie. Gott ist Natur. Gott ist das Universum. Es bedarf keiner Ursache. Das Universum hat sich selbst erschaffen. Alles ist Gott und Gott ist alles. Obwohl diese Argumentation an einigen Stellen sehr nach Religion klingt, verbannt sie doch einen transzendenten mystischen Gott aus ihrem Bild. Diese Gedanken eines sich natürlich selbst schaffenden und erklärenden Universums ohne transzendenten Schöpfer finden sich schon bei Spinoza und Hegel und werden als Pantheismus bezeichnet.

Der beobachtende Geist als Bedingung für den Kosmos

Versuchen Sie sich das NICHTS vorzustellen, was nicht wirklich möglich ist, aber versuchen Sie es wenigstens annähernd. Keine Materie, keine Energie, absolute Leere, keine Zeit, kein Moment, kein Vergehen, kein Augenblick. Der leere Raum schrumpft in sich zusammen, verschwindet in einem Punkt aus der Existenz heraus ins Nichts. Sie müssen schon zugeben, dass dieses Nichts, vergleichbar dem Nirwana östlicher Religionsphilosophien, einen sehr harmonischen, ausgeglichenen Zustand darstellt – im Gegensatz zu unserem Universum mit unzähligen rotierenden Galaxien, Sternengeburten, Supernova-Explosionen, Planetensystemen, Kometen und kosmischen Katastrophen, komplexen Strukturen angefangen bei

Eiskristallen über Aminosäuren bis zu lebendigen Organismen, neuronalen Vernetzungen, welche in ihrer Komplexität Bewusstsein und Intelligenz hervorrufen. Allein die Artenvielfalt unseres Planeten. Über die Artenvielfalt außerirdischer Existenzen lässt sich nur spekulieren. Macht es einen Sinn, dass diese Artenvielfalt und Komplexität aus dem Nichts heraus ohne Grund entstanden ist?

Es kann kein sinnloser Zufall sein, dass ein solches Universum existiert; dass dieses Universum aufgrund seiner Gesetze eine intelligente Form von Leben hervorbringt, welche in der Lage ist, über sich selbst zu reflektieren und über den Sinn der Existenz nachzudenken. Wenn Bewusstsein und Geist nur eine durch Determinismus und Reduktionismus erklärbare Maschine, basierend auf elektrochemischen Prozessen, wäre, wäre sie dann überhaupt in der Lage, über sich selbst und seine Existenz und den Sinn nachzudenken?

Ich denke nicht, dass ein Computerprogramm ein Bewusstsein entwickelt oder dass ein Ameisenhaufen eine Art kollektives Haufenbewusstsein besitzt, welches über den ganzen Ameisenstaat reflektieren kann. Daher drängt sich die Frage auf, ist der Geist im Kosmos gewollt? Ein toter Kosmos macht wenig Sinn. Man könnte so weit gehen und behaupten, dass ein toter Kosmos gar nicht existent sei, da er nicht bewusst wahrgenommen wird, da er nicht beobachtet wird, da nicht über ihn nachgedacht wird. Ein All, welches nie von einer bewussten intelligenten Form registriert wurde, hat keinen Beweis für seine Existenz erbracht. Wenn es wieder verschwindet, war es praktisch nie da!

In der Tat impliziert die moderne Quantenphysik, dass erst die bewusste Beobachtung die Realität schafft. Das vorher alles nur als eine nebulöse Wolke von Wahrscheinlichkeiten und Möglichkeiten in Überlagerung aller möglichen Zustände verschwommen existiert, gleichzeitig überall und nirgends. Dazu aber in einem späteren Kapitel mehr. Man könnte also sagen, dass allein die Tatsache einer bewussten Intelligenz die Realität schafft und somit ein Universum intelligentes Leben hervorbringen muss. Wenn der Kosmos also Leben enthalten muss, muss er auch so geplant sein, dass Leben entsteht. Alle Gesetze müssen so ausgelegt sein, dass sie lebensfördernd wirken. Da Leben durch Zufall sehr unwahrscheinlich ist, könnte man allein aufgrund der Entstehung intelligenten Lebens und der darauf ausgerichteten Gesetze im Kosmos auf einen geplanten Schöpfungsakt schließen. Aber hatte dann Gott überhaupt noch eine Wahl bei der Schöpfung? War er dann nicht an genau diesen Kosmos mit genau diesen Gesetzen gebunden, um dieses Leben hervorzubringen? Wenn man also einen planenden Schöpfer hinter unserer Existenz sehen will, der diesen Kosmos so geschaffen hat, dann hätte er auch einen anderen Kosmos mit anderen Gesetzen schaffen können, welche anderes Leben zulassen, denn Gott ist nicht von den Gesetzen abhängig. Er hat diese ja mit erschaffen, und er würde sie wohl immer so schaffen, dass sie harmonisch ineinandergreifen und zu einer sinnvollen Existenz führen. Er bestimmt die Wirkungsweise der Gesetze und könnte diese immer so auslegen, dass ein All mit intelligentem Leben entsteht. Wenn man einen Schöpfer haben will, muss man ihm auch Handlungsfreiheit lassen, sonst bleibt wieder nur die Alternative, einen Kosmos ohne Ursache und Sinn, entstanden durch reinen Zufall, zu akzeptieren.

Harmonie als Plan

Sind nicht schon allein die Harmonie der Natur und die einfache mathematische Schönheit aller Gesetze und Ereignisse im Kosmos und die überall in der Natur vorkommenden Symmetrien Beweis genug für einen genialen planenden Geist?

Überall findet sich Symmetrie und Regelmäßigkeit. In den Blättern der Pflanzen, an Tieren besonders deutlich beim Schmetterling. Sogar der menschliche Körper ist in etwa symmetrisch aufgebaut. Ein Wassertropfen nimmt an jedem Ort und zu jeder Zeit die gleiche Form an. Schneeflocken, Eiskristalle, Wasserwellen, Wirbelstürme und Schneckenhäuser ebenso. Woher stammen die immer wieder gleichen symmetrischen harmonischen Formen in der Natur? Bei Lebewesen ist es vielleicht noch nachvollziehbar aufgrund des genetischen Codes und der evolutionären Anpassung an die Umwelt. Aber woher weiß »tote« Materie wie ein Wassertropfen oder eine Schneeflocke, wie sie sich zu verhalten hat?

Wieso sind physikalische Abläufe zumindest in unserer makroskopischen Welt nicht sprunghaft und willkürlich? Wir werden später sehen, dass es sich im Mikrokosmos, in der Welt der Quanten, anders verhält. Aber auf unserer Ebene sind alle Abläufe streng deterministisch. Warum gehorcht die Flugbahn eines Balls oder Steins bei einem Wurf immer denselben Gesetzen? Warum ist die Fallbeschleunigung immer dieselbe, egal an welchem Ort, zu welcher Zeit und mit welchem Material?

Klar, diese Dinge lassen sich physikalisch erklären. Natürlich fallen alle Körper gleich schnell, weil die gleiche Gravitation der Erde auf sie wirkt und die höhere Kraft, welche durch ein höheres Gewicht eines Körpers entsteht, durch die eben genau entsprechend höhere Trägheit der Masse, welcher der Beschleunigung entgegenwirkt, ausgeglichen wird. Aber woher stammt diese Harmonie, diese einfache Schönheit der Gesetze? Zufall oder Plan?

Alle Kraftfelder im Kosmos, ob Kernkräfte im Atom, elektromagnetische Kräfte in unseren Geräten oder Gravitationskräfte zwischen den Planeten, gehorchen den gleichen Regeln. Alle Kräfte im Kosmos an jedem Ort und zu jeder Zeit und egal welcher Art sind umgekehrt proportional zum Quadrat des Abstandes. Das heißt, mit verdoppelter Entfernung nimmt die Kraft um das Vierfache ab, mit dreifacher Entfernung um das Neunfache und so weiter – egal ob Atom oder Planetensystem. Dies scheint eine der Natur innewohnende Eigenschaft zu sein. Warum verhalten sich alle Kraftfelder so harmonisch synchron? Wäre es nicht viel logischer, dass in einem planlos und zufällig entstandenen Kosmos auch Dinge planlos und zufällig geschehen, Flugbahnen nicht vorherberechenbar sind und Kraftfelder sich zufällig mal mehr und mal weniger abschwächen? Selbst nüchterne Physiker geraten immer wieder ins Staunen, wenn sie erkennen, wie genial durchdacht unsere Umwelt funktioniert.

Allmächtiger Schöpfer, sein Plan und die Freiheit

Die religiösen unter Ihnen werden sich nun freuen, da ja eine ganze Menge Indizien für einen geplanten göttlichen Schöpfungsakt sprechen. Aber wenn es einen allmächtigen planenden Schöpfer gibt, warum überlässt er dann das Universum einer Entwicklung? Offensichtlich muss seine Schöpfung ja ein Ziel verfolgen und sollte dieses wohl auch erreichen und darüber hinaus auch einen Sinn haben. Warum schafft Gott den Kosmos nicht direkt so, dass sein Plan erfüllt ist? Warum können wir Menschen, zumindest kosmologisch lokal betrachtet, den Lauf der Dinge verändern? Wenn Gott uns Handlungsfreiheit gegeben hat, verfolgt er vielleicht gar kein Ziel mit seiner Schöpfung. Vielleicht will er auch nicht unbedingt seinen Plan erfüllt sehen.

Wir könnten auch nur eine Art Experiment, ein besseres Unterhaltungsprogramm für einen höheren schöpfenden Geist sein. Denn sonst müsste ja in einer Kausalkette immer genau das passieren, was Gott sich wünscht. Wir wären nur Spielfiguren und der freie Wille wäre nur eine Illusion. Wir würden nicht mal merken, dass unsere Handlungen diktiert sind, würden glauben, wir selbst hätten eine Entscheidung so getroffen. Dabei war sie schon vorbestimmt.

Wenn Gott aber einen Plan verfolgt und seinen Verlauf bestimmt, dann kann er unmöglich die negativen Dinge in unserer Welt wollen bzw. mit eingeplant haben. Das heißt, da er sie toleriert, ist er nicht allmächtig. Er kann sie vielleicht nicht ändern. Wenn man nun einwendet, für die negativen Dinge sei ja der Mensch allein verantwortlich, dann kann Gott entweder den Verlauf nicht planen, also nicht allmächtig sein, oder er will gar nicht eingreifen.

Aber macht ihn das nicht mitverantwortlich? Ist er nicht für das Handeln seiner Schöpfung verantwortlich? Dies führt uns zu einem Gedanken des Philosophen David Hume: »Sofern das Böse in der Welt zu Gottes Plan gehört und er es toleriert, kann er nicht gut sein; läuft es aber seinem Plan zuwider, ist er nicht allmächtig. Er kann nicht, wie die meisten Religionen es behaupten, zugleich gut und allmächtig sein.«

Ein allmächtiger, zeitlich transzendenter Gott müsste auch die Zukunft kennen. Was macht es für einen Sinn, etwas seiner Entwicklung zu überlassen bzw. einem System Handlungsfreiheit einzuräumen, wenn sein Endzustand schon bekannt ist und feststeht. Wäre es nicht unsinnig und langweilig für Gott, eine Schöpfung zu beobachten, deren Ausgang er schon kennt? Würde er den Ausgang nicht kennen, wäre er ja nicht allwissend!

Ebenso unsinnig und langweilig muss es für einen Schöpfer sein, immer wenn etwas nicht nach Plan läuft, einzugreifen und es in die gewünschte Richtung zu verändern. Wenn er das immer wollte, würde er ja direkt alles so konstruieren, dass nichts außer Plan laufen kann. Wenn er den Kosmos aber nicht so perfekt konstruieren kann, dass nichts wider seinen Plan läuft, kann er nicht allmächtig sein. Wenn er aber allmächtig ist und den Kosmos extra so konstruiert, dass etwas gegen seinen Plan laufen kann, dann kann er nicht eingreifen wollen, denn sonst hätte er es ja von vornherein verhindert. Wenn er nicht wollte, dass gewisse negative Dinge passieren, würde er sie erst gar nicht passieren lassen.

Sie erst passieren lassen und dann einzugreifen und zu ändern macht für einen allmächtigen Schöpfer wenig Sinn. Dies geschieht ja offensichtlich auch nicht. Mit Ausnahme von Ereignissen, die nie eintreten werden, weil Gott sie von vornherein verhindert hat. Vielleicht wäre die Erde ja schon von einem Kometen zerstört worden, wenn Gott es nicht verhindert hätte. Dies werden wir aber nie erfahren, weil es ja nicht eingetreten ist. Aller Logik nach hat es also den Anschein, dass Gott die Missstände in seinem Universum zumindest toleriert.

Ich denke, er hat die kosmische Uhr aufgezogen, schaut aber jetzt nicht mehr nach, um sie zu stellen, wenn sie falsch geht!

Ist Gott Lottospieler oder genialer Baumeister?

Lassen Sie mich noch einmal kurz auf die Feinabstimmung der Gesetze und Konstanten im Kosmos zurückkommen. Es hat den Anschein, dass physikalische Gesetze und Konstanten so präzise geplant und abgestimmt sind, um unsere Existenz zu ermöglichen. Wie schon erwähnt würden nur minimalste Schwankungen in der gigantischen Explosion des Urknalls dazu führen, dass das Universum nicht in dieser Form existieren würde. Kleinste Veränderungen in den Kernkräften oder der Gravitation würden bewirken, dass es nicht zur Bildung von Materie kommen könnte oder dass es keine Sterne geben würde. Das Interessante ist nun, dass selbst geringste Abweichungen im Millionstelbereich ein ganz anderes Universum erzeugen würden, in welchem Leben in der Form, wie wir es kennen, aller Wahrscheinlichkeit nach nicht entstehen könnte. Die Wahrscheinlichkeit, dass die Konstanten alle so sind, wie sie sind, ist geringer als die Wahrscheinlichkeit, ein Jahr lang jeden Samstag im Lotto den Jackpot zu knacken! Jetzt stellt sich die Frage, wenn das alles genau so präzise geplant war, warum macht es sich der Planer dann so kompliziert? Warum macht der Architekt des Universums eine solche eng abgegrenzte komplizierte Feinabstimmung, bei der nur ein leichtes Verschieben nach links oder rechts alles ändern würde?

Wäre es nicht sinnvoller, die Konstanten etwas weiter oder dehnbarer anzulegen, sodass, egal wie die Kräfte ausfallen, es trotzdem zur Bildung von Materie, Sternen und Leben kommt? Warum muss ein Schöpfer seine Schöpfung unnötig komplizieren beziehungsweise extrem unwahrscheinlich gestalten? Hat Gott das extra so gemacht, dass wir, die Menschen, darüber nachdenken und staunen, darin einen genialen göttlichen Plan erkennen sollen? Man könnte es fast so ausdrücken, dass Gott eitel sei und für sein Werk von seiner Schöpfung bewundert werden will. Oder er hatte keine Wahl. Er musste genau die Konstanten nehmen, da sonst kein lebensfreundliches Universum entsteht. Dann wäre er aber kein allmächtiger Gott!

Ein allmächtiger Gott könnte aus jeden Konstanten ein lebensfreundliches Universum schaffen. Also warum so eng begrenzt und unwahrscheinlich präzise? Vielleicht hat Gott ja unzählige von parallelen Universen mit anderen Gesetzen und Konstanten geschaffen. Diese bringen dann trotzdem Materie und Leben hervor, da Gott die physikalischen und biologischen Prozesse entsprechend aufeinander abgestimmt hat, sodass immer intelligentes Leben entsteht. Er hat die Grundprinzipien und Voraussetzungen einfach entsprechend geändert, denn er ist ja allmächtig.

Die Bewohner dieser Universen stellen sich dann die gleichen Fragen nach ihrem Sinn und der Entstehung ihres Kosmos. Sie wundern sich über die präzise Feinabstimmung, welche genau zu ihrer Existenz geführt hat. Diese Lebensform ist natürlich ganz anders als unsere beziehungsweise als alle anderen noch möglichen Lebensformen.

Wir können uns keine andere Form vorstellen. Wir kennen ja nun mal nur unsere Art Leben, welches auf Kohlenwasserstoffverbindungen beruht, auf Aminosäuren aufbaut und durch Verdauung und Atmung Energie gewinnt. Und selbst bei uns gibt es die bizarrsten Unterschiede von der Amöbe zum Mensch. Also warum soll ein allmächtiger Gott nicht ganz andere Formen der Existenz erzeugen können, die wir nicht kennen, nicht wahrnehmen und uns gar nicht vorstellen können. Eben weil unser Gehirn nun mal auf unser Universum begrenzt entwickelt ist.

Jede Form von Leben wundert sich in ihrem Kosmos über die geniale Feinabstimmung. Gesamt betrachtet ist es aber gar nichts Besonderes, da es ja im Prinzip jedes nur denkbar mögliche Universum geben kann, vorausgesetzt es gibt einen allmächtigen Schöpfer mit absoluter Handlungsfreiheit. Wenn es aber nur unseren Kosmos geben sollte, mit genau dieser speziellen präzisen Feinabstimmung, dann ist Gott entweder eitel oder er hatte bei der Konstruktion keine Wahl. Dann wäre er aber nicht allmächtig!

Menschlicher Geist als Ursache

Wir Menschen in unterschiedlichsten Regionen der Erde, zu unterschiedlichsten Zeiten und aus unterschiedlichsten Kulturen stammend neigen dazu, nach einem allmächtigen Schöpfer zu suchen beziehungsweise einen Gott als notwendig und sinnvoll vorauszusetzen. Allein diese Tatsache bewegt viele Menschen zu der Aussage, es muss etwas dran sein an den religiösen Vorstellungen. Denn wie sonst ist es möglich, dass so viele Menschen unabhängig voneinander die gleichen Grundideen und Bedürfnisse haben. Kann es aber nicht einfach sein, dass dies nur eine Eigenschaft des menschlichen Geistes ist? Vielleicht ist es auch eine Art, sich sicher zu fühlen und sein Gewissen zu beruhigen beziehungsweise die Verantwortung von sich wegzulenken? Natürlich fühlt ein Mensch sich in einem bewachten und beschützten Kosmos viel wohler. Natürlich ist der Gedanke auf ein Weiterleben beziehungsweise auf einen Sinn seiner Existenz wesentlich befriedigender als die Vorstellung, in einem sinnlosen leeren Kosmos nur kurz biologisch zu existieren und dann für immer zu verschwinden.

Aber offensichtlich ist es nicht so, dass Gott die Menschheit bewacht und auf Erden eingreift. Wie könnte es sonst weltweit Kriege, Hungersnöte, Naturkatastrophen und Epidemien geben? Ist die Gottesvorstellung also vielleicht nur eine Wunschvorstellung des menschlichen Geistes, um sich sicherer zu fühlen und nach einem Sinn zu suchen, um vielleicht die Verantwortung für Geschehnisse auf der Erde in andere Hände legen zu können?

In der Quantenphysik, wie wir in einem späteren Kapitel noch ausführlicher sehen werden, besteht die Grundstruktur der Materie, also die elementarsten Einheiten unseres Seins, nicht aus Partikeln, nicht aus physikalisch genau definierbaren Teilchen, sondern eher aus einem wellenartigen Wahrscheinlichkeitsschaum, welcher mehr einem Gedanken, ja einem Geist gleicht als physikalischen Materieteilchen. Würde man ein Atom auf die Größe eines Fußballfeldes aufblasen, wäre der Kern immer noch so klein, dass man ihn mit bloßem Auge fast nicht wahrnehmen könnte. Würde man den Atomkern auf Kirschgröße bringen, so würde die Bahn des Elektrons etwa die Umrisse von Europa durchlaufen. Dazwischen ist nichts außer leerem Raum. Würde man die Atome eines Menschen so zusammenbringen, dass sich die Teilchen berühren, könnte man den Menschen nicht mehr sehen.

Je tiefer man in die Materie eindringt, desto mehr verschwindet sie. Raumzeit und Materie sind in ihrer Grundstruktur nicht mehr als manifestierte Projektionen immaterieller Felder, welche keine reelle unabhängige Existenz besitzen. Sind diese immateriellen Felder nicht eher menschlicher Geist statt schöpferische Allmacht, ähnlich östlichen Vorstellungen, in welchen der Geist die Materie manifestiert? Ist es nicht sinnvoller, statt eines Gottes ohne Ursache als Grundlage allen Seins einen immateriellen Geist anzunehmen?

Der Buddhismus kommt auch ohne Schöpfergott aus. Hier sieht man den menschlichen Geist als elementarste Ursache ohne Ursache, unendlich in der Zeit und Grundlage allen Seins, selbst verantwortlich für sein Handeln und durch seine Taten seine Zukunft bestimmend, ohne das Schicksal in die Hände eines allmächtigen Planers legen zu können!

Verschwindet das Universum wieder im Nichts?

Den östlichen Religionen, sowohl Buddhismus als auch Hinduismus, ist ein ständiger Zyklus aus Geburt und Wiedergeburt, ein Kreislauf aller Dinge in der Natur immanent. Beeindruckenderweise deutet in der modernen Kosmologie alles auf ein zyklisches Universum hin. Die meisten Astrophysiker gehen davon aus, dass in ferner Zukunft die Ausdehnung des Kosmos zum Stillstand kommen wird. Keine Angst, wir sprechen hier von Größenordnungen im Bereich von mehr als 50 Milliarden Jahren. Da unsere Sonne schon in etwa vier Milliarden Jahren ihren Kernbrennstoff verbraucht hat und erloschen sein wird, dürfte die Menschheit das Ende des Universums nicht mehr erleben. Es sei denn, in einigen Millionen Jahren würden wir andere Sonnensysteme besiedeln. Aber ich denke, dass soziale Probleme, Umweltverschmutzung und Kriege der Spezies Homo sapiens vorher ein Ende setzen.

Nun gut, wenn die Expansionsgeschwindigkeit der Galaxien zum Stehen kommt, werden alle Massen im All, Galaxien, Sterne und Planeten, bedingt durch Gravitation aufeinanderprallen. Die Entwicklung des Kosmos läuft dann praktisch rückwärts ab. Alles wird wieder eins, alle Objekte vereinigen sich. Sogar der Raum schrumpft entsprechend. Die gesamte Totalität des Alls fällt auf einen Punkt zu, Singularität genannt. Es ist praktisch die Umkehrung des Urknalls. Die gesamte Masse aus Sternen und Planeten wird zu einem Nichts zusammengepresst, sodass kein Raum mehr existiert. Ja, der Raum selbst verschwindet in diesem Punkt, und selbst die Zeit bleibt stehen. Alles löst sich in nichts auf, Materie, Raum und Zeit! An diesem Punkt, der Singularität, versagen die physikalischen Gesetze. Das Sein verschwindet aus der Existenz.

Sie dürfen sich jetzt keinen leeren Raum vorstellen, in dem die Materie schrumpft und verschwindet. Nein, der Raum selbst und sogar die Zeit tauchen ab in ein transzendentes Sein jenseits unserer Vorstellung. Die gesamte physikalische Existenz löst sich auf. Übrig bleibt das absolute NICHTS!

Das Universum kommt aus dem Nichts und es endet im Nichts. Astrophysiker glauben nun, dass aus dem Nichts am Ende mit einem weiteren Urknall ein neuer Kosmos entstehen wird. So verhält es sich, wie schon in östlichen Religionen vermutet, dass alles zyklisch verläuft und sich ständig in Form von Wiedergeburt wiederholt. Auf den Tod des Kosmos folgt die Geburt eines neuen Kosmos.

Nach diesem Modell kann man auch Gott als Schöpfer, als erste Ursache für den Urknall ausklammern. Jedes Universum ist ja aus dem anderen hervorgegangen. Damit sind wir aber wieder bei dem Problem einer unendlichen Kausalkette. Es ist wohl genauso unsinnig anzunehmen, dass dieses Wechselspiel von Universen schon ewig existiert, wie anzunehmen, der Kosmos wäre unendlich alt. Damit bleibt auch bei diesem Modell wieder die Frage: Wer oder was hat die Kausalkette in Gang gebracht? Wer war der Schöpfer des ersten Universums? Trotz eines zyklischen Universums sind wir wieder bei den Erörterungen der vorangegangenen Seiten.

Ist Gott auffindbar oder ist Gott das Universum?

Macht es überhaupt einen Sinn, nach Gott zu suchen? Kann der menschliche Geist überhaupt das Mysterium Gott ergründen? Vielleicht überschätzt sich das menschliche Gehirn ja selbst. Nehmen wir als Beispiel einen vierdimensionalen Körper, in der Physik und Mathematik kann man damit umgehen, aber kein Mensch ist in der Lage, sich ein vierdimensionales Objekt räumlich vorzustellen. Also wenn Gott will, dass der Mensch ihn begreift, ihn sehen oder erklären kann, dann hätte er sich doch schon längst ganz offensichtlich in irgendeiner Form präsentiert. Da dies aber offensichtlich nicht der Fall ist, da es eher so aussieht, als verstecke sich Gott bewusst, denn der Mensch sucht ja seit Menschengedenken nach ihm und versucht ihn zu beweisen, folgt der Schluss, dass Gott wohl nicht vom Menschen entdeckt beziehungsweise erklärt oder bewiesen werden will. So wird er es als allmächtiges Wesen dann auch so eingerichtet haben, dass der Mensch es gar nicht schaffen kann, ihn zu beweisen. Also egal ob es einen Gott gibt oder nicht, jede Suche nach ihm wäre demnach für den Menschen sinnlos. Dieser Gedanke wird im Agnostizismus weiter ausgeführt.

Man könnte auch sagen, Gott gehe aus der Gesamtheit aller physikalischen Gesetzte und Prozesse, aller Natur im Kosmos auf einer höheren Beschreibungsebene hervor. Ähnlich wie das Sujet eines Romans oder die Melodie aus einem Instrument oder die Software auf der CD auf einer anderen Ebene hervorgehen, aber durch dieses bedingt sind und nur durch die tiefere Ebene (Buch, Instrument, CD) erst die Möglichkeit zur Existenz bekommen und mit dieser Ebene verbunden sind.

Er, Gott, existiert also erst aufgrund der Komplexität und des Zusammenspiels aller Dinge im Kosmos. Dann offenbart er sich aber permanent überall, in allen Abläufen der Natur, in allen Gesetzen und Prozessen unserer Wissenschaft. Gott wäre in der Natur und Gott wäre die Natur – ein Gedankengang, der als Pantheismus bekannt ist und dessen bekanntester Protagonist der jüdische Philosoph Spinoza ist, zu dessen Anhängern auch Albert Einstein zählte. Gott wäre demnach aber nicht der Schöpfer des Universums, sondern wäre mit dem Universum selbst entstanden.

Gott als Weltseele

Vielleicht können wir Gott aber auch als eine Art großes ganzheitliches kosmisches Bewusstsein verstehen, eine Art Weltseele. Die Komplexität an Information und Vernetzungen in unserem materiellen Hirn erzeugt auch ein immaterielles Bewusstsein. Vielleicht könnten die komplexen Vorgänge im Kosmos wie ein gigantisches vernetztes System ähnlich dem eines menschlichen Hirns verstanden werden, welches von einem kosmischen Bewusstsein überspannt ist, das wir Gott nennen. Man könnte vielleicht sogar so weit gehen, das menschliche Bewusstsein, das individuelle ICH oder den Geist als einen abgespaltenen Teil dieses kosmischen Bewusstsein zu betrachten, einen in einem Körper manifestierten Teil des Ganzen – ähnlich den Photonen bei den Experimenten der Quantenphysik vor und nach der Messung (vergleiche hierzu das Kapitel »Quantenphilosophie, was ist wirklich real?«).

Nach dem körperlichen Tod geht der menschliche Geist, welcher ja analog zu den Quantenteilchen nicht an Raum und Zeit gebunden ist (nicht lokale Korrelationen), wieder in das kosmische Bewusstsein, die Weltseele ein (siehe auch Kapitel »Leben, Geist, Bewusstsein und was kommt danach?«)

Man könnte also sagen, dass auf einer höheren Ebene als unserer dreidimensionalen Welt (oder vierdimensionalen Raumzeit) eine Art holistische Weltseele existiert, aus der alles kommt und zu der alles geht. Diese Entität könnte man als Gott bezeichnen. Die Vorstellung, dass alles in einem großen Ganzen zusammenhängt, ist schon mindestens so alt wie hinduistische und buddhistische Philosophien.

In neuester Zeit erfahren diese Gedanken Unterstützung durch die Quantenphysik oder durch Theorien wie die implizite Ordnung von David Bohm, die morphogenetischen Felder von Rupert Sheldrake oder das kollektive Unbewusste von C. G. Jung.

Der menschliche Geist besteht als Informationsmuster der Neuronen im Gehirn. Eine mathematische Gleichung ist auch ein Informationsmuster. Die Existenz der Gleichung verschwindet nicht, wenn man alle Blätter, auf der sie geschrieben steht, vernichtet. Die Gleichung ist eingeflochten in der Gesamtheit der Mathematik und beschreibt mit ihr die Gesamtheit der kosmischen Realität. So wie das menschliche Bewusstsein vielleicht in ein hypothetisches kosmisches Bewusstsein eingeflochten ist und dort ewig weiterexistiert. Der Grund allen Seins könnte also ein kosmisches Informationsmuster sein, welches wir Gott nennen. Analog zur Quantentheorie könnte dieses kosmische Bewusstsein erst durch seine Beobachtung dem All Realität verleihen. Somit hätte dieser Gott dann auch das Universum geschaffen. Womit wir wieder beim Hinduismus wären: Der Kosmos ist ein Gedanke der Götter!

Verschwenderisches All für nur eine Menschheit

Wir können uns die gigantischen räumlichen Dimensionen im Kosmos auch nicht annähernd vorstellen. Unsere Sonne ist ein ganz gewöhnlicher durchschnittlicher Stern, von dem es Milliarden in unserer Galaxie gibt. Galaxien wie unsere gibt es auch millionenfach. Unzahlen von Galaxien schließen sich dann wieder zu Galaxienhaufen zusammen – im wahrsten Sinne des Wortes eine gigantische astronomische Ansammlung von Materie und Raum. Unvorstellbar viele Sterne ähnlich unserer Sonne besitzen ein Planetensystem. Demzufolge ist es eigentlich sehr wahrscheinlich, und dem stimmen viele seriöse Wissenschaftler auch zu, dass es unvorstellbar viele erdähnliche Planeten gibt. Planeten, welche die richtige Entfernung zu ihrer Sonne haben, sodass es weder zu kalt noch zu heiß wird, dazu die nötige Gravitation, um eine Atmosphäre zu halten, und so weiter. Eben Voraussetzungen, um Leben entstehen zu lassen.

Unter diesen Gesichtspunkten ist die Aussage, dass die Menschheit die einzige intelligente Zivilisation im Kosmos sei, milde ausgedrückt, als sehr arrogant zu bezeichnen. Ähnlich der irrwitzigen Aussage der Kirche zu Zeiten der »heiligen Inquisition«, die Erde sei der Mittelpunkt des Universums.

Sollte sich aber wider Erwarten, was in der Praxis natürlich schwer sein wird, irgendwann herausstellen, dass die Erde der einzige belebte Planet im All ist, dann müsste man von einem bewusst geplanten Akt eines Schöpfers zugunsten der Menschheit ausgehen. Denn der Zufall oder die Wahrscheinlichkeit, dass in einem so großem All nur ein einziger Planet Leben trägt, ist unvorstellbar. Dann muss man wirklich argumentieren, Gott habe das All bewusst für die Menschheit und nur für sie als seine Schöpfung geschaffen. Denn das All ungeplant sich selbst zu überlassen, würde meiner Ansicht nach unzählige Arten und Formen von Leben an verschiedenen Orten aufgrund seiner Größe und seines Alters zulassen beziehungsweise erzeugen.

Warum sollte Gott aber für nur eine geplante Zivilisation ein so großes und altes Universum konstruieren? Es wäre ein absolut unsinniges und verschwenderisches, ja fast dekadentes Verhalten und einem allmächtigen überintelligenten Wesen nicht würdig. Es würde wie zu Zeiten Ptolemäus', vor der kopernikanischen Wende, ein kleines Universum mit Scheibe und Kuppel für diese eine Zivilisation genügen. Da dem aber offensichtlich nicht so ist, sind wir entweder nicht allein im Kosmos oder Gott ist ein Verschwender. Ich neige eher zur ersten These. Abschließend drängt sich dann die Frage auf: Wer erlöst die Bewohner der anderen Planeten? Es heißt ja, Gott schickte seinen Sohn auf Erden, um die Menschheit zu erlösen. Dann müssten alle anderen Zivilisationen entweder in Sünde sterben oder auch ihren Jesus gehabt haben.

Allwissender Gott und die Zukunft —
Determinismus und freier Wille

Die Annahme eines allmächtigen und allwissenden Gottes, wie sie in den meisten Religionen vorkommt, und die daraus entstehenden philosophischen Probleme wurden bereits angesprochen. Ich möchte diese Aussage hier noch einmal in einem anderen Zusammenhang aufgreifen. Wie bereits erwähnt müsste ein allmächtiger und allwissender Gott auch jedes zukünftige Ereignis, ja sogar jede zukünftige menschliche Handlung kennen. Sonst wäre er ja nicht allwissend. Wenn es aber demzufolge einen Gott gibt, welcher unsere

Zukunft kennt, impliziert dies, dass unsere Zukunft bereits feststeht, vorhersagbar und determiniert ist. Diese Vorstellung erinnert an die klassische Physik nach Newton. An ein mechanisches Uhrwerkuniversum, in dem jede Stellung eines Objektes vom Atom bis zum Stern aufgrund bekannter Daten wie Ort, Masse und Geschwindigkeit exakt bis zu jedem beliebigen Zeitpunkt vorausberechnet werden kann. Da selbst unser Gehirn aus Atomen besteht und Gedanken biochemische Prozesse darstellen, wären auch Gedanken und Handlungen im Prinzip vorhersagbar. Der französische Physiker und Philosoph Pierre Simon Laplace beschrieb den nach ihm benannten laplaceschen Dämon oder Geist, welcher in einem Augenblick die Stellung eines jeden Teilchens im Kosmos erkennen und daraus jedes zukünftige Ereignis ableiten könnte.

Wir haben also keine Entscheidungsfreiheit. Wir müssen alles so akzeptieren, wie es kommt, da es ja eh schon feststeht.

Wenn der Mensch sein Handeln jeden Tag aufs Neue frei planen kann, kein noch so mächtiger Geist also wissen kann, wie ein Individuum morgen entscheidet, dann kann es auch keinen allwissenden Gott geben. Also, entweder Gott ist allwissend und der Mensch ein Sklave, eine göttliche Marionette, oder der Mensch ist frei. Dann ist Gott aber nicht allwissend. Da die meisten Religionen aber behaupten, Gott sei allwissend und gleichzeitig einen »Tag der Abrechnung« annehmen, an dem nach unserem Tod unsere Taten beurteilt werden, entsteht in den Religionen ein Widerspruch. Wieso sollen wir denn für unsere Taten und unser Handeln belohnt oder bestraft werden, wenn diese doch von vornherein feststanden, wir gar keine andere Wahl hatten?

Interessanterweise beweist die Quantenphysik, dass in unserem Kosmos auf atomarer Ebene der Zufall und die Unbestimmtheit reagieren, Dinge unvorhersagbar und ohne Grund, ohne kausalen Zusammenhang passieren. Es sieht also so aus, als sei nichts vorherbestimmt. Dies widerspricht aber dann dem allwissenden Gott der Theologen und lässt wiederum nur einen Schöpfer als Uhrmacher zu, welcher sein Werk aber dann in die Schublade legt und vergisst nachzusehen.

Ein perfektes Universum aus dem Multiversum

Die Quantentheorie (wird in einem der folgenden Kapitel ausführlicher erörtert) impliziert zwei Möglichkeiten der Realität. Zum einen können alle möglichen Realitäten parallel überlagert existieren, und das Bewusstsein sucht sich eine heraus und schafft so die Realität, wobei die anderen Zustände dann verschwinden. Oder alles, was möglich ist, existiert auch, passiert also auch in unendlich vielen Paralleluniversen! Es könnte also sein, dass wir nur in einer Art Superhologramm oder einer Simulation leben. Das einzig Wahre wäre dann der Geist, welcher sich seine Realität schafft. Vielleicht hat sogar der Geist genau dieses Universum ausgesucht beziehungsweise geschaffen, weil es so gut zu uns passt. Dann wäre der Geist gleichzusetzen mit Gott als Schöpfer des Alls und untrennbar mit seiner Schöpfung verbunden. Sogar das eigene Ich als autonome Existenz wäre eine Illusion. In der Tat sind viele Physiker und Philosophen in den letzten Jahrzehnten diesem Gedanken, welcher schon vor 2500 Jahren auch von Buddha gedacht wurde, nachgegangen.

Vielleicht existiert aber auch eine Art Multiversum. Es existieren also unzählige mehr oder weniger lebensfreundliche Universen nebeneinander. Auch dies verträgt sich mit der modernen Kosmologie und Quantenphysik. Es könnten in einem Quantenschaum jede Sekunde unendlich viele Urknalle stattfinden, woraus dann unzählige Universen entstehen, ähnlich einem blubbernden Schaumbad. Unser Universum kommt uns dann nur so perfekt vor, weil wir uns ja in ihm angepasst und entwickelt haben. Wir haben es sozusagen ausgesucht. In einem anderen Universum entsteht dann gar kein oder eben völlig anderes Leben.

Die Frage, was diesen brodelnden Quantenschaum, welcher ständig neue Universen erzeugt, verursacht hat, bleibt dann offen. Aber es wäre kein planender Schöpfer mehr für diesen Kosmos nötig. Stellen Sie es sich so vor: Sie werden zum Essen eingeladen und man serviert Ihnen Ihr Lieblingsgericht. Dann wundern Sie sich, woher der Gastgeber dies wissen konnte. Sie vermuten, er habe bewusst dieses Menü gekocht. Bietet er Ihnen aber 100 Gerichte zur Auswahl an, und Ihr Lieblingsessen ist dabei, bedarf dies keines besonderen Planes, Sie legen es als Zufall ab. Bei einer unendlich großen Anzahl an Universen bedarf es keines göttlichen Planes, um ein perfektes Universum für intelligentes Leben zu schaffen.

Da das Nichts, wie einige Philosophen behaupten, nur eine mathematische Abstraktion ist, also in der Realität nicht wirklich existiert, es kann nicht Nichts geben, würden diese Multiversen in zeitlich unendlicher Abfolge ständig verschwinden und entstehen. Es gäbe keine erste Ursache. Sie tragen die Ursache für sich in sich selbst. Sie sind einfach, weil sie sind und weil Nichts nicht sein kann. Deshalb sind dann auch eine Schöpfung und ein Schöpfer überflüssig.

Planung kontra lebensfeindliches All

Wir haben auf den letzten Seiten zahlreiche Argumente gehört, welche darlegen, dass ein Plan eines Schöpfers hinter dem Universum stehen muss, da einfach zu viele Gesetze oder Zufälle auf die Existenz von Leben ausgerichtet sind. Theologen verwenden diese kosmologischen Tatsachen oft als Beweis für einen planenden Gott. Im Gegenzug könnte man aber auch fragen, warum benutzt ein perfekter Schöpfer so krumme Naturkonstanten? Es wäre doch viel ästhetischer, die universalen Konstanten in Form ganzer Zahlen zu wählen. Oder wenn die Planetenbahnen perfekte Kreise darstellen würden. Es existieren in der Natur keine perfekten Kreise, sie sind nur eine mathematische Abstraktion.

Warum ist das All um unser Sonnensystem herum so lebensfeindlich, so kalt und dunkel und voller gefährlicher Geschosse und Strahlung? Wenn Gott nicht will, dass der Mensch seinen Planeten verlässt, hätte er es einfacher haben können. Also warum dieses große komplexe System Universum?

Wahrscheinlicher erscheint es, dass unser Planet doch nur ein zufälliges Staubkorn unter Milliarden ist, welches aufgrund des Gesetzes der großen Zahl eben lebensfreundliche Parameter in einer lebensfeindlichen Umgebung enthält, wie wahrscheinlich einige Hunderttausend oder gar Millionen unter den unzähligen anderen Planeten im Multiversum. Wenn sie zufällig und wahllos 100 Paar Schuhe anprobieren, wundern Sie sich ja auch nicht, dass dort zwei oder drei Paare dabei sind, welche Ihnen passen.

Besonders die christlichen Theologen bezeichnen die Menschheit als die Krone der göttlichen Schöpfung und erklären immer wieder, wie wunderbar und perfekt Gott diesen Planeten für uns geschaffen hat. Es ist aber nicht von der

Hand zu weisen, dass es auf diesem Planeten riesige Gebiete gibt, ja sogar die größten Teile, die nicht für menschliches Leben geeignet sind. Auf den hohen Gebirgen ist die Atmosphäre zu dünn, sodass der Mensch nicht genug Sauerstoff hätte. Die kosmische Strahlung ist so hoch, dass es zu genetischen Mutationen kommen könnte. In den Weltmeeren ist offensichtlich auch nicht der beste Platz für die Krone der Schöpfung, um zu existieren. Dann gibt es riesige heiße und trockene Wüstengebiete und extrem kalte Regionen an den Polen. Beides ist nicht für die Gattung Homo sapiens geeignet. Hinzu kommen Naturkatastrophen, Vulkanausbrüche, Erdbeben, Fluten, Stürme und eine Bedrohung von kosmischen Bomben aus dem All wie den Meteoriten.

Man könnte also auch zu dem Schluss kommen, dass dieser Planet gar nicht so toll für menschliches Leben geeignet ist. Warum also sollte ein perfekter Schöpfer für seine Krönung einen so unvollkommenen Ort aussuchen bzw. schaffen?

Es sieht also so aus, dass es für die Erde und die Menschheit auf ihr kein göttliches Dazutun bedarf beziehungsweise genau hinter dieser Kombination kein Plan steht!

Und wo ist der Sinn?

Streng nach dem Reduktionismus betrachtet stellen wir nur ein einzelnes unabhängiges Zahnrad in einem großen komplexen Getriebe dar. Daher drängt sich die Frage auf, ob wir von unserem Standpunkt heraus innerhalb eines Systems überhaupt das System als Ganzes begreifen können. Ob es einem Teil eines Systems überhaupt möglich ist, über das ganze übergeordnete System logisch zu reflektieren. Eine einzelne

Ameise wird bestimmt nie die Komplexität und Ordnung des ganzen Ameisenstaates begreifen oder auch nur wahrnehmen. Ein einzelner Computerchip kann nicht die Gesamtheit aller Programme im System erfassen. Deshalb wäre es möglich, dass wir Menschen als kleine Teile innerhalb eines Systems den großen Plan und die Gesamtheit des Systems nie logisch erfassen werden.

Innerhalb eines Labyrinthes erkennt man das Ganze nicht. Man muss sich einen Überblick von außen schaffen. Wir sind von innerhalb des Systems aus für die Beweisbarkeit des Systems auf die Mittel dieses Systems angewiesen und deshalb in seiner Beschreibung eingegrenzt. Wahrscheinlich lässt sich der Sinn des Universums nur von außerhalb betrachtet oder transzendent begreifen.

Der christlichen Lehre folgend stellt es den Sinn unserer Existenz dar, nach einem Leben geprägt von religiösen Vorschriften das Himmelreich Gottes zu erreichen. Aber wenn es eines Gottes Plan und Ziel ist, dass seine Lebewesen sein Himmelreich erreichen, warum schafft er dann nicht direkt ein perfektes Reich ohne Sünde, wo alle Seelen in Ruhe existieren? Vielleicht macht es Gott ja Spaß, die Menschen wie in einem Zoo zu beobachten und zu schauen, was passiert – zu bestrafen und zu belohnen. Diese zugegeben amüsante Form der Unterhaltung wäre aber einem allmächtigen Schöpfer nicht würdig. Darüber hinaus würde er als allwissender Gott ja sowieso die Zukunft kennen, also wäre es langweilig. Also warum dann erst diese Existenz? Oder waren wir schon in Gottes Himmelreich, dem großen ganzen Urgrund allen Seins, und werden mit dieser Existenz nur für ein Fehlverhalten bestraft. Man muss ja zugeben, dass die Zustände auf unserem Planeten mit Katastrophen, Krankheiten, Hunger und Kriegen eher der Vorstellung der christlichen Hölle gleichen.

Aber ein allmächtiger guter Gott kann doch nicht in dieser Form strafen? Egal wie man es betrachtet, die christliche Gottesvorstellung ist nicht befriedigend. Vielleicht hat der Mensch erst Gott geschaffen (im Geiste), damit er sich nicht so sinnlos vorkommt. Die Vorstellung, allein in einem riesigen kalten dunklen Universum ohne einen Sinn, ohne einen Schöpfer, ohne eine höhere beschützende Macht zu leben, kann den Menschen schon beängstigen.

Man könnte den Sinn, welchen wir überall suchen, auch nur als eine Abstraktion unseres ICH-Bewusstseins interpretieren. Wir suchen in allem um uns herum und in allem was wir machen einen Sinn. Wir handeln zielgerichtet und interpretieren lokal in alles einen Sinn hinein. Wenn wir Achterbahn fahren haben wir Spaß, also ist der Spaß der Sinn und das Ziel der Fahrt. Wir gehen einer Arbeit nach, nehmen Nahrung auf, fahren in Urlaub und so weiter. Alles macht in unserem Leben in einem bestimmten kausalen Zusammenhang in einem bestimmten zeitlichen Abschnitt einen Sinn.

Aber ist die Tatsache, dass wir etwas machen, weil es etwas bewirkt – Nahrungsaufnahme lindert den Hunger und sichert das Überleben – schon eine ausreichende Erklärung dafür, dass es einen Sinn darstellt? Macht oder hat Spaß einen Sinn? Ist oder hat Sättigung tatsächlich einen Sinn? Oder ist es nicht einfach so, weil es so ist, und bedarf keines tieferen Sinns? Können Spaß und Sättigung nicht einfach sein? Muss es überhaupt einen Sinn für alles geben? Interpretiert unser Gehirn nur einen Sinn in Handlungen und Dinge, um des Menschen Handlungen und Denken zu rechtfertigen, um sich befriedigt zu fühlen? Ist der Sinn nur eine surreale Abstraktion des menschlichen Bewusstseins, weil es ihm nicht genügt, etwas einfach als gegeben, als das SEIN an sich hinzunehmen.

Einstein sagte einmal: Die Materie sagt dem Raum, wie er sich zu krümmen hat, und der Raum sagt der Materie, wie sie sich zu bewegen hat. Da er auch nachwies, dass Raum und Zeit äquivalent sind und Materie und Energie dasselbe sind, hängt alles im Kosmos wieder miteinander zusammen. So müssen wir wieder zu einer holistischen Sichtweise gelangen und nach dem Sinn für das Ganze fragen. Muss die Gesamtheit, der Kosmos, einen zielgerichteten Plan haben? Kann die Gesamtheit allen SEINS nicht den Sinn für die Existenz in sich selbst tragen? Ist es der Sinn des Kosmos, einfach zu sein? Weil das SEIN wahrscheinlicher ist als das NICHTSEIN! Stellt das SEIN einen Sinn dar, weil das NICHTSEIN sinnlos wäre? Das SEIN an sich ist der Sinn des SEINS! Für das Ganze, die große Gesamtheit aller Dinge, den Ursprung allen Seins muss es keinen Plan und kein Ziel geben! Der Plan ist, dass etwas ist! Und das Ziel ist es, zu sein!

Wenn es nichts geben würde, wenn es nur das NICHTS gäbe, wie auch immer dies aussehen mag oder wie auch immer man es definieren will, könnte niemand und nichts nach einem Sinn dieses NICHTS fragen.

Es gäbe keinen Sinn. Das Nichts hätte keinen Sinn, weil es nicht wahrgenommen würde. Weil niemand danach fragen kann. Wenn wir aber aus dem Sein heraus über das Nichts nachdenken können, es praktisch in unserem Geist erzeugen, könnten wir uns auch die Frage stellen, was der Sinn des NICHTS wäre. Aus unserer Perspektive heraus kann nichts ohne Sinn sein. Selbst das Nichts an sich muss einen Sinn haben. Denn wenn das Nichts sinnlos wäre, würde es sogar das Nichts nicht geben. Allein durch die Tatsache, dass wir über das NICHTS nachdenken, haben wir es realisiert und ihm einen Sinn gegeben.

Das Sein hat seinen Sinn einfach im Sein. Wir geben dem

Ganzen noch einen abstrakten Sinn in unserem Geist, weil wir es wahrnehmen und darüber nachdenken. Wie wir im Kapitel »Quantenphilosophie, was ist wirklich real?«, noch sehen werden, erschafft unser Geist vielleicht erst das Sein, und genauso ist auch der Sinn des Seins in unserem Geist zu suchen. Wenn das Universum ein unabhängig von Bewusstsein existierender toter Klumpen Materie wäre, dann würde es auch nicht beobachtet. Es würde nicht über das Universum nachgedacht. Es hätte keinen Sinn, weil kein Bewusstsein nach dem Sinn fragen könnte. Es wäre praktisch nicht existent, weil es nicht wahrgenommen würde. Wie der Knall eines Baumes, der im Wald umfällt, wenn niemand da ist, um es zu hören. Also könnte man folgern, der Sinn des Seins ist es, bewusst zu sein. Die Existenz des Geistes ist der Sinn allen Seins.

Wem das alles zu philosophisch und zu abstrakt erscheint, der kann natürlich seinen persönlichen Sinn in seiner irdischen Existenz suchen und finden. Der eine sieht den Sinn darin, Reichtum anzuhäufen, der andere will etwas verändern oder bewirken oder etwas Bleibendes schaffen. Jeder kann für sich einen Sinn in seiner diesseitigen Existenz schaffen. In den meisten Fällen haben wir die Macht, die Dinge um uns herum zum Positiven zu verändern. Dies ist bestimmt für viele ein befriedigender Sinn. Dafür bedarf es keiner Religion, keines Schöpfers und keines Planes für alles. So kann sich jeder seinen persönlichen Sinn schaffen. Die Frage nach einem absoluten, einzigen, ursprünglichen Sinn kann vielleicht nie befriedigend geklärt werden, denn man könnte unendlich weiterfragen. Was ist dann der Sinn des Sinns? Es ist wie mit der Ursache für die erste Ursache.

Die Einheit des Seins

Eine der Kernaussagen östlicher Mystik, speziell des Taoismus, ist die Ansicht, dass alles, was existiert, aus einer höheren Ordnung entsprungen ist. Oder anders ausgedrückt: Die gesamte Welt, welche wir in Teilen, die unabhängig voneinander zu existieren scheinen, wahrnehmen, sind nur abgespaltene Fragmente eines einheitlichen zusammenhängenden Seins. Alles was ist, ist eins!

Noch vor etwa dreihundert Jahren wurden alle in unserer täglichen Erfahrung auftretenden Kräfte als getrennt beschrieben. Es gab Fallkräfte, Zentrifugalkräfte, Wurfkräfte, Wasserkräfte, Windkräfte und vieles mehr. Später kamen dann elektrische Kräfte, magnetische Kräfte, atomare Kräfte und andere dazu. Heute weiß man, dass die meisten Kräfte, welche uns umgeben, auf mechanische Wirkungen zurückzuführen sind.

Den Arbeiten Faradays und Maxwells ist es zu verdanken, dass elektrische Wirkungen und der Magnetismus, zwei bis dahin völlig getrennte Erscheinungen, als ein und dasselbe, nämlich als Elektromagnetismus, verstanden werden konnten.

Die Optik zum Beispiel lässt sich auf den Elektromagnetismus zurückführen. Der wiederum lässt sich durch die Quantenmechanik beschreiben. Auch die gesamte Strahlung im Kosmos, ob sichtbares Licht, UV, Infrarot, Radio-, Fernseh- oder Handywellen, Radioaktivität oder Röntgenstrahlung, sind im Prinzip nur verschiedene Erscheinungen ein und desselben Elektromagnetismus, aus Photonen bestehende Wellen nur mit unterschiedlicher Frequenz und Wellenlänge und daher unterschiedlicher Energie. Aber es besteht kein prinzipieller Unterschied zwischen unserem Sonnenlicht und den Röntgenstrahlen. Alle Kraftfelder im Kosmos gehorchen den gleichen Gesetzen. Ob Gravitationsfelder, elektrische oder magnetische Felder, sie alle werden antiproportional mit dem Quadrat des Abstandes schwächer. Es gab früher die Bewegungslehre, die Akustik und die Wärmelehre. Später konnte dann sowohl die Akustik als auch die Wärmelehre mit den Gesetzen der Bewegung beschrieben werden. Schall ist Bewegung in den Atomen der Luft und Wärme ist nichts anderes als schnell bewegte Atome. Je schneller sie sich bewegen, also je höher die kinetische Energie ist, desto wärmer ist ein Medium. Bei Stillstand ist der absolute Nullpunkt von etwa −273 Grad Celsius erreicht. Kälter geht es nicht.

Die Psychologie lässt sich durch elektrochemische Prozesse im Hirn verstehen. Die Biologie lässt sich auf die Chemie zurückführen. Alle Vorgänge im Körper eines Lebewesens wie zum Beispiel die Verdauung oder auch die Sauerstofferzeugung der Pflanzen, die Photosynthese, sind chemische Prozesse. Biologie und Psychologie sind also Chemie. Chemie wiederum lässt sich durch die Atomphysik und Quantenphysik erklären. Alles hängt zusammen und lässt sich auf etwas Darunterliegendes zurückführen.

Mittlerweile weiß man, dass es vier Grundkräfte in der Natur gibt. All die vielen einzelnen, auftretenden Kräfte lassen sich durch diese vier Grundkräfte erklären beziehungsweise beschreiben.

Die erste dieser Kräfte ist die Gravitation. Sie wirkt im gesamten Kosmos zwischen allen Massen. Sie wird auch Massenanziehungskraft genannt. Sie ist unter anderem dafür verantwortlich, dass es Planetenbahnen gibt, dass Sterne existieren und dass wir nicht von der Erde fallen.

Die anderen drei Kräfte, die elektromagnetische Kraft und die starke und schwache Kernkraft, wurden in den Siebzigerjahren des letzten Jahrhunderts von den Physikern Steven Weinberg, Abdus Salam und Sheldon Glashow zu einer Superkraft vereinigt. Für diese Arbeit wurden alle drei mit dem Nobelpreis ausgezeichnet. Vereinfacht gesagt basieren diese drei Kräfte darauf, dass alle Fermionen, das sind praktisch alle Teilchen wie Elektronen und Protonen, sogenannte Bosonen (Botenteilchen), meist Photonen, untereinander austauschen. Diese Superkraft, bestehend aus diesen drei Komponenten, ist dafür verantwortlich, dass es stabile Atome gibt und dass das gesamte All so existiert, wie es ist. So ist die starke Kraft durch den Austausch ihrer Botenteilchen, den Gluonen, dafür verantwortlich, dass die Atomkerne stabil sind. Die elektromagnetische Kraft sorgt mit den Photonen als Botenteilchen dafür, dass die Elektronen auf ihrer Bahn bleiben. Alle Teilchen im All sind durch diese Kräfte miteinander verbunden. Würde es diese Kräfte nicht geben, wären alle Teilchen voneinander isoliert. Es könnte keine Interaktion, kein Kontakt stattfinden. Es gäbe im Prinzip ohne diese vereinheitlichte Superkraft keine Abläufe oder Prozesse irgendeiner Art im Universum. Das Interessante ist nun, dass alles im Universum von diesen Kräften beeinflusst und gesteuert wird, somit einheitlich zusammenhängt und dass diese drei Kräfte auch einheitlich durch eine Theorie beschrieben werden können, also auf etwas höher Liegendes zurückgeführt werden.

Es sei an dieser Stelle nur kurz erwähnt, dass es in der Quantentheorie Prozesse gibt, bei denen subnukleare Teilchen raum- und zeitlos miteinander verbunden sind. Auf dieses Phänomen wird im Kapitel »Quantenphilosophie, was ist wirklich real?« genauer eingegangen. Alle Dinge in unserem Kosmos, auch Lebewesen, bestehen aus Quantenteilchen, die in irgendeiner Form miteinander verbunden sind. Die Erde und alles auf ihr ist wahrscheinlich durch eine Supernova, eine

Sternenexplosion entstanden. Wir alle, besser gesagt unsere Atome waren einmal Bestandteil eines Sterns. Alle Atome aller Sterne waren im Urknall vereint.

Die Relativitätstheorie, hierauf wird im Kapitel »Zeitreisen« genauer eingegangen, impliziert, dass bei Lichtgeschwindigkeit die Zeit stillsteht. Demnach hat ein Photon keine Zeit. Es könnte immer und überall gleichzeitig sein, sodass es eigentlich nur ein einziges Photon geben könnte.

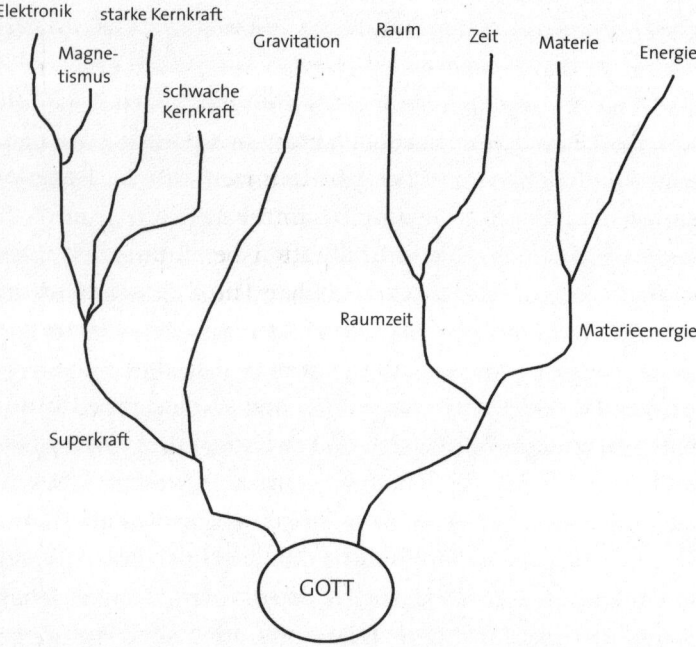

Elektronik und Magnetismus wurden zum Elektromagnetismus vereint. Dieser wurde mit den Kernkräften zu einer neuen Superkraft vereint. Einstein vereinte Raum und Zeit sowie Materie und Energie zu jeweils zwei untrennbaren Einheiten. Wenn wir es schaffen, die Superkraft, die Gravitation, die Raumzeit und die Materieenergie zu vereinigen, blicken wir auf Gottes geheime Gedanken!

Die Relativitätstheorie beschreibt die Gravitation, die Quantentheorie die drei anderen Grundkräfte. Beides sind approximative Theorien, das heißt, sie sind für sich in ihrem Bereich gültig, vertragen sich aber nicht richtig miteinander.

Das Ziel der Physiker ist es nun, und dies scheint mit der Stringtheorie annähernd zu funktionieren, die Relativitätstheorie und die Quantentheorie miteinander zu vereinigen, das, was das Große und das was das Kleine im All beschreibt, zu einer Supertheorie zu verbinden. Damit würde dann auch die Gravitation mit den drei anderen Kräften vereinigt. Es gäbe nur noch eine Superkraft, die Urkraft, der Ursprung allen kosmischen Daseins.

Materie und Energie wurden vereint. Raum und Zeit sind dasselbe — beides Konsequenzen aus Einsteins Theorien. Jetzt müsste man nur noch die Raumzeit und die Materieenergie zu einem Kontinuum zusammenfassen und alles zusammen mit den vier Grundkräften beziehungsweise der einen Superkraft in einer einheitlichen Theorie erklären, dann wäre das Ende der Physik erreicht. Der heilige Gral wäre gefunden. Wir könnten Gottes geheime Gedanken lesen. Wir hätten das Geheimnis der Schöpfung, den großen kosmischen Bauplan entschlüsselt. Aber wenn die Wissenschaft alles auf eine Gesamtheit reduziert und alles miteinander verbindet und als Fragmente eines großen Ganzen darstellt, was bleibt dann am Ende noch übrig? Vielleicht das einzige Reale in unserem Kosmos, der menschliche Geist? Oder ist dieser Geist Gott? In jedem Fall haben wir am Ende dieser Ausführungen mit unserem aktuellen Weltbild eine starke Konvergenz zu östlichen Philosophien wie Taoismus und Buddhismus hergestellt, welche die Einheit aller Dinge schon seit Jahrtausenden postulieren. Bleibt nur die Frage offen, könnte eine Theorie von allem auch die Theorie selbst erklären?

Quantengott und bizarrer Geist

Laut der Quantentheorie, welche in ausführlicher Erklärung Bestandteil eines anderen Kapitels ist, ist der Beobachter nicht von dem, was er beobachtet, als getrennt zu behandeln. Vielmehr legt er durch die Art, wie er beobachtet, fest, was er beobachtet. Die Realität existiert da draußen nicht unabhängig von uns. Erst unser Geist schafft durch Beobachtung und Messung die Realität, welche er wahrnimmt. Vorher herrscht eine geisterhafte Möglichkeit von überlagerten Wahrscheinlichkeiten. Die Realität ist von einer bewussten Person als Beobachter nicht trennbar.

Es besteht nun die Möglichkeit anzunehmen, dass auch die Physik und Mathematik von unserem Geist geschaffen und nicht nur entdeckt wird. Das Gravitationsgesetz oder der Satz des Pythagoras existieren nicht unabhängig ohne bewussten Geist. Der Geist konstruiert erst die Gesetze, welche die Realität beschreiben, ähnlich einem Softwareprogramm, nach dem eine Maschine dann ein Werkstück anfertigen kann. Es könnte demnach ein anderes Universum geben, in dem die Mathematik und die Physik ganz anders aussehen, aber für den Geist dort trotzdem in sich logisch und konsistent sind. Wenn der Geist die Realität schaffen kann, muss er auch die dazugehörige Physik geschaffen haben, welche diese Realität beschreibt. Gesetze existieren nicht unabhängig ohne bewussten Geist, sie sind genauso mit ihm verbunden wie die Materie auf Quantenebene.

Der Satz des Pythagoras existiert nicht, bevor er nicht gedacht wird. Die Materie, der Geist und die Gesetze sind miteinander verschränkt, verwoben, durchdringen sich und schaffen erst als Gesamtheit die Realität. Erst wenn der Geist sich eines Dreieckes bewusst wird, ruft er die dazugehörige

Mathematik ins Leben. Ohne Geist kein Dreieck, ohne Dreieck kein Pythagoras. Wenn es keinen intelligenten bewussten Geist gäbe, gäbe es auch die zahl Pi nicht. Denn nichts existiert unabhängig vom Beobachter. Ohne Geist wäre nie über einen Kreis nachgedacht worden und die Zahl Pi wäre nie ins Leben gerufen worden. Ja, es gäbe nicht einmal Zahlen an sich. Oder können Sie mir sagen, wo sich die Zahl Fünf aufgehalten hat, als es noch kein Leben oder gar ein All gab? Ist die Zahl Fünf in irgendeiner Weise objektiv zu beschreiben? In Größe oder Gewicht oder Farbe? Oder stellt eine Zahl vielmehr lediglich eine Abstraktion unsers Geistes dar?

Dieses einheitliche Schaffen von materieller und immaterieller Welt (die Welt der Zahlen und Gesetze) ist auch der Grund dafür, dass das anthropische Prinzip funktioniert und dass an jedem Ort und zu jeder Zeit die Gesetze mit der Materie harmonisch zusammenwirken, ohne sprunghafte Akausalität. Wenn der Geist sich ein beliebiges Universum schafft, ist auch die Tatsache, dass es nicht erklärbare Naturkonstanten gibt, sowie die enorme Feinabstimmung der physikalischen Gesetze und Kräfte nicht verwunderlich. Eine geschaffene Einheit kann nur in sich logisch und konsistent sein. Jede andere beliebige Realität mit anderen Gesetzen und Konstanten würde dem erschaffenden Geist auch logisch und konsistent erscheinen. Er will ja eine logische Einheit beobachten, also funktioniert es auch.

In diesem Modell ist aber kein Platz mehr für einen transzendenten Schöpfer. Der Geist selbst ist der Schöpfer. Es bedarf keines Gottes, um Gesetze zu ermöglichen, welche dann die Realität schaffen und erst dann den menschlichen Geist hervorbringen. Das einzige Transzendente ist der Geist, welcher alles erschafft. So könnte man aber sagen, Gott ist in jedem von uns und Gott ist ALLES!

Um die Sache auf die Spitze zu treiben, könnte aber auch angenommen werden, dass eine Art Quantengott existiert. Wenn der Geist mit der materiellen Welt verbunden ist und diese erst in die Realität holt und vielleicht auch die feinstoffliche Welt der Gesetze erst durch Denken erschafft, könnte er doch auch einen Quantengeist erdenken, den man Gott nennt. Das heißt, wenn niemand an Gott glaubt, existiert er nicht, und wenn jemand an Gott glaubt, existiert er analog zur Unbestimmtheit der Teilchen auf der Quantenebene. Je nachdem wie der individuelle beobachtende Geist sich Gott in einem Moment vorstellt, so verhält er sich auch, von der Nichtexistenz zur Existenz schwankend. Es gäbe unterschiedliche geistige Wahrheitsebenen mit und ohne Gott und mit ganz verschiedenen Formen Gottes. Genauso, wie es unzählige unterschiedliche Universen geben kann, kann es unzählige unterschiedliche Antworten auf die Frage nach Gott geben – je nachdem wie der Geist es will. Die Realität ist eben nicht objektiv da draußen!

Wir entdeckten die Moleküle, dann die Atome, dann die Elementarteilchen, dann die Strings. Solange unser Geist sucht, wird er auch etwas entdecken. Nicht ein Etwas, welches objektiv da draußen wartet, sondern ein selbst geschaffenes Etwas. Der Geist beantwortet sich seine Fragen selbst. Er schafft das, was er sucht. Deshalb wird auch nie ein Ende der Physik zu finden sein. Egal wie klein, es wird kein letztes kleinstes Etwas geben, solange man noch weiter nach etwas darunter sucht. Der Geist selbst ist das letzte Etwas, nach dem er sucht.

Ein Gott, der sich versteckt

Der Physiker Stephen Hawking schlägt ein Modell eines Universums ohne Grenzen in Raum und Zeit vor. Dieses Modell benötigt keinen Gott und keine Schöpfung. Da es zwar in räumlicher und zeitlicher Ausdehnung endlich ist, aber keine Grenzen in der Raumzeit hat, gibt es auch keinen Zeitpunkt oder Akt der Schöpfung. Analog können Sie sich die Oberfläche eines Balls vorstellen. Es ist klar, dass die Fläche von endlicher Größe ist. Aber sie hat in ihren zwei Dimensionen nirgendwo einen Anfang oder ein Ende. Oder Sie können von einem beliebigen Punkt auf der Erde aus immer ein Stück weiter nach Norden gehen. Aber am Nordpol müssen Sie, egal in welche Richtung, wieder nach Süden laufen. Es gibt kein nördlich vom Nordpol, ebenso wenig wie eine Schöpfung vor dem Urknall. Hawkings Modell trägt die physikalische Erklärung für seine Existenz in sich selbst. Er benötigt keinen transzendenten Schöpfer.

Dem kann gegenübergestellt werden, dass ein allmächtiger Schöpfer, welcher nicht entdeckt werden will, ein Universum konstruiert, in dem er überflüssig ist. Dadurch bleibt der menschlichen Rasse die Willensfreiheit gewahrt, an Gott zu glauben oder eben nicht. Wenn die Menschen Gott beweisen, fällt es leicht zu glauben und ein religiöses Leben zu führen. Wenn aber dagegen Gott nicht nötig ist, kann er schön aus der Deckung heraus beobachten, wie sich die Menschen verhalten. Also könnte der Wille eines planenden Schöpfers sein, nicht erkannt zu werden.

Hierzu passt auch die Tatsache, dass ständig neue Modelle des Kosmos entwickelt und neue bizarre Theorien aufgestellt werden. Immer wenn wir den Vorhang ein Stück aufziehen und etwas erklären können, schauen wir auf eine noch bizarrere Welt und es kommen neue Dinge mit neuen Fragen zum Vorschein. Es sieht fast so aus, als wolle irgendeine höhere Macht verhindern, dass wir das All entschlüsseln. Immer wenn wir eine Tür geöffnet haben, verbirgt sich dahinter ein neuer Raum mit neuen Türen. Auf Moleküle folgen Atome, darauf Elementarteilchen, dann Strings und so wird es vielleicht immer weitergehen.

Wir sind etwa in der Situation eines Hundes, der nach einem Stück Fleisch springt, welches an einem Baum hängt. Im Baum sitzt jemand, der das Fleisch immer höher zieht, kurz bevor der Hund es erreicht. Nur, wer sitzt in unserem Baum und zieht an unserem Stück Fleisch?

Ist Gott ein Gesetz?

Wir machen das Denken oder die Intelligenz an unserem Gehirn fest. Jeder glaubt zu wissen, was das Denken oder die Intelligenz ist. Aber es gibt bis heute keine klare Definition, keine grundlegende Erklärung, wo die Kraft der Gedanken herrührt. Klar ist, dass es mehr sein muss als ein Elektronenfeuer in unseren Neuronen oder ein biochemischer Stoffwechsel in der Hirnmasse. Auch einem Tier können wir eine Form von Gedanken zuschreiben, wenn es sich auf seinen Futternapf zubewegt. Hat ein Baum eine Art intelligentes Feld, ein immaterielles Gedankenmuster, wenn er Sauerstoff produziert? Hat ein Eiskristall ein intelligentes Gedankenfeld, wenn es seine Form ausbildet? Warum verhalten sich alle Moleküle eines Klebstoffes immer gleich? Woher »wissen« sie, dass sie eine Verbindung eingehen müssen. Ist hier schon eine Form der Intelligenz?

Wenn man bei beliebigen Chemikalien nur ein Atom pro Molekül ändert, kann ein ganz anderer Stoff mit ganz anderen Eigenschaften entstehen. Wie kann es möglich sein, dass die Gesetze der Natur sagen, wie diese zu funktionieren hat? Wohnt den Gesetzen vielleicht ein intelligentes Feld inne, welches in der Lage ist, mehr oder weniger bewusst zu diktieren, wie Dinge sich zu verhalten haben? Vielleicht ist ein Gesetz nicht nur eine Beschreibung dessen, was geschieht, sondern das Gesetz ist eher der Drehbuchautor dessen, was gespielt wird. Man könnte alle physikalischen, chemischen oder biologischen Gesetze nicht nur als tote Abstraktion ansehen, sondern man könnte ihnen eine Form von intelligenter Schöpfungskraft zugestehen.

Demnach wären die Gesetze nicht die Erklärung unserer Welt, sondern ihr Schöpfer! Alles, was existiert, ist durch ein bewusstes intelligentes Feld aus Gesetzen geschaffen worden. Man kann sich von der klassischen personifizierten Gottesvorstellung verabschieden. Mit gleichem Gedanken könnten aber die Gesetze Gott genannt werden. Wenn Gesetze den Urknall verursacht haben, sind sie die Ursache ohne Ursache. Man braucht keinen Gott als Ursache anzusetzen. Gesetzen wohnt eine Schöpferkraft inne. Man könnte die Gesetze als intelligentes transzendentes autonomes SEIN bezeichnen, aus dessen Grund alles hervorgeht. Gesetze wären Geist und Gott zugleich!

Beherrscht Gott das Chaos?

Wir sind es gewohnt, in einer Welt zu leben, wo Newtons Gesetze der klassischen Physik Gültigkeit besitzen. Die Planeten bewegen sich um die Sonne. Ein Stein fällt zu Boden und eine Kugel rollt bergabwärts. All diese Prozesse und Systeme lassen sich mit einfachen Regeln und Gesetzen berechnen und vorherbestimmen, wie sie weiter verlaufen.

Wir benötigen nur geringe Informationen wie Masse oder Geschwindigkeit und können so genau vorhersagen, wie sich der Lauf einer Kugel oder der Wurf eines Steins entwickeln wird.

Im Gegensatz dazu existieren aber auch sehr komplexe Systeme, welche sich chaotisch verhalten. Die Entwicklung einer Bevölkerung oder einer Tierpopulation ist ein so empfindliches System, welches von so vielen nicht vorhersehbaren Parametern bestimmt wird, dass es nicht vorausberechenbar ist. Ein sehr gutes Beispiel ist das Wetter. Es gibt keine sicheren Wettervorhersagen. Das System Wetter ist einfach zu komplex und chaotisch. Jeder kennt das Wort »Schmetterlingseffekt«. Es besagt, dass der Flügelschlag eines Schmetterlings in Japan einen Orkan in Amerika auslösen kann. Oder anders ausgedrückt: Das System ist so empfindlich für kleinste Einflüsse von außen, dass diese sich über einen bestimmten Zeitraum hin potenzieren und extremste, nicht vorhersehbare Auswirkungen und Veränderungen verursachen können.

Warum sollte ein planender Schöpfer einerseits für den Determinismus auf unserer makroskopischen Ebene verantwortlich sein, andererseits aber chaotische Systeme mit einplanen? Kann ein Gott so allwissend sein und die Entwicklung aller chaotischen Systeme in aller Zukunft überblicken, jeden Flügelschlag eines Schmetterlings und dessen Auswirkungen voraussehen?

Zum Ersten hätte es sich Gott dann unnötig schwer gemacht, denn warum nicht das Wetter so einfach gestalten, dass es wie ein Planetensystem ein paar wenigen klassischen mechanischen Gesetzen gehorcht? Zum Zweiten wäre das das Aus für jeglichen freien Willen und für jegliche spontane Veränderung. Jeder Flügelschlag wäre ja festgelegt und alles, was aus ihm resultiert, wäre ja schon von Gott gegeben.

Aber vielleicht hat der Schöpfer ja Determinismus und Chaos gewollt. Er kennt den Determinismus und alles, was ihm unterworfen ist. Dies ist vorhersehbar und aufgrund bestimmter festgelegter Anfangsbedingungen berechenbar. Gott könnte hier gar nicht eingreifen, da es sofort auffallen würde, wenn sich Dinge nicht nach den Naturgesetzen verhalten würden. Dies könnte nicht in seinem Sinne sein. Es sei denn, es gäbe tatsächlich Wunder, und damit wollte Gott sein Wirken demonstrieren. Aber wenn er einfach unvorhersehbare chaotische Systeme schafft, dessen Ausgänge und Verläufe auch ihm unbekannt sind, bleibt erstens mehr Spielraum für den freien Willen, zweitens ist das »Theaterstück Schöpfung« weit mehr interessant und drittens kann er immer noch in diese Systeme eingreifen. Er braucht nur eine minimale Veränderung hervorzurufen, welche wir gar nicht wahrnehmen würden, und könnte so eine große Auswirkung in seinem Sinne produzieren. Dies wäre dann ein wirkliches göttliches Eingreifen in unser Leben – auch Wunder genannt – und wir hätten es nicht einmal bemerkt!

Gott als letzte Ursache

Die meisten Menschen stellen sich vor, dass alles in einem sehr einfachen Grundzustand begonnen hat und sich das Komplexe immer auf dem Einfachen aufbaut. Es hat den Anschein, als gäbe es in unserem Universum eine Richtung, in der sich aus Einfachem immer komplexeres entwickelt bzw. zusammensetzt. Elementarteilchen bilden Atome. Atome bilden Moleküle. Immer komplexere Moleküle und immer größere Anhäufungen von Molekülgruppen bilden Dinge, welche uns umgeben. Moleküle bilden Zellen und DNS, woraus letztendlich so etwas Komplexes wie ein Organismus entsteht – angefangen bei Amöben über Hunde und Katzen bis zum komplexesten aller uns bekannten Wesen, dem Menschen. Die höchste Stufe der Komplexität stellt zurzeit wahrscheinlich das menschliche Gehirn dar.

Nach unserem klassischen Weltbild bedingt die untere Stufe die nächsthöhere. Es hat den Anschein, als würde das Kleine das Große erschaffen. Das Einfache ist Ursache für das Komplexe.

Wenn wir aber nun einen allmächtigen Schöpfer postulieren, müssen wir diesem auch zugestehen, dass er das komplexeste System oder Wesen ist, welches es geben kann. Diese Logik widerspricht aber genau dem oben geführten Gedankengang. Denn dann hätte ja das Komplexeste das Einfachste erschaffen. Aus diesem Einfachen würde sich wieder das Komplexe entwickeln. Aber wohin? Zu dem Komplexesten überhaupt? Zu Gott? Wäre es nicht viel logischer, die Kette umzudrehen und das Große als Ursache für das Kleine zu nehmen?

In der Tat finden wir in der Quantenphysik eine Antwort. Subnukleare Teilchen besitzen keine unabhängige Realität, bevor sie nicht von einem bewussten komplexen Geist durch Beobachtung, sprich Messung, an einem bestimmten Ort zu einer bestimmten Zeit in die Realität gehoben werden.

Das Komplexe erschafft sozusagen rückwirkend das Einfache, welches eine Ebene tiefer liegt. Demnach könnte Gottes Geist, das Komplexeste überhaupt, durch Beobachtung bzw. – wie es der Hinduismus ausdrückt – durch reine Gedanken rückwirkend dem einfacheren menschlichen Geist Realität verleihen. Dieser komplexe Geist, was auch immer er ist, wir können ihn Gott nennen, wäre dann nicht die erste, sondern die letzte Ursache, welche alles Sein bedingt.

Drei unterschiedliche Modelle der Entstehung des Seins

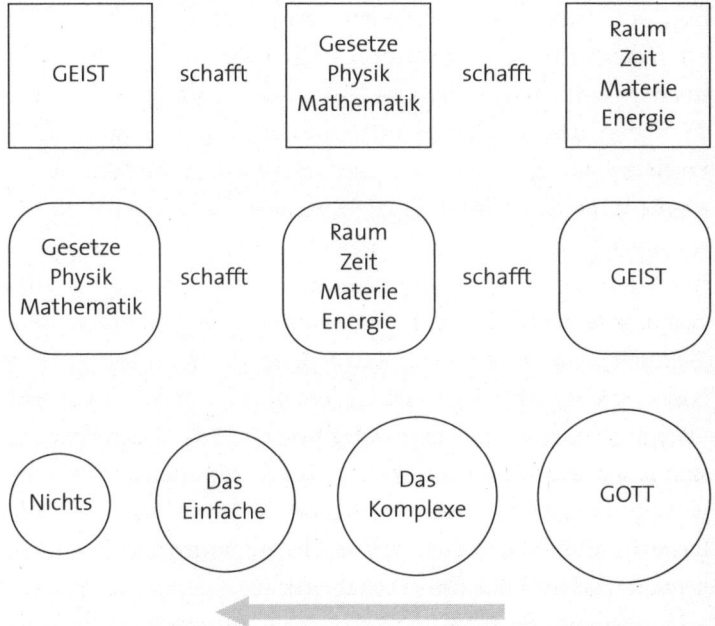

Gott schafft als komplexeste Daseinsform rückwirkend das Einfache!

Der Schöpfer ist Taoist

Der Taoismus, eigentlich Daoismus, ist eine chinesische Philosophie. Demnach entspringt alles Sein einem tieferen geheimnisvollen Ganzen. Alles, was wir wahrnehmen, ist in Yin und Yang aufgeteilt. Alle Fragmente unseres Seins, welche antithetisch sind, wie weiblich und männlich, wahr und falsch, gut und böse, verbinden sich in dieser Urwirklichkeit wieder zu einem neutralen Ganzen. Das Ziel des Menschen ist es, in diesem tieferen Dao Vollkommenheit und Unsterblichkeit zu erlangen. Dies setzt ein harmonisches Leben im Einklang mit der Natur und den Menschen voraus.

Oberflächlich betrachtet nehmen wir in unserem Leben immer Antagonismen wahr. Es gibt das Gute und das Böse. Aber macht es überhaupt Sinn, nur eine Hälfte isoliert zu betrachten. Kann es das Gute ohne das Böse geben? Wenn wir das Böse nicht kennen würden, würden wir das Gute doch auch gar nicht als gut erkennen. Ohne einen Gegensatz würden wir es doch als immer gleichbleibend und neutral wahrnehmen. Ohne Kälte könnten wir keine Wärme erkennen. Wenn es keine Kälte gäbe, würden wir die Wärme als etwas Normales, Neutrales, immer Gegebenes empfinden und nicht als Wärme an sich. Die Eigenschaften der Dinge kristallisieren sich für uns erst durch ihre Gegensätze heraus. Erst die Vereinigung der Gegensätze schafft die Ganzheit. Gäbe es ohne Lüge die Wahrheit? Nein, es gäbe nur ein neutrales Sein. Lüge ohne Wahrheit oder umgekehrt macht keinen Sinn. Alle Erscheinungen unserer Welt sind demnach zugleich Antagonismen, aber auch komplementär. Das heißt, obwohl sich beide Eigenschaften widersprechen, ergänzen sie sich gegenseitig und benötigen sich gegenseitig, um das Ganze zu erzeugen. Auch hier konvergiert der Taoismus wieder mit der Quantenphysik. Das Komplementaritätsprinzip, welches auf Nils Bohr, einen dänischen Physiker und Nobelpreisträger, zurückgeht, besagt, dass der Quantenwelt ein Dualismus aus Welle und Teilchen immanent ist. Gegenteilige Eigenschaften wie Wellencharakter oder Teilchencharakter existieren nicht antagonistisch, sondern komplementär und koinzident in einer Einheit. Oder anders ausgedrückt: Sie entfalten sich kohärent aus einem tieferen Sein. Es gibt noch unzählige Beispiele für solche komplementären Paare: Illusion – Realität, Körper –

Geist, Materie – Energie, Raum – Zeit, Determinismus – Kontingenz, Religion – Wissenschaft usw.!

Bei Materieenergie und Raumzeit hat schon Einstein den gemeinsamen Ursprung nachgewiesen. Also findet sich auch in der Relativitätstheorie ein Beweis für östliche Philosophie. Alles entfaltet sich paarweise aus einem großen Ganzen. Der Dualismus auf unserer Ebene stellt nur eine Fragmentierung einer holistischen komplementären Koinzidenz dar. Demnach wären auch all unsere reduktionistischen physikalischen Modelle nur approximativ gültig und spiegeln somit nur eine Beschreibung auf unserer fragmentierten Ebene wider, können aber die Ganzheit nicht berücksichtigen. Also ist der Antagonismus auf unserer Ebene nur eine Illusion. Die Wirklichkeit ist die tiefere Kohärenz. Wir im Westen würden Sie Gott nennen.

Holismus versus Reduktionismus

Die westliche Wissenschaft reduziert die Welt auf ihre Einzelteile und versucht, Abläufe als getrennt voneinander zu erklären. In östlichen Philosophien werden die Dinge und Abläufe als ein holistisches System betrachtet. Nichts besteht für sich allein, nur in der Gesamtheit steckt der Sinn. Diese Kontroverse wird in mehreren Abschnitten dieses Buches dargestellt. Betrachten wir nun einige weitere Beispiele.

Seit Einstein hat auch die westliche Wissenschaft erkannt, dass es keine unabhängige objektive Bewegung eines Körpers gibt. Wenn sich nur ein Körper unverändert durch den leeren Raum bewegen würde, könnte man diese Bewegung weder wahrnehmen noch messen. Nur in Bezug, als direkten Vergleich zu einem anderen Körper, kann man sagen, dass sich ein Körper bewegt. Im Flugzeug spüren Sie keine konstante Geschwindigkeit. Nur wenn Sie aus dem Fenster schauen und das Flugzeug mit der Erde vergleichen, stellen Sie eine relative Bewegung zueinander fest. In einem frei fallenden geschlossenen Kasten würden Sie den Fall nicht spüren. Sie schwebten wie ein Astronaut schwerelos in der Kiste.

Es gibt keine unabhängige Bewegung, nur Bewegung relativ zueinander. Erst wenn eine Kraft auf den Körper einwirkt, wenn das Flugzeug gebremst oder beschleunigt wird oder das Auto durch eine Kurve fährt, spüren Sie diese Bewegungsänderung. Genauso verhält es sich, wenn Sie sich in einem rotierenden Objekt befinden. Sie spüren eine Zentrifugalkraft, welche Sie nach außen drückt. Für diese Effekte ist die Trägheit Ihrer Masse verantwortlich, welche sich der Bewegungsänderung entgegensetzt.

Der österreichische Physiker, Mathematiker und Philosoph Ernst Mach geht nun so weit zu sagen, dass auch diese Bewegungsänderungen und Drehungen nicht einzeln betrachtet werden können. Nach Machs Prinzip ist jede Drehung nur relativ zu den Fixsternen zu betrachten. Ein Objekt ändert seine Richtung nur relativ zu einem anderen Objekt. Eine Richtungsänderung eines einzelnen Objektes im Nichts kann nicht existieren. Die Zentrifugalkräfte, welche der Körper erfährt, werden nach Mach von den Fixsternen verursacht. Für die Trägheit unserer Massen wären demnach alle Sterne im Kosmos verantwortlich.

Alle Bewegung im Kosmos existiert nur relativ zueinander. Die Trägheit eines jeden Objektes ist von allen anderen Objekten abhängig. Dies ist nur in einer ganzheitlichen Betrachtung der Universums möglich, eben in einem holografischen Kosmos, wo nichts isoliert betrachtet werden darf.

Als weiteres Beispiel für den Holismus möchte ich nun auf die elektromagnetischen Wellen eingehen. Nach Maxwells Feldgleichungen ist es möglich, dass sich elektromagnetische Wellen auch rückwärts in der Zeit ausbreiten. Dieses Ergebnis wurde unter Physikern gern ignoriert, da man es sich in der Praxis nicht vorstellen konnte. Nebenbei bemerkt könnte hier auch eine Möglichkeit liegen, Informationen aus der Zukunft zu erhalten respektive Informationen in die Vergangenheit zu schicken. Jetzt ist es aber so, dass wir in der Natur nur auslaufende Wellen, nie aber zusammenlaufende Wellen beobachten. Nehmen Sie Radiowellen eines Senders oder werfen Sie einen Stein in ein Gewässer. Die Wellen laufen immer von einem Punkt weg und nicht umgekehrt. Diese herkömmlichen Wellen werden retardierte Wellen genannt. Sie laufen von einem Punkt aus in den Raum und gleichfalls von einem Zeitpunkt aus durch die Zeit vorwärts in die Zukunft. Die Welle läuft erst los und kommt später an, soweit deckt sich alles mit unserer Logik. Ähnlich wie der Begriff der Entropie aus der Thermodynamik ist auch dieser Effekt der retardierten Wellen für unser Empfinden eines Zeitpfeils verantwortlich.

Laut Maxwells Gleichungen gibt es aber auch avancierende Wellen. Diese laufen umgekehrt vom Raum aus auf einen Punkt zu und somit auch rückwärts von der Zukunft in die Vergangenheit. Das heißt, sie kommen am Punkt an, bevor sie dort abgeschickt worden sind. Der Physiker John Wheeler, übrigens ein Lehrer von Stephen Hawking, und der Nobelpreisträger Richard Feynman betrachteten nun ein System, in dem eine Radiostation genau gleich viele retardierte und avancierte Wellen aussendet. Wheeler und Feynman fanden heraus, dass bei der Wechselwirkung der Wellen mit Teilchen im Kosmos wieder je zur Hälfte avancierte und retardierte Wellen als Echo entstehen. Diese Echowellen verhalten sich genau phasenverschoben zu den Ausgangswellen. Wenn die avancierten Wellen nun in der Zeit zurücklaufen, interferieren sie mit ihrem eigenen Echo und löschen sich durch die Phasenverschiebung genau aus. Deshalb nehmen wir keine zeitlich rückwärtslaufenden Wellen wahr.

Das Faszinierende ist nun, dass eine avancierende Welle im gesamten Kosmos ausgebreitet sein kann und somit an unzähligen Orten mit unzähligen Teilchen in Wechselwirkung tritt. Das heißt, die Echowelle eines jeden Teilchens im Universum steht mit der Ausgangswelle der Radiostation in Verbindung. Denken Sie das nächste Mal daran, wenn Sie Ihr Radio einschalten. Sie stellen damit eine holistische Verbindung des ganzen Universums her.

Ist die Realität nur Mathematik?

Bewusstsein heißt, die Welt im Geiste entstehen zu lassen. Im Kapitel »Quantenphilosophie, was ist wirklich real?« werden wir noch genauer sehen, dass Dinge wie Raum und Materie oder Ort und Impuls auf subnuklearer Ebene Ihre Realität verlieren. Oder anders ausgedrückt: Dass unser Geist diese Eigenschaften erst erschafft. Wir können uns kein wirkliches Bild von der Realität auf Quantenebene machen. Aber trotzdem sind wir in der Lage, anhand von mathematischen Abstraktionen diese Welt zu beschreiben.

Es gibt kein objektives Groß oder Klein, kein Oben oder Unten. Selbst Bewegung an sich existiert nicht. Alles messen wir nur, indem wir es mit etwas anderem vergleichen. Trotzdem ist es uns möglich, Dinge und Vorgänge isoliert mathematisch zu beschreiben. Wir führen Begriffe wie Felder oder

Energie ein, um mit unseren Theorien die Welt zu erklären und zu ordnen. Ein physikalisches Feld existiert nicht wirklich. Es ist nur eine mathematische Abstraktion, um Eigenschaften und Prozesse zu beschreiben beziehungsweise zu berechnen. Wir beobachten die Auswirkungen einer Kraft und schaffen den mathematischen Begriff eines Feldes. Ähnlich verhält es sich mit der Energie. Wir schreiben Feuer eine Energie zu. Wir stecken Energie in einen Stein, indem wir ihn anheben. Wenn dieser dann wieder fällt, lässt er seine Energie frei. Aber was haben Feuer, oben liegende Steine oder Muskeln gemeinsam?

Die Energie ist kein Ding an sich, sie ist nur eine mathematische Abstraktion. Das, was wir als Realität bezeichnen, lässt sich alles in der Sprache der Mathematik beschreiben. Bewegungen, Felder, Energie, Raum und Zeit, selbst so handfeste Dinge wie Autos und Häuser, ja sogar biochemische Prozesse oder Vorgänge wie Explosionen, Unfälle oder der Fall oder Wurf eines Gegenstandes sind nur anhand von Zahlen und Gesetzen beschreibbar. Es hat den Anschein, als bestünde neben der materiellen Welt auch eine mathematische Welt. Geht die mathematische Welt nun aus der materiellen Welt hervor? Oder wird erst die materielle Welt von der mathematischen Welt erschaffen? Es ist wie die Frage nach dem Huhn und dem Ei. Vielleicht erzeugen beide Welten sich gegenseitig und können nur zusammen existieren.

Dann gibt es aber auch noch die geistige Welt des Bewusstseins. Vielleicht sind wir eines Tages in der Lage, auch das Bewusstsein mathematisch zu beschreiben, sodass auch die geistige Welt aus der mathematischen Welt hervorgeht. Aber schafft unser Bewusstsein, unsere geistige Welt nicht erst die Mathematik? Demnach geht die mathematische Welt auch aus der geistigen Welt hervor. Wieder sind wir bei dem Huhn und dem Ei. Wir haben hier anstelle eines Dualismus von Geist und Materie nun einen Trialismus aus Geist, Materie und Mathematik geschaffen. Also noch einmal: Mathematik schafft die materielle Welt. Ohne Mathematik würden keine Atome existieren, keine Moleküle und schon gar keine Autos oder Häuser. Die materielle Welt schafft aber gleichzeitig die Mathematik. Denn wo könnte sich der Satz des Pythagoras manifestieren, wenn er weder Raum noch Zeit nutzen könnte. Die materielle Welt ruft sozusagen die Mathematik aus ihrem transzendenten Schlaf in die Realität.

Als Zweites erzeugt die materielle Welt aufgrund ihrer Komplexität von Organismen, Molekülen und Elektronen das Bewusstsein. Dieses Bewusstsein aber wiederum erschafft nach den Theorien der Quantenphysik erst durch seine Anwesendheit die Realität, sprich die materielle Welt. Ein Elektron ist kein Ding, solange es nicht bewusst beobachtet wird. Wer jetzt noch mitgekommen ist, dem wird aufgefallen sein, dass noch ein drittes Paar fehlt. Wir hatten Materie und Mathematik, welche sich gegenseitig erzeugen, und Materie und Bewusstsein. Bleibt noch als drittes Paar das Bewusstsein und die Mathematik.

Wie schon erwähnt könnte auch das Bewusstsein irgendwann mathematisch beschrieben werden und so auch in gewisser Weise wie alles andere aus der Mathematik hervorgehen. Im Gegenzug erzeugt unser Bewusstsein, und das wird wohl niemand anzweifeln, die Mathematik. Wo befindet sich ein Gesetz, wenn ein Architekt es zur Konstruktion eines Gebäudes verwendet? In seinem Hirn respektive Bewusstsein. Unser Bewusstsein ist in der Lage, mathematische Gesetze aus ihrer mathematischen Welt in unsere bewusste und materielle Welt zu holen. Der Satz des Pythagoras existierte nach diesem Modell schon in seiner autonomen mathematischen

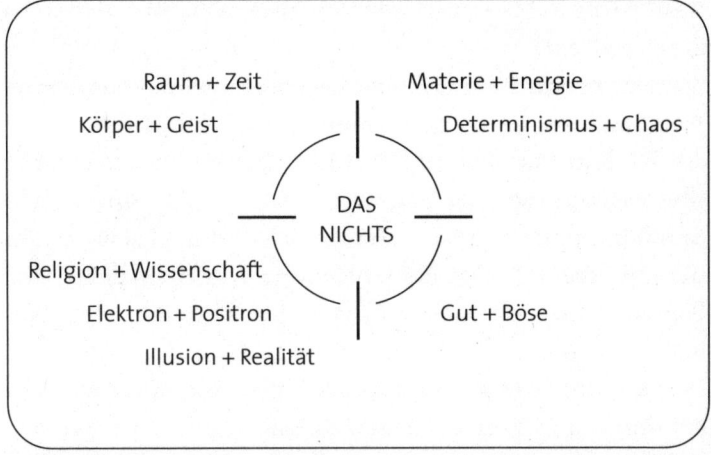

Modell des Taoismus: Alles Sein ist Gegensatz und entspringt aus einem neutralen NICHTS!

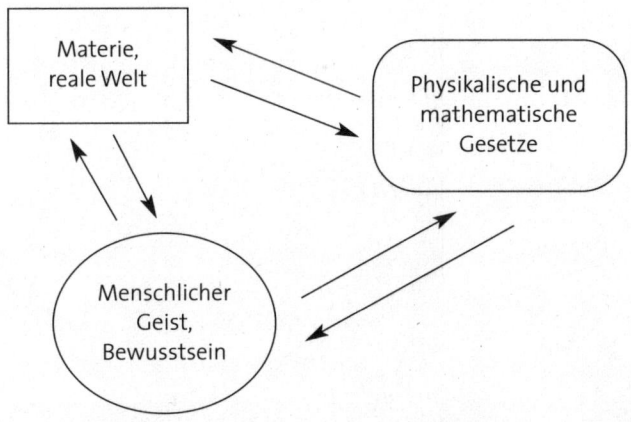

Trialismus: Nichts existiert als fundamentale Realität, alles ist durch jedes hervorgerufen und bedingt sich gegenseitig!

Welt, bevor es Menschen gab. Er wurde nicht erfunden, sondern entdeckt.

Das Bewusstsein erschafft demnach die mathematische Welt, indem es sie in unserer Welt erdenkt. Demnach besteht die Realität aus drei Welten: der Mathematik, dem Geist (Bewusstsein) und der Raumzeit (Materie). Alle drei Welten durchdringen sich und erschaffen sich jeweils gegenseitig. In unserer Realität wäre die Vorstellung von einer dieser drei Welten allein nicht haltbar. (Vielleicht gibt es nach dem biologischen Tod eine andere Form, in der die geistige Welt allein existiert.) Aber hier und jetzt erschafft nicht eins etwas anderes, sondern alles erschafft ein jedes. Es ist eine Art sich durchdringender Kreislauf von drei sich gegenseitig erschaffenden Welten, welche nur zusammen, holistisch, unsere Realität bilden.

Quantenphilosophie, was ist wirklich real?

> »Wer von der Quantentheorie nicht schockiert ist, hat sie nicht verstanden!«

NIELS BOHR

> »Gott würfelt nicht!«

ALBERT EINSTEIN

Sie sind sich wohl sicher, dass alle Dinge um Sie herum existieren, Stühle und Tische, Häuser und Autos. Schließlich nehmen Sie diese ja mit Ihren Sinnen wahr. Sie können Dinge sehen, berühren und riechen. Aber wer sagt uns, dass eine raue, harte Oberfläche für jeden gleich ist? Ist ein Sinneseindruck nicht vielmehr eine subjektive Empfindung? Gibt es ein objektives Rot, welches für jeden Betrachter das gleiche Rot ist? Oder handelt es sich nur um Nervenimpulse, um Photonen, die auf die Netzhaut treffen und ein elektrisches Signal an das Gehirn weiterleiten, wo unser Geist dann daraus seine subjektive Realität schafft? Gibt es die Farbe Rot denn überhaupt noch, wenn kein Lichtsignal vorhanden ist, um die Information an einen Beobachter zu senden?

Es gibt Tiere welche nur schwarzweiß sehen und keine Farben wahrnehmen können. Für sie ist die Wirklichkeit grau. Wie ist nun die objektive Realität, bunt oder grau? Oder gar nichts von beidem? Steht Ihr Wagen wirklich in der Garage, auch wenn Sie nicht hinschauen?

Tatsache ist, dass Ihr Wagen, wie alle anderen makroskopischen Objekte aus Atomen und deren Elementarteilchen aufgebaut ist. Diese verhalten sich nicht so, wie wir es aus unserer Alltagserfahrung gewohnt sind.

Stellen Sie sich vor, wir schießen Photonen oder andere subnukleare Teilchen, z. B. Elektronen, durch einen Spalt. An einem dahinter angebrachten Schirm lässt sich dann genau die Verteilung der aufprallenden Teilchen ablesen. Es sieht in etwa wie ein Haufen aus, in der Mitte höher und nach rechts und links abfallend, wie wenn man Sand durch einen Spalt rieseln lässt.

Wenn wir nun Licht durch zwei parallele Spalte schießen, erhalten wir auf dem Schirm ein streifenförmiges Interferenzmuster, nicht etwa wie bei Sandkörnern zwei nebeneinander liegende Haufen, die sich vielleicht in der Mitte überschneiden. Dies liegt daran, dass Licht sich im ersten Versuch wie ein Teilchen verhält und im zweiten Versuch wie eine Welle. Wellen können einander auslöschen oder verstärken, je nachdem wie sie zusammenlaufen. Dies erzeugt das streifenförmige Interferenzmuster.

Dieses Experiment, als Doppelspaltversuch bekannt, ist die Grundlage beziehungsweise hat den Anstoß zur Quantentheorie gegeben. Es wurde bereits im 18. Jahrhundert von dem englischen Arzt und Physiker Thomas Young durchgeführt, um damit die Wellennatur des Lichtes zu beweisen. Young war damals noch nicht bewusst, welche Konsequenzen sein Versuch etwa 100 Jahre später haben würde, als Max Planck mit der Quantentheorie und Albert Einstein mit dem photoelektrischen Effekt die Teilchenstruktur des Lichtes nachwiesen. Daraus folgt, dass das Licht eine Doppelnatur besitzt, Teilchen und Welle zugleich ist. Nun aber zurück zu unserem Experiment!

Das Seltsame ist nun, auch wenn man immer nur ein einzelnes Photon durch die Doppelspaltanordnung schickt und diesen Versuch sogar an verschiedenen Orten zu verschiedenen Zeiten durchführt, ergibt die Summe der Lichtpunkte auf dem Schirm ein Interferenzmuster. So als sei jedes einzelne Photon durch beide Spalte gleichzeitig gegangen. Aber wie kann ein Photon gleichzeitig an zwei Orten sein? Woher weiß es, dass der zweite Spalt auch offen ist? Woher weiß es, wo es auftreffen muss, damit sich in der Überlagerung mit allen anderen Photonen ein Interferenzmuster bildet?

Es sieht so aus, als sei jedes Photon durch beide Spalte gegangen. Wenn wir aber nun nachmessen wollen, wann das Photon welchen Spalt passiert hat, also das Photon an einem der beiden Spalte messen, verschwindet sofort das Interferenzmuster. Das Photon verhält sich nicht mehr wie eine Welle, sondern wie ein Teilchen. Auf dem Schirm zeigt sich wieder der »Sandhaufen«. Es scheint so, als wäre das Photon eine geisterhafte nebulöse Welle, welche überall und nirgends zu jeder Zeit ist und mit allen anderen Photonen irgendwie in Kontakt steht, solange man es nicht beobachtet. Schaut man aber hin, respektive führt eine Messung durch, manifestiert es sich zu einem Teilchen, welches nur durch einen Spalt geht.

Woher weiß das Photon, dass wir es beobachten? Wie und auf welche Weise wirkt der menschliche Geist auf die Welt im subatomaren Bereich ein?

Wir müssen uns vor Augen halten, dass wir hier nicht von Fantasien einiger Science-Fiction-Autoren oder esoterisch interessierten Menschen reden. Die Quantentheorie hat sich seit fast 100 Jahren in Theorie und Praxis bewährt.

Sie ist darüber hinaus in unzähligen Versuchen bestätigt worden und ist Grundlage für viele technische Einrichtungen des täglichen Lebens wie zum Beispiel den Fernseher oder den Computer, entwickelt von den genialsten Denkern des letzten Jahrhunderts, Physikern, die für ihre Beiträge mit dem Nobelpreis ausgezeichnet worden sind wie Albert Einstein, Max Planck, Niels Bohr, Werner Heisenberg oder Erwin Schrödinger.

Heisenberg entdeckte, dass Teilchen wie Photonen, Elektronen oder andere, aus denen alles aufgebaut ist, über keine wirkliche Existenz verfügen, keinen wohldefinierten Ort einnehmen, wie wir es von Dingen gewohnt sind. Ein Elektron hat keine definierte Bahn, keinen Impuls und befindet sich nicht an einem Ort. Es handelt sich nur um Wahrscheinlichkeiten für mögliche Existenzen.

Solange nicht nachgeschaut wird, kann man nicht sagen, wo sich ein Teilchen befindet. Man kann nur mit Wahrscheinlichkeiten rechnen. Genauso wie bei allen atomaren Prozessen, z. B. auch beim Atomzerfall. Erst wenn man nachschaut, eine Messung durchführt, kann man mit Gewissheit sagen, dass sich ein Elektron dort befindet oder dass ein Atom zerfallen ist. Man misst ein Teilchen hier und misst es später dort. Doch man kann nicht wie bei einer Gewehrkugel den Weg dazwischen berechnen. Es ist dazwischen an jedem Ort gleichzeitig mit einer unterschiedlich hohen Wahrscheinlichkeit. Die Materie unserer makroskopischen Welt löst sich im atomaren Bereich in einen undefinierbaren nicht deterministischen geisterhaften Schaum von Wahrscheinlichkeiten und Möglichkeiten der Existenz auf. Solange niemand hinschaut, existiert alles nur als eine Wahrscheinlichkeitswelle. Einer der zurzeit führenden Quantenphysiker, der Österreicher Anton Zeilinger, drückt es wie folgt aus: Unser Verstand kann sich kein wirkliches Bild machen, von dem was subnukleare Teilchen sind, jede Vorstellung davon sind nur Gedankenkrücken.

Es hat tatsächlich den Anschein, als würde das menschliche Bewusstsein erst durch seine Beobachtung die Realität festlegen, ja sogar erzeugen.

Die gesamte Realität hat auf der Quantenebene eine sprunghafte Unvorhersehbarkeit von möglichen Wahrscheinlichkeiten. Teilchen können ohne erkennbare Ursache und ohne Grund an jedem beliebigen Ort zu jeder beliebigen Zeit auftauchen. In der Quantenwelt treten Wirkungen ein, welche offensichtlich keine Ursache haben. Es gibt auf der Quantenebene keine objektive Realität!

Der Physiker und Nobelpreisträger Niels Bohr, einer der Väter der Quantentheorie, beschreibt die Welt im subnuklearen Bereich als eine Überlagerung aller Möglichkeiten, in der jede Möglichkeit als Wahrscheinlichkeit nebeneinander beziehungsweise schattenhaft überlagert parallel existiert, bis ein bewusster Beobachter hinschaut beziehungsweise misst und sich so für eine reale Existenz entscheidet und damit die Wahrscheinlichkeitswellen der anderen überlagerten Existenzen zusammenbrechen bzw. verschwinden.

Jedes Teilchen befindet sich bis zu seiner Beobachtung in einer nicht realen Zwischenwelt, in der es von einer Unzahl schattenhafter Doppelgänger begleitet wird, welche jede andere Möglichkeit darstellen.

Es können also alle Ereignisse, welche eintreten könnten, mit einer gewissen Wahrscheinlichkeit parallel in dieser Zwischenwelt »existieren«, bis sich ein Beobachter für eine Realität entscheidet.

Sind alle Elektronen ein Geist?

Nun wollen wir uns die Paradoxien der Quantenwelt an einigen Beispielen etwas verdeutlichen oder noch verrückter werden lassen. Das folgende Experiment stammt von Albert Einstein. Ein Atom zerfällt und sendet dabei in unterschiedliche Richtungen zwei Photonen aus. Jedes der Photonen besitzt einen Spin, eine Drehrichtung. Diese müssen bei den beiden Photonen immer entgegengesetzt sein. Dreht sich das eine linksherum, muss sich das andere rechtsherum drehen. Aufgrund der Unbestimmtheit und Unvorhersagbarkeit von Quantenprozessen lässt es sich bis zur Beobachtung nicht sagen, welches Teilchen sich wie herum dreht. Man muss sich nun dieses System so vorstellen, dass in jede Richtung zwei geisterhaft überlagerte Photonen fliegen, wovon jedes einen Linksspin und einen Rechtsspin besitzt. Also bestehen die zwei Photonen aus insgesamt vier Schattenwesen, wovon jeweils ein Paar je eine 50:50-Wahrscheinlichkeit besitzt, sich links- oder rechtsherum zu drehen. Bevor man nicht hinschaut, besitzt keines der Photonen einen definierten Spin. In dem Moment, wo man eines der Photonen misst, legt es seinen Spin fest und der Doppelgänger verschwindet. Man kann nun sagen, in welche Richtung sich das Photon dreht. Das Paradoxe ist nun, das im selben Moment klar ist, dass sich das zweite Photon, welches unter Umständen schon Lichtjahre entfernt sein kann, in genau die andere Richtung dreht. Auch sein schattenhafter Doppelgänger verschwindet, und es hat einen wohldefinierten Spin, nämlich genau entgegengesetzt. Aber woher weiß dieses Photon, dass das Erste gemessen wurde und welchen Spin es nun einnehmen muss? Und wie kommt augenblicklich eine Informationsübertragung zustande, obwohl sich nach der Relativitätstheorie kein Signal schneller als mit Lichtgeschwindigkeit ausbreiten kann?

Ähnlich verhält es sich, wenn Sie sich vorstellen, ein Elektron sei in einer Kiste eingesperrt. Nun hat das Elektron keinen definierten Ort in der Kiste. Es existiert in der ganzen Kiste als Wahrscheinlichkeitswelle. Wenn Sie die Kiste nun zweiteilen, dabei aber geschlossen halten, existiert das Elektron als geisterhaftes Wesen einer Wahrscheinlichkeitswelle in beiden Hälften je zu 50 %. Es ist wirklich so, dass es sich nicht wie ein Stein in einer der Hälften befindet, es befindet sich tatsächlich noch in beiden Hälften gleichzeitig. Bringen wir die eine Hälfte z. B. nach Japan und die andere nach Afrika, so befindet sich eine Wahrscheinlichkeitswelle des Elektrons in Japan und eine andere in Afrika. Schauen wir nun in Japan in die Kiste und finden ein Elektron, hat sich das Elektron zu 100 % als Teilchen manifestiert und sein geisterhaftes Pendant in Afrika verschwindet augenblicklich.

Woher weiß die Wahrscheinlichkeitswelle des Teilchens in Afrika, dass die Kiste in Japan geöffnet wurde?

Unsere bewusste Beobachtung erst lässt die Wahrscheinlichkeitswelle zusammenbrechen und erzeugt eine objektive Realität. Vor der Beobachtung existierte nur eine Überlagerung von Wahrscheinlichkeiten. Es scheint fast so, als besäßen alle Teilchen eine Art kollektives Bewusstsein.

In der Tat drückt es Niels Bohr so aus, dass man die Teilchen nicht als unabhängige Existenzen ansehen kann, sondern alles als ein zusammenhängendes System betrachten muss, in dem alles von jedem abhängt und jedes mit allem zusammenhängt. Teilchen, die einmal miteinander korreliert sind, verhalten sich komplementär. Da jedes Teilchen mit jedem in der Singularität des Urknalls eins war, sind alle Teilchen heute noch auf geisterhafte Weise verbunden.

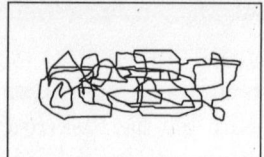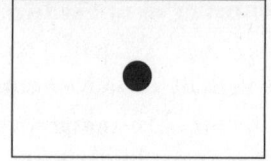

Ein unbeobachtetes Teilchen in einer Kiste hat zu keiner Zeit einen Ort, es existiert nur als nebulöse Quantenwelle, überall und nirgends. Erst wenn man es beobachtet, manifestiert es sich an einem definierten Ort als Teilchen.

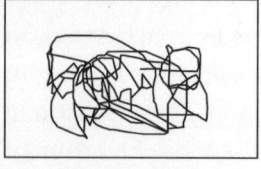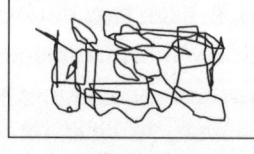

NEW YORK   MÜNCHEN

Teilt man die Kiste in zwei Hälften und schafft diese an weit entfernte Orte, existiert das Teilchen als Welle in beiden Kisten!

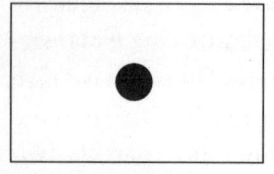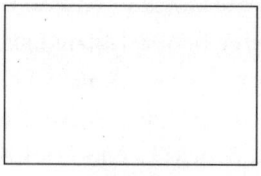

NEW YORK   MÜNCHEN

Schaut man nun in New York in der Kiste nach, findet man entweder eine leere Kiste oder ein Teilchen. Im selben Moment passiert in München auch ohne nachzuschauen genau das Gegenteil. Entweder die Kiste ist leer, die Welle verschwindet, oder sie wird zum Teilchen. Woher weiß die Welle in München, dass in New York gemessen wurde und wie dieses Ergebnis ausging?

Es scheint fast so, als wüsste jedes Teilchen zu jedem Zeitpunkt, was das andere macht. Der menschliche Geist ist als Beobachter, welcher durch seine Anwesenheit eingreift und die Realität schafft, mit diesem System verbunden. Alles ist eins. Diese holistische Betrachtungsweise deckt sich mit östlichen Philosophien und findet sich schon im Taoismus sowie im Buddhismus.

Tot-lebendige Katzen und gibt es eine Vergangenheit?

Ein sehr bizarres Gedankenexperiment lies sich der österreichische Physiker Erwin Schrödinger einfallen. Man stelle sich eine Katze in einem geschlossenen blickdichten Raum vor. In diesem Raum befindet sich eine Anordnung, welche aufgrund von Quantenprozessen, z.B. einem Atomzerfall, eine Reaktion auslöst, welche ein tödliches Giftgas ausströmen lässt. Da der Quantenprozess nicht real stattgefunden hat, bevor er beobachtet bzw. gemessen wurde, existiert eine 50:50-Wahrscheinlichkeit, dass das Giftgas ausgeströmt ist. Es verhält sich jetzt nicht so, wie wir glauben, dass in dem geschlossenen Raum entweder das Gas ausgeströmt ist oder nicht. Es gibt keine objektive Quantenrealität, bevor man nicht hingeschaut hat. So paradox es klingt, die Quantentheorie besagt nun, dass in dem Raum eine Überlagerung zweier wahrscheinlicher Realitäten gleichzeitig existiert – einmal mit und einmal ohne das ausgeströmte bzw. nicht ausgeströmte Gas. Dieser überlagerte Quantenzustand überträgt sich nun auf die Katze, welche ja Bestandteil des Quantensystems ist. Somit befindet sich die Katze in einem überlagerten Mischzustand zwischen Tod und Leben oder beides zugleich.

Erst wenn der Raum geöffnet und nachgeschaut wird, kollabiert eine Wahrscheinlichkeitswelle und der Beobachter findet eine tote oder eine lebendige Katze vor. Auch hier entscheidet die Einwirkung des menschlichen Geistes in das Experiment über die objektive Realität. Beobachter und beobachtetes Objekt sind nicht länger getrennte unabhängige Einheiten. Erst zusammen wird eine Möglichkeit zur Realität.

Wir als Teil des Makrokosmos bestimmen durch unser Handeln das, was im Mikrokosmos geschieht, und schaffen so erst den Makrokosmos, da er mit uns als Teil ja auf dem Mikrokosmos aufbaut. Wir bestimmen die Quantenwirklichkeit, aus der wir selbst und alles um uns herum hervorgehen. Unsere Existenz erschafft unsere Existenz. Unsere Realität erschafft unsere Realität. Noch einmal: Es gibt auf der Quantenebene keine Realität. Die Materie und alle Ereignisse lösen sich auf zu einem Schaum aus Wahrscheinlichkeit und Unbestimmtheit, Indeterminiertheit und Akausalität. Dinge geschehen ohne Ursache, sind nicht berechenbar, vorhersehbar oder bestimmbar, bis der aus diesem Mikrokosmos aufgebaute Makrokosmos mit seinem Geist die Realität schafft. Dies gleicht einer zyklischen Erschaffung. Das Erschaffte erschafft sich rückwirkend selbst.

In der Tat hat der amerikanische Physiker John Wheeler in einem Experiment nachgewiesen, dass man Quantenprozesse noch durch Beobachtung festlegen kann, wenn sie sich eigentlich schon entschieden haben müssten. Wir können noch bestimmen, durch welches Loch in der Platte beim Doppelspaltversuch das Photon gegangen ist, obwohl es die Platte schon längst passiert hat. Wir können rückwirkend die Wirklichkeit erschaffen.

Selbst die Vergangenheit besitzt keine Realität, wenn sie nicht beobachtet worden ist.

Diese Argumentation kann laut Wheeler so weit gehen, dass sich das Universum, welches ja aus unzähligen Quantenprozessen besteht bzw. darauf aufbaut, durch bewusste Beobachtung, also durch uns, rückwirkend selbst erschafft. Der menschliche Geist erschafft sich seine Realität, und zwar rückwirkend bis zum Urknall.

Beobachtender Geist und Holismus

Nach der Theorie des Mathematikers Johann von Neumann wird dieses Bild bestätigt. Von Neumann sagt, dass sich die Überlagerung der Möglichkeiten des Quantensystems auf makroskopische Objekte übertragen lässt, solange kein Mensch nachschaut. Das heißt, erst auf ein Messsystem, welches den Quantenzustand misst, dann auf ein weiteres System, welches das erste System misst, und so weiter. Diese Kette kann theoretisch bis zum gesamten Kosmos gehen, der nur als Überlagerung von Wahrscheinlichkeiten in einem geisterhaften Zwischenzustand existiert, in allen möglichen Mischzuständen, bis der menschliche Geist ihn in die Realität ruft.

Wenn es aber vor dem menschlichen Geist keine Realität gab, bleibt die Frage, was hat den menschlichen Geist in die Realität gerufen, um seine eigene Realität zu schaffen?

Schafft die Beobachtung eines höheren Geistes unseren bewussten Geist, damit dieser sich seine Realität schaffen kann? Braucht die Realität einen letzten transzendenten Geist als Beobachter, um zu existieren, um die Kette der überlagerten Quantenzustände nach von Neumann inklusive unseres Geistes Realität werden zu lassen? Wenn ja, ist dieser Geist Gott?

Wir haben nun gesehen, dass der Geist auf die Materie einwirkt, dass Teilchen in irgendeiner Form miteinander zu kommunizieren scheinen. Egal wie weit sie von einander entfernt sind, reagieren sie zeitgleich aufeinander. Man nennt dies die Nichtlokalität der Quantenereignisse.

Alle Teilchen verhalten sich, als seien sie alle auf eine geisterhafte Art miteinander verbunden. Man könnte von einer Art kollektivem kosmischem Bewusstsein aller Teilchen sprechen. Der Physiker David Bohm sagt, dass kein Teil für sich allein existiert, sondern alles, was wir getrennt wahrnehmen, nur Manifestationen einer höheren impliziten Ordnung in unserer Realität sind, in der alles in allem enthalten ist.

Diese holistische Sichtweise der Welt, dass alles aus allem besteht und alles zu allem gehört und nichts reduktionistisch getrennt voneinander existiert, ist eine Implikation der Quantenphysik. Gleiche Gedanken findet man in jahrtausendealten östlichen Philosophien.

Der Kosmos wird als ganze Einheit betrachtet, und der Mensch ist ein Teil davon, er existiert nicht unabhängig. Man könnte so weit gehen und sagen, dass die Gesamtheit des Kosmos das göttliche Wesen darstellt. Das Nichts (Nirvana) »vor« dem Urknall, die zyklische Schaffung der Realität durch rückwirkende Beobachtung und der Geist als Einheit mit dem großen ganzen kosmischen Bewusstsein sind wesentliche Merkmale buddhistischer und taoistischer Religion!

Laut Quantentheorie ist das Photon an jedem Ort mit einer gewissen Wahrscheinlichkeit gleichzeitig. Das Photon bewegt sich mit Lichtgeschwindigkeit. Da laut Einsteins Relativitätstheorie (dazu in einem späteren Kapitel mehr) bei Lichtgeschwindigkeit die Zeit stillsteht und der Raum zu null schrumpft, erhebt sich die Frage: Wo im Raum und wann in der Zeit existiert das Photon?

Für das Photon gibt es weder Raum noch Zeit. Es ist an allen Orten unseres Raumes gleichzeitig, da für das Photon kein Raum existiert. Könnte es sehen, lägen alle Ereignisse unserer Welt zeitgleich vor seinen Augen, da für das Photon keine Zeit existiert.

So könnte man denken, es gäbe nur ein Photon, weil es ja überall und zu jeder Zeit sein kann. Alle Photonen sind eins! Mit dieser Aussage, welche der östlichen Philosophie und der Quantenphysik immanent ist, schließt sich der Kreis zu einem holistischen Gesamtbild.

Im Jahr 1851 hängte der französische Physiker Leon Foucault einen Stein an ein langes Seil in einem hohen Gewölbe. In Bewegung gesetzt bemerkte er, dass dieses Pendel seine Schwingungsebene veränderte. Es pendelte nicht immer in dieselbe Richtung, sondern drehte sich um eine vertikale Achse. Foucault zufolge ist die Pendelebene aber feststehend, die Drehung ist nur eine Illusion. In Wirklichkeit dreht sich die Erde unter der Pendelebene weg und erzeugt so den Anschein, als würde die Pendelebene sich drehen. Jetzt taucht aber das Problem auf, dass es im ganzen Kosmos keinen fixen Punkt gibt. Alles ist zu allem in Bewegung – die Erde zur Sonne, die Sonne zur Galaxie, die Galaxie zum Galaxienhaufen und so weiter. Woran soll sich die Pendelbewegung also feststehend orientieren?

Die Schlussfolgerung, welche Physiker heute noch aus diesem Versuch ziehen, ist, dass das ganze Universum, alle Massen von Planeten, Sternen und Galaxien, egal wie weit entfernt sie sind, die Pendelebene beeinflussen. Die Schwingung des Pendels richtet sich nach der Gesamtheit des Kosmos. In jedem physikalischen Experiment auf einem Planeten ist die Gesamtheit des Kosmos involviert.

Alle Atome im Universum bilden eine einzige Totalität.

Um dies noch zu verdeutlichen, erinnern wir noch einmal an das EPR-Paradox.

Der Physiker Alain Aspect konnte 1982 dieses von Einstein erdachte Gedankenexperiment praktisch nachweisen. An einem Photon eines Photonenpaares, welches sich in entgegengesetzter Richtung voneinander entfernt, wird mithilfe eines Filters die Polarität, die Schwingungsebene, geändert. Augenblicklich ändert auch das andere Photon seine Polarität entsprechend. Woher weiß das andere Photon ohne Zeitverzögerung, egal wie weit es entfernt ist, augenblicklich, was mit seinem Partner geschehen ist?

Die gängige Interpretation lautet, dass die Teilchen Bestandteil einer ganzheitlichen Totalität sind. Egal wie weit räumlich und zeitlich getrennt sind sie alle eins, auf mysteriöse Weise verbunden. Das Ganze und der Teil sind eins. Das Universum gleicht einem Hologramm!

Wir betrachten auf unserer Ebene Dinge als voneinander getrennt. Da existieren unabhängig voneinander Bäume, Autos, Häuser, Tische und Stühle. Auf der Quantenebene — alles, was existiert, besteht nun mal aus Quanten — lassen sich die Teile nicht mehr trennen. Alles ist miteinander verbunden und existiert erst durcheinander. Materie und Geist wechselwirken miteinander und der Geist erzeugt erst durch Beobachtung Materie.

Der Buddhismus sagt, dass der menschliche Geist, welcher das Universum erschaffen hat, schon vorher transzendent existiert hat. Physiker der westlichen Welt machen mit der Quantentheorie im 20. Jahrhundert ähnliche Aussagen.

Parallele Katzen in parallelen Welten

Eine ganz andere Interpretation der Quanteneffekte geht auf das Jahr 1957 zurück, als der Physiker Hugh Everett seine Doktorarbeit verfasste. Sie wurde später unter dem Namen Mehrfachweltentheorie oder Theorie der parallelen Universen bekannt.

Everett behauptet nun, um bei dem Beispiel von Schrödingers Katze zu bleiben, das nicht nur eine Version real wird, sondern beide Möglichkeiten unabhängig voneinander existieren. Das heißt, in einem Universum findet man, wenn man nachschaut, eine tote Katze und in einem anderen, parallelen Universum findet der Beobachter eine lebende Katze. Der bewusste Beobachter schafft zwei parallele Realitäten durch seine Beobachtung. Everett und auch andere Physiker gehen nun so weit zu behaupten, dass sich bei jedem überlagerten Quantenprozess von Möglichkeiten das gesamte Universum in unzählige reale Kopien aufspaltet.

Im Fall der Katze bedeutet das, dass es auch zwei identische Beobachter gibt.

Sie als Mensch würden dann also in zwei parallelen Quantenuniversen gleichzeitig existieren und jeweils eine andere Katze wahrnehmen.

Da es in jeder Sekunde eine Unzahl von Quantenmöglichkeiten gibt, würde sich das Universum ständig in unzählige Duplikate mit mehr oder weniger unterschiedlichen Eigenschaften bzw. Ereignissen aufspalten.

Es könnte demzufolge eine Welt geben, in der es keinen Zweiten Weltkrieg gegeben hätte oder eine Welt mit einer Frau als Papst oder einem kommunistischen Amerika. Der Vorstellung sind keine Grenzen gesetzt. Viele Parallelwelten wären nur geringfügig anders, andere wären komplett verschieden, je nachdem wann sie sich abgespalten hätten und wie sie sich dann weiterentwickelt hätten.

Es gäbe unzählige Duplikate Ihrer Person mit unterschiedlichen Lebensläufen, verschiedenen Berufen, verheiratet oder ledig usw., und mit jedem Quantenprozess würde die Zahl Ihrer ICHS wachsen.

Einige Physiker lehnen diese Theorie ab, weil sie zu metaphysisch erscheint und weil sie die bizarre Vorstellung dieser unermesslich vielen Universen für absurd halten. Aber was ist in der heutigen Kosmologie nicht absurd und bizarr? Ist die Quantenphysik, die Relativitätstheorie oder die Größe unseres Kosmos nicht auch bizarr?

Wir werden in einem späteren Kapitel noch sehen, dass genau diese Theorie hilfreich ist, um Paradoxien bei Zeitreisen zu verhindern.

Mystische Photonen am Doppelspalt

Auch auf die Gefahr hin, einige Leser zu langweilen, möchte ich noch einmal auf das Doppelspaltexperiment zurückkommen. Es kann gar nicht deutlich genug ausgeführt werden, wie wichtig und grundlegend dieses Experiment für das weitere Verständnis der Quantenphysik und der daraus folgenden Interpretationen für eine holistische Weltsicht sowie eventuelle Erklärungsmöglichkeiten grenzwissenschaftlicher Phänomene oder des Verständnisses des menschlichen Geistes ist. Die Konsequenzen aus dem Doppelspaltexperiment haben unser Weltbild radikal verändert.

Auch wenn unter Physikern noch keine Einigung erreicht ist, inwieweit quantenphysikalische Prozesse in unserer makroskopischen Welt eine Rolle spielen, sollte man sich bewusst sein, wie unser Kosmos im Innersten, auf seiner grundlegendsten Ebene zusammengesetzt ist. Man sollte sich immer vor Augen halten, dass alles im Universum – ob Bäume oder Häuser, Planeten oder Flugzeuge, Tische und Stühle, Tiere und Menschen – aus Quantenteilchen besteht. Dass jeder Materie und Energie, auch jedem Lebewesen, auch dem menschlichen Hirn und den Denkvorgängen, Radiowellen oder dem Fernsehprogramm Quantenprozesse zugrunde liegen. Dass alles, was existiert und passiert, auf seiner grundlegenden Ebene quantenphysikalisch verbunden ist und beschrieben werden kann. Dass vielleicht alle Dinge und Prozesse, welche wir wahrnehmen, nur in einer überlagerten Wahrscheinlichkeit existieren. Dass der Geist die Materie beeinflusst und sogar die Realität schafft. Dass alles raum- und zeitlos miteinander verbunden ist. Dass es kein objektives Hier und Jetzt gibt, dass dies nur eine Illusion in unserem Geist ist und dass Quantenteilchen vielleicht auch über eine andere Art von Geist verfügen.

Wenn wir ein Photon durch den Doppelspalt schicken, interferiert es mit sich selbst, wenn man nicht hinschaut (es beim Durchgang nicht misst), so als ob es durch beide Spalte gleichzeitig gegangen wäre. Man kann dies auch mit einzelnen Photonen zu verschiedenen Zeiten an verschiedenen Orten durchführen. Es ergibt sich ein Interferenzmuster, solange beide Spalte geöffnet sind und das Photon beim Durchgang nicht beobachtet wird. Woher weiß das eine Photon, wie die räumlich und zeitlich getrennten anderen Photonen reagieren, sodass ein einheitliches Interferenzbild entsteht? Wie merkt das Photon, dass beide Spalte offen sind und dass es nicht beobachtet wird?

Allein diese Tatsache lässt unser reduktionistisch deterministisches Weltbild zusammenbrechen. Es gibt keine andere physikalische Erklärung, außer dass das Photon zu jeder Zeit irgendwie an jedem Ort ist und mit jedem anderen Teilchen auf nicht lokale Weise verbunden ist und dass es zwischen dem menschlichem Geist und den subnuklearen Quanten irgendeine Wechselwirkung gibt.

Schaut man nun hin, misst an einem Spalt nach, sodass man die Information erhält, dass das Photon entweder diesen Spalt passiert hat oder eben nicht bzw. dann ja den anderen Spalt passiert hat, verschwindet augenblicklich die Interferenz. Dies bedeutet, das Photon existiert nun nicht mehr in Form einer Wahrscheinlichkeitswelle überall gleichzeitig, sondern manifestiert sich durch den Akt des Beobachtens zu einem Teilchen an einem definierten Ort.

Woher weiß das Photon, dass es beobachtet wurde? Hat der menschliche Geist diese Manifestation (Gleiches gilt übrigens auch für Elektronen oder andere subnukleare Quantenteilchen) eines Teilchens aus einer Wahrscheinlichkeitswelle durch eine Interaktion mit dieser Welle bewirkt? Wie kann das menschliche Bewusstsein auf die Quantenwelt einwirken? Schafft der Geist erst durch die Beobachtung die Realität? Der Geist kann doch nur mit Quantenwellen in Wechselwirkung treten, wenn er selbst eine Quantenwelle ist oder zumindest darauf aufbaut, daraus besteht oder selbst nicht lokale raum- und zeitlose Quantenverbindungen herstellt, vergleichbar derer beim EPR-Paradoxon. Dem menschlichen Bewusstsein muss eine quantenphysikalische Komponente immanent sein. Demzufolge gibt es keine klare Trennung zwischen Makrokosmos und Mikrokosmos. Das Bewusstsein könnte als quantenphysikalischer Prozess verstanden werden, welcher dann auch transzendent zum Körper existiert.

Zurück zum Doppelspalt. Deckt man einen Spalt zu,

verschwindet die Interferenz auch augenblicklich. Woher weiß das Photon sofort, dass ein Spalt geschlossen wurde? Es ist, als ob das Photon an jedem Ort gleichzeitig existiert. Selbst wenn das Photon beide Spalte passiert hat und eigentlich interferieren müsste, verschwindet die Interferenz, wenn *nach* dem Durchgang durch die Spalte, aber *bevor* das Photon auf der Wand auftritt, wo es ein Interferenzmuster zeigen sollte, ein Spalt abgedeckt wird.

Es hat den Anschein, als würde das Photon sich seine Entscheidung, ob es durch beide Spalte geht und interferiert oder nur durch einen und nicht interferiert, aufheben, bis es am Spalt vorbei ist, also schon durchgegangen ist. Es würde sozusagen rückwirkend in der Zeit entscheiden, wo es durchgegangen ist.

Es scheint so, als existierten für das Photon weder Raum noch Zeit.

Dies verträgt sich auch mit der Relativitätstheorie, denn bei Lichtgeschwindigkeit steht die Zeit still. Es gibt dann keine Zeit. Photonen sind raum- und zeitlose Entitäten und unser Hirn beziehungsweise Geist ist in der Lage, mit ihnen in Wechselwirkung zu treten, also transzendent zu Raum und Zeit zu agieren.

Ein anderes Beispiel ist das nach dem österreichischen Physiker Wolfgang Pauli benannte Pauli-Prinzip oder Ausschließungsprinzip. Es besagt, dass keine zwei Teilchen mit halbzahligem Spin, das sind alle Fermionen, also die meisten gängigen Teilchen wie Elektronen, in einem physikalischen System den gleichen Quantenzustand einnehmen können, beschrieben zum Beispiel durch Spin oder Quantenzahlen. Jeder Zustand kann nur durch ein Elektron besetzt werden. Wie kommunizieren die Teilchen aber miteinander, um diese Ordnung herzustellen? Woher weiß das eine Elektron, in welchen Zustand es zu gehen hat, respektive welchen Zustand es meiden muss, weil dieser Zustand ja schon von einem anderen Elektron belegt ist?

Wieder hat es den Anschein, als ob alle Teilchen irgendwie ein Kollektiv darstellen.

Raumlose holistische Wahrscheinlichkeitswellen und ist die Vergangenheit eines Photons veränderbar?

Stellen Sie sich vor, dass irgendwo im All Licht (Photonen) von einem Stern ausgesendet wird. Nach der Quantentheorie hat jedes einzelne Photon nun weder einen bestimmten Ort noch einen bestimmten Impuls. Jedes Photon breitet sich in Form einer unbestimmten Wahrscheinlichkeitswelle in jede mögliche Richtung aus.

Erst wenn ein Beobachter (nehmen wir an auf der Erde) die Wellenfunktion des Photons kollabieren lässt, kann man mit Bestimmtheit sagen, dass das Photon nun auf der Erde ist. Vorher bestand das Photon aus einer Überlagerung von Wahrscheinlichkeiten, an jedem möglichen Ort zu existieren. Mit dem Akt der Beobachtung (Messung) verschwindet im gesamten Kosmos die Wahrscheinlichkeitswelle und das Photon manifestiert sich auf der Erde.

Wir haben aber die Möglichkeit, durch die Art der Messung zu unterscheiden, ob wir eine Welle oder ein Teilchen registrieren wollen. Erinnern wir uns an den Doppelspalt, wo das Photon eine Welle ist und interferiert. Bei nur einem geöffneten Spalt verhält es sich aber wie ein Teilchen (Tennisball) und zeigt eine Verteilung ähnlich den Sandkörnchen in einer Sanduhr, interferiert nicht, verhält sich wie ein Partikel.

Nach Heisenbergs Unschärferelation ist es nun möglich, dem Photon durch Messung entweder einen bestimmten Ort zuzuordnen, es also als Partikel festzumachen, oder seinen Impuls zu messen. Dann verwischt aber das Partikel zu einer Welle, die keinen bestimmten Ort mehr besitzt. Je genauer man das eine bestimmt, desto unschärfer wird das andere und umgekehrt. Dies hängt übrigens nicht von der mangelnden Messtechnik ab, sondern ist wirklich eine der Natur der Teilchen immanente Eigenschaft.

Nun zurück zu unserem Gedankenexperiment. Wir müssen das Photon ja nicht auf der Erde beobachten (messen). Wir können uns vorstellen, es beim Passieren eines etwa 100 000 Lichtjahre entfernten Planeten zu beobachten. Jetzt können wir entscheiden, ob wir seine Wellennatur oder seine Teilchennatur beobachten wollen.

Lassen wir es als Welle den Planeten passieren, so geht das Photon als Welle auf beiden Seiten am Planeten vorbei. Stellen sie es sich in etwa so vor, als wenn ein Stein in einem Fluss liegt und das Wasser daran vorbeiläuft. Wenn wir aber entscheiden, die Teilchennatur des Photons zu messen, dann kann es als ein Partikel nur an einer Seite des Planeten vorbeigehen. Das Paradoxe ist nun, dass dieser Vorgang ja eigentlich schon 100 000 Jahre in der Vergangenheit liegt, da das Licht ja 100 000 Jahre gebraucht hat, um uns zu erreichen, da der Planet ja 100 000 Lichtjahre entfernt ist.

Die Wahrscheinlichkeitswelle des Photons muss ja auf der Erde unser Auge respektive unsere Messeinrichtung erreicht haben. Demzufolge haben wir durch unsere Beobachtung (Messung) ein Ereignis beeinflusst beziehungsweise festgelegt, welches 100 000 Jahre in der Vergangenheit liegt. Wir haben also durch den bewussten Vorgang des Beobachtens die Wahrscheinlichkeitswelle kollabieren lassen und rückwirkend in der Zeit dem Photon eine bestimmte Eigenschaft und einen Ort unserer Wahl auferlegt. Ich denke, diese Tatsache könnte im Zusammenhang mit Zeitreisen interessant sein.

Natürlich ist dies nicht damit zu vergleichen, ein makroskopisches Objekt wie zum Beispiel einen Menschen in die Vergangenheit zu schicken. Aber es zeigt doch, dass es physikalisch zumindest prinzipiell möglich sein könnte, Informationen in der Zeit zurückzutransferieren und so auf vergangene Ereignisse Einfluss zu nehmen.

Ich möchte nun noch einmal auf das EPR-Paradox zurückkommen. Wie Sie sich erinnern, sind danach zwei korrelierte Teilchen für immer auf geisterhafte Weise miteinander verbunden. Das eine reagiert augenblicklich auf eine Veränderung (Messung) des anderen. So als würden sie ohne Zeitverlust über astronomische Entfernungen miteinander kommunizieren. Einstein nannte diesen Umstand scherzhaft »geisterhafte Fernwirkung«.

Im Übrigen denke ich, dass alle Teilchen im Kosmos miteinander korreliert sind. Denn wenn man in der Zeit zurückschaut, waren ja spätestens beim Urknall alle Teilchen miteinander in Wechselwirkung getreten, sind aus demselben Urgrund des Seins entstanden und somit korreliert.

Grundsätzlich kann man es sich nun so vorstellen, dass wir ein Photon an Punkt A messen können und sagen, es ist dort. Dann können wir es an Punkt B messen und sagen, es sei dort. Dazwischen besitzt es keine wirkliche Existenz, auch keinen Weg oder Ort. Das Teilchen ist als eine Wahrscheinlichkeit zu existieren überall im All, zu einer wenn auch noch so geringen Wahrscheinlichkeit, gleichzeitig existent. Man könnte sagen, jedes Teilchen ist zu jeder Zeit mit einer gewissen Wahrscheinlichkeit überall.

Oder andersherum ausgerückt: An jedem Ort ist jedes Photon zu einer gewissen Wahrscheinlichkeit vorhanden. Dies deckt sich auch mit der schon erörterten Möglichkeit, dass Photonen, da sie ja mit Lichtgeschwindigkeit unterwegs sind, nach Einsteins Relativitätstheorie weder Raum noch Zeit haben. Für sie existiert keine Zeit und kein Raum.

Noch einmal: Jedes Teilchen existiert in Form einer Wahrscheinlichkeitswelle an jedem Ort gleichzeitig, bis es durch bewusste Beobachtung irgendwo gemessen wird und die Welle kollabiert.

Eine Erklärungsmöglichkeit des Gedankenparadoxons von Einstein, Podolski und Rosen könnte nun sein, dass die Teilchen über ihre Wahrscheinlichkeitswellen, welche den gesamten Kosmos überspannen, Informationen austauschen. Wir können uns das Teilchen vor der Messung nicht als einen Partikel wie einen Tennisball vorstellen, welcher lokal an einer Stelle existiert. Vielmehr existieren überall annähernd unendliche Überlagerungen von Wahrscheinlichkeitswellen.

Erst eine Messung lässt eine bestimmte Wahrscheinlichkeitswelle kollabieren und bricht so die Überlagerung. Jetzt könnten die Teilchen in irgendeiner Weise über die Welle Informationen austauschen und so wahrnehmen, was mit dem Partnerteilchen geschieht, beziehungsweise dass seine Welle kollabiert ist, da dieses Teilchen gemessen wurde. Das gemessene Teilchen könnte augenblicklich eine Information über seine Eigenschaft, welche es bei der Messung offenbart, aussenden und die anderen Teilchen könnten entsprechend darauf reagieren. Man könnte sagen, dass alle Teilchen im Kosmos ein überlagertes, alles von jedem durchdrungenes Wahrscheinlichkeitsfeld darstellen.

Dies würde zu einer holistischen Weltsicht führen

wie schon seit Jahrtausenden in östlichen Philosophien postuliert. Alles hängt mit allem zusammen und alles ist von allem abhängig. Interessant ist auch, das führende Quantenphysiker wie David Bohm in seiner impliziten Ordnung ähnliche holistische Gedanken beschreiben. Auch Carl Gustav Jungs kollektives Unbewusstes, die Synchronizität oder die Archetypen weisen auf eine holistische Weltsicht hin.

Wenn unser Geist auch auf Quantenprozessen basiert, könnten mit den Wahrscheinlichkeitsfeldern von Teilchen auch Phänomene wie Telepathie erklärt werden.

Quantengeist, Wellenfunktion und Holismus

Wir haben gesehen, dass die Beobachtung respektive Messung durch den menschlichen Geist die Realität in der Quantenwelt erst erschafft beziehungsweise verändert oder sogar bewusst steuern kann.

Wir können zum Beispiel bewusst entscheiden, ob wir einen Quantenzustand als seinen Wellenaspekt oder seinen Teilchenaspekt messen wollen. Wir können dort, wo nur eine überlagerte Superposition von möglichen Wahrscheinlichkeiten existiert, durch eine Messung/Beobachtung frei entscheiden, ob sich dort ein Teilchen mit einem definierten Ort oder mit einer definierten Geschwindigkeit manifestieren soll. Jeweils das andere verschwindet, verwischt dann. Wir können bestimmen, ob eine subnukleare Entität ähnlich einem Tennisball durch einen Spalt fliegt oder ähnlich einer Welle durch beide Spalte geht.

Man könnte es vielleicht so ausdrücken, dass irgendetwas im menschlichen Bewusstsein mit der Quantenwelt in

Kontakt steht, ja in irgendeiner Form mit der Welt der subnuklearen Teilchen zu kommunizieren scheint. Wie schon erwähnt könnte der menschliche Geist selbst auf Quantenprozessen basieren. Da ja alle Teilchen irgendwann einmal miteinander korreliert waren, spätestens beim Urknall, stehen sie in einer immanenten Kohärenz. Oder wie Einstein sagte »in einer spukhaften Fernwirkung« miteinander, raum- und zeitlos verbunden. Geist und Materie üben nicht nur eine Wechselwirkung aus, sondern sind sogar in einem holistischen Kontinuum miteinander verbunden. (Hier könnten wieder Erklärungsansätze für parapsychologische Phänomene wie Telepathie oder Telekinese liegen.)

Welche Art von Wechselwirkung nun stattfindet, ist bis heute nicht geklärt. Ob wir die Gesamtheit des Kosmos betrachten, wo jeder Körper auf jeden eine Kraft ausübt und über diese Kraft, die Gravitation, alles miteinander in Wechselwirkung steht. Ob wir zeitlose Photonen betrachten, die zu jeder Zeit an jedem Ort gleichzeitig sein können oder ob wir die Kohärenz der Quantenphänomene beobachten. Ob wir uns vorstellen, dass Atome in unserem Körper schon in Hunderten anderer Menschen oder Lebewesen existiert haben, dass Atome unseres Körpers vor Millionen oder Milliarden von Jahren Bestandteile von Wasser, Bergen oder Wolken waren oder Teil von kosmischen Ereignissen, Sternen, Planeten, schwarzen Löchern o. Ä. gewesen sind. All dies deutet auf eine holistische Weltsicht, auf eine Einheit aller Dinge hin, wie sie im Buddhismus schon seit 2500 Jahren gelehrt wird. Die Vorstellung, der menschliche Geist sei eine unabhängig von der Umwelt existierende Tatsache, sowie das isolierte Ich sind nur eine Illusion.

Ein weiterer interessanter Aspekt der Wellenfunktion eines Teilchens ist der, dass mithilfe von Schrödingers Wel-

lengleichungen jedem Objekt aufgrund seiner Wahrscheinlichkeitswelle ein bestimmter Ort mit einer gewissen Wahrscheinlichkeit zugeordnet werden kann. Die Physiker Max
Born, Niels Bohr und Werner Heisenberg legten dar, dass sich
anhand der Größe der Wellenfunktion an einem Ort ableiten
lässt, mit welcher Wahrscheinlichkeit sich ein Teilchen dort
befindet.

So hat auch jedes makroskopische Objekt wie zum Beispiel ein Mensch seine Wellenfunktion. So lässt sich die Wahrscheinlichkeit errechnen, mit welcher sich ein Mensch in diesem Augenblick an einem bestimmten Ort befindet. Streng
genommen erstreckt sich die Wellenfunktion eines Menschen
über das ganze Universum. Wenn auch zu einer verschwindend geringen Wahrscheinlichkeit befinden Sie sich gerade
nicht nur in Ihrem Zimmer, sondern überall im Kosmos. Die
Wellen der Elementarteilchen Ihres Körpers schwingen sozusagen in der Gesamtheit des Kosmos mit.

Jedes makroskopische Objekt hat seine Wellen im gesamten Kosmos mit unterschiedlich hoher Wahrscheinlichkeit
pro Ort verteilt, auch jeder Mensch und somit jeder menschliche Geist. Man könnte also behaupten, dass alle materiellen
Objekte und Lebewesen in irgendeiner Form als überlagerte
Wellen miteinander interferieren.

Sie müssen aber jetzt keine Angst haben, sich plötzlich
auf der anderen Seite der Wand Ihres Zimmers wiederzufin-
den. Die Wahrscheinlichkeit dafür ist so gering, dass selbst das
Alter des Universums als Zeitspanne nicht ausreichen würde,
um dieses Ereignis eintreten zu lassen. Das Erschreckende ist
aber, dass es prinzipiell möglich ist und die Wahrscheinlichkeit dafür exakt zu berechnen ist und dass eine bestimmte
Wahrscheinlichkeit Ihrer Wellenfunktion sich jetzt gerade
schon im Nachbarzimmer befindet.

Der Physiker und Nobelpreisträger Richard Feynman bewies sogar, dass wenn Sie von A nach B gehen oder fahren, Sie nie den direkten Weg als Ganzes zurücklegen.

Irgendwie legt Ihr Körper mit einer gewissen Wahrscheinlichkeit alle möglichen Wege zwischen A und B zurück, wirklich unermesslich viele exotische Wege durch den gesamten Kosmos, nur um von A nach B zu kommen. Die Summe aller möglichen Wege ergibt den wahrscheinlichsten Weg, welchen Sie auch wahrnehmen. Unser Universum ist demnach einfach die wahrscheinlichste Realität aller unendlichen möglichen Zustände. In irgendeiner Form sind wir aber mit allen anderen möglichen Zuständen verbunden. Wir leben in einer Quantenwelt.

Denken Sie daran: Wenn Sie das nächste Mal von A nach B gehen, geht Ihr Körper alle möglichen Wege durch den Kosmos.

Bohm, Jung, Sheldrake und die Untrennbarkeit aller Dinge

Eine weitere schockierende Interpretation der Quanteneffekte geht auf den Physiker und Einstein-Schüler David Bohm zurück. Er postuliert in seinem Modell der impliziten Ordnung eine unserer Realität zugrunde liegende höhere Gesamtheit. Wir und alles um uns herum sind sozusagen wie einzelne Wellen auf einem Ozean der Ganzheit.

Lokal kann man eine Welle isoliert betrachten. Betrachtet man aber das Ganze zusammen und tiefer, dann geht alles Sein aus ein und derselben holistischen Gesamtheit hervor. Das unabhängige Sein einzelner Dinge, Personen oder Prozesse ist nur eine Illusion auf unserer Wahrnehmungsebene. In Wirklichkeit ist alles untrennbar auf einer tieferen Ebene vernetzt.

Wir empfinden das EPR-Gedankenexperiment als Paradox, weil wir die Teilchen als zwei getrennte Entitäten ansehen, welche entgegen der Relativitätstheorie augenblicklich, also mit Überlichtgeschwindigkeit, miteinander zu kommunizieren scheinen. Es hat den Anschein, als wenn sie nichts voneinander trennen würde, als wenn zwischen ihnen kein Raum liegen würde. Deshalb wird dieser Effekt auch Nichtlokalität genannt.

Bohm zufolge gibt es keine unabhängig voneinander existierenden Entitäten. Er sagt, dass alle Teilchen auf einer tieferen Ebene ein und dasselbe sind. Damit löst sich das EPR-Paradox auf. Es gibt keine zwei Teilchen, welche miteinander in Wechselwirkung treten. Weil die Teilchen als eine untrennbare Einheit angesehen werden müssen, findet keine überlichtschnelle Kommunikation statt. Das eine weiß ja eh, was das andere macht, weil das eine ja auch das andere ist.

Am besten kann man es sich verdeutlichen, wenn Sie sich vorstellen, im Nebenzimmer befindet sich ein Aquarium mit einem Fisch. Sie können das Becken nicht sehen. Sie haben auch noch nie im Leben einen Fisch gesehen und wissen auch nicht, was ein Aquarium ist. (Im Prinzip verhält es sich ja auch so mit den Quantenteilchen.) Jetzt wird das Aquarium von zwei Kameras aus zwei unterschiedlichen Perspektiven gefilmt. Sie sehen im Nebenzimmer auf zwei Bildschirmen die zwei Fische, unabhängig voneinander aufgrund der verschiedenen Perspektive, in verschiedene Richtungen schwimmen. Aber Sie werden erkennen, dass eine Korrelation zwischen den Fischen besteht. Es hat den Anschein, als würden die zwei Fische sich augenblicklich absprechen, um ihre Richtung zu ändern. Sie nehmen zwei unabhängige Entitäten wahr, welche auf geisterhafte Weise augenblicklich miteinander in Wechselwirkung treten. In Wirklichkeit sind es nur zwei unterschiedliche Wahrnehmungen desselben tieferen Seins.

In diesem Zusammenhang sei auch kurz auf den Freud-Schüler und Mitbegründer der Psychoanalyse Carl Gustav Jung hingewiesen. Jung entdeckte, das in allen Menschen, unabhängig von ihrer Herkunft, Kultur, Bildung oder ihrem Alter, gewisse gleiche Bilder, Träume und Ängste in ihrer Psyche existieren. Jung nannte diese Urbilder Archetypen. Er postulierte, dass auf eine tiefere Schicht des Unbewussten eine noch tiefere Schicht des kollektiven, allen Menschen gleiche und verbindende Schicht des Unbewussten folgt. Dieses kollektive Unbewusste trägt jeder Mensch, der je gelebt hat, in sich. In unseren Träumen haben wir Zugriff auf das kollektive Unbewusste. Dieses Unbewusste ist wie ein Meer aus Informationen, das alle Menschen verbindet. Auf einer tieferen Ebene der Psyche besitzen alle Menschen die gleichen Informationen. Die Gemeinsamkeiten mit Bohms impliziter Ordnung sind offensichtlich. Wenn unser Bewusstsein auf Quantenprozessen basiert, was wahrscheinlich ist, da Neuronen ständig Elektronen abfeuern, könnten Effekte wie die Nichtlokalität oder der Holismus der impliziten Ordnung nicht nur das kollektive Unbewusste erklären, sondern auch Spielraum für Präkognition oder Telepathie lassen.

Ähnlich verhält es sich mit Rupert Sheldrakes morphogenetischen Feldern. Warum nehmen Dinge und Prozesse in der Natur immer wieder gleiche Formen an? Woher weiß jede einzelne Schneeflocke an jedem Ort und zu jeder Zeit, wie sie sich auszuformen hat? Auch die Formen in der Biologie sind nicht allein vollständig mit der Genetik zu erklären. Warum ergeben sich im Kosmos vom Schneckenhaus über den Wasserstrudel bis hin zur Galaxie immer wieder die gleichen Formen?

Warum bekommen wir Muskelverspannungen, wenn wir Stress und Probleme haben? Warum gibt es heute Krankheiten, welche in dieser Form und in diesem Ausmaß früher unbekannt waren? Es ist nicht das einzelne Organ, welches erkrankt. Es ist immer nur ein Indikator für die Krankheit des gesamten Organismus beziehungsweise des gesamten sozialen Systems. Chinesische Mediziner wissen dies schon seit Jahrhunderten.

Wir mit unserer westlichen reduktionistischen Wissenschaft sollten uns abgewöhnen, die Dinge als getrennt voneinander zu betrachten. All das auf den letzten Seiten Diskutierte führt uns zu einer tieferen ganzheitlichen Sicht der Dinge, eine Wahrheit, welche die buddhistischen Mönche seit Jahrtausenden erkannt haben und lehren.

Kein Ding existiert aus sich heraus allein. Nichts kann isoliert ohne die Abhängigkeit vom Ganzen betrachtet werden. Ein Gegenstand oder auch ein Lebewesen besteht nicht aus seinen Komponenten, erst das Zusammenspiel dieser Komponenten erzeugt einen neuen Gegenstand. Nichts existiert unabhängig. Die Gesamtheit und Abhängigkeit der Existenz erzeugt auf einer höheren Ebene etwas Komplexeres. Das Ganze ist eben mehr als die Summe seiner Teile. Dies haben neben Aristoteles auch die östlichen Philosophien erkannt.

In Anlehnung an die vorangegangenen Seiten und die hier aufgeführte Aussage buddhistischer Mythologie sollte noch kurz die sogenannte Gaia-Hypothese des britischen Chemikers, Biophysikers und Mediziners James Lovelock erwähnt werden. Demnach stellt die Gesamtheit der Biosphäre der Erde eine Art Lebewesen dar. Man kann die Atmosphäre und die Stoffwechselprozesse aller biologischen Formen als eine Art Körper betrachten. Keine Pflanze, kein Tier oder Mensch kann für sich allein leben. Alles existiert nur in Abhängigkeit und Symbiose voneinander. Die Erde selbst ist ein großer lebender Organismus. Ähnlich einem Organismus kann die Erde als Ganzes erkranken oder gesunden. Es wäre auch möglich, sich einen Tod der Erde vorzustellen.

Während Lovelock die Erde zwar als Lebewesen sieht, ähnlich wie man auch einer Pilzkolonie oder einem Kristall eine Form von Leben zuschreiben kann, in der Art, dass diese Strukturen einem Wandel und einer zielgerichteten Entwicklung sowie einer selbstorganisierenden Anpassung an ihre Umwelt und der Produktion von Entropie unterworfen sind, geht er jedoch nicht so weit, diesem Lebewesen eine Art Bewusstsein oder Seele zuzuschreiben. Man könnte jedoch weiterdenken und ähnlich wie bei einem menschlichen Körper auch der Gesamtheit der Biosphäre eine Art Bewusstsein auf einer höheren Komplexitätsstufe oder eine Art Weltseele zuordnen.

In diesem Zusammenhang drängt sich auch die Idee der Noosphäre des Theologen und Philosophen Pierre Teilhard de Chardin auf. Nach seiner teleologischen Weltsicht ist es das Ziel der Entwicklung, dass alle Menschen zu einem Geist zusammenwachsen. Man könnte es sich vielleicht als eine Art Computernetzwerk bestehend aus Gehirnen vorstellen. Die Gesamtheit des menschlichen Geistes entwickelt nun ein holistisches kollektives Superbewusstsein. Ob nun Biosphäre als ein Lebewesen oder Noosphäre als einheitlicher Kollektivgeist: In beiden Fällen ist die buddhistische Untrennbarkeit der Dinge inhärent.

Auch sehen wir jedes Ereignis als getrennt unabhängig von anderen. Wir stellen nur lokale und temporär sehr kurze kausale Zusammenhänge her. Wir bilden uns ein, jedes Geschehen jede Minute frei planen zu können. Aber sind nicht alle Ereignisse schon von einer annähernd unendlichen Anzahl vorangegangener Ereignisse determiniert? Wenn Ihnen jemand die Vorfahrt nimmt, und es kommt zu einem Unfall, setzen Sie das Geschehnis direkt in Zusammenhang mit dem Verursacher. Er ist schuld, er hat sich falsch verhalten. Aber wo liegen die Ursachen dafür? Vielleicht weil er ein zu schnelles Auto gekauft hat? Aber warum hat er dieses Auto gekauft? Weil er kurz zuvor eine Gehaltserhöhung bekommen hat.

Also ist der Chef an dem Unfall schuld. Er hätte ihm keine Gehaltserhöhung geben sollen, dann wäre es nicht zu dem Unfall gekommen. Der Chef konnte die Erhöhung aber nur zahlen, weil er neue Kunden gewonnen hat und die Geschäfte gut liefen. Also sind die Kunden schuld. Oder war der Verursacher einfach nicht aufmerksam, weil er Probleme mit der Familie oder der Schule der Kinder hatte. Also sind die Kinder und die Lehrer schuld. Und wenn er nie geheiratet hätte und nie Kinder gehabt hätte, gäbe es diese Probleme nicht, also ist der Tag, an dem er seine Frau kennen lernte, die Ursache für den Unfall. Es stand also damals schon fest, dass es so kommt, und er hätte nichts ändern können. Oder hätte er damals einen anderen Job in einer anderen Stadt angenommen, wäre er jetzt nicht hier, dann wäre aber vielleicht etwas ganz anderes passiert. Vielleicht hätte er auch wie geplant erst bei einem Freund vorbeifahren sollen und so den Unfall vermieden. Aber er hatte ja keine Zigaretten mehr und wollte erst welche holen. Also ist der Umstand, dass er Raucher ist, an allem schuld. Das Rauchen hat er aber nur angefangen, weil sein Jugendfreund ihn damals dazu verleitet hat, also ist der schuld. Oder, Moment, wären seine Eltern damals nicht in diese Stadt gezogen, hätte er diesen Freund nie kennen gelernt. Also sind seine Eltern schuld. Aber jetzt mal andersherum. Vielleicht passiert gerade in Ihrer Nähe etwas, dem sie nur entgehen, weil sie hier sitzen geblieben sind und dieses Buch lesen. Gäbe es dieses Buch nicht, wären sie jetzt weggefahren und in irgendein Ereignis verwickelt. Und die Tatsache, dass ich jetzt hier sitze und schreibe, wird Sie in ein paar Jahren vor einer Katastrophe bewahren.

Die Frage ist nur, wer stellt in jedem Moment all diese Weichen? Sind wir wirklich selbst verantwortlich oder ist alles aufgrund einer Kausalkette determiniert?

Auf jeden Fall ist es fantastisch, sich vor Augen zu halten, dass alle Ereignisse irgendwie miteinander verbunden sind. Nichts passiert ohne Grund und unabhängig von der Gesamtheit.

Ob wir die Quantenphysik oder den Buddhismus, die Parapsychologie oder das kollektive Unbewusste, die implizite Ordnung oder die morphogenetischen Felder oder einfach nur die Abläufe des täglichen Lebens betrachten, alles führt zu einer tieferen holistischen Sicht der Dinge! Alles zeigt auf denselben Urgrund des Seins. Was auch immer sich dort befindet, Kraft, Geist oder Geschöpf, die Religionen nennen es Gott.

Über den Unsinn unserer Sinne

Ich bin immer wieder entsetzt, wenn ich von Menschen Aussagen höre wie »Ich glaube nur, was ich sehe« oder »Ich habe es genau gesehen, also muss es wahr sein«. Wir haben in diesem Kapitel gelesen, dass die Welt so einfach nicht zu erklären beziehungsweise aufgebaut sein kann. Haben Sie schon mal Röntgenstrahlen gesehen? Aber trotzdem gibt es sie! Und sie können sogar sehr gravierende Auswirkungen haben. Sie können sie auch nicht hören, riechen oder schmecken.

Wir sind permanent umgeben von einem elektromagnetischen Spektrum aus Strahlung, welches wir in keiner Weise wahrnehmen. Sekundlich bombardieren unzählige Neutrinos unseren Körper, ohne dass wir es merken. Jeder kennt Ultraschall. Aber hören können unsere Ohren diese Frequenz nicht. Die Liste an Beispielen ließe sich beliebig erweitern. Fakt ist also, dass ein größeres Wahrnehmungsspektrum existieren muss, als unsere Sinne und unser Gehirn es erlauben. Wir sind sozusagen Gefangene unserer Sinne und unseres Gehirns und nehmen nur einen begrenzten Ausschnitt dessen, was möglich ist, wahr. Wir konstruieren aufgrund der begrenzten Wahrnehmung eine Wirklichkeit um uns herum. Sollte es überhaupt unabhängig des menschlichen Geistes eine objektive Realität geben, sieht diese ganz anders aus als die, welche wir wahrnehmen.

Nicht nur das sichtbare Licht umgibt uns, sondern eine Unzahl von Wellen. Wenn der Geist erst die Realität erschafft, wie wir es von der Quantenphysik her annehmen können, oder sich aus einer tieferen Ordnung heraus in die dreidimensionale physikalische Welt entfaltet, sucht sich das Bewusstsein mit seinem Hirn und seinen Sinnen als Werkzeug nur einen begrenzten Ausschnitt dieser Realität als Wahrnehmung heraus. Daher würde ich den Geist dem Bewusstsein übergeordnet und das Bewusstsein nur als einen Schatten oder ein Fragment des Geistes in der geschaffenen Realität ansehen – ähnlich David Bohms impliziter und expliziter Ordnung. Unser Körper stellt also in unserer Dimension eine Art Gefängnis für den Geist dar. Wenn wir uns nur auf unser Bewusstsein und unsere Sinne begrenzen, können wir auch nicht mehr wahrnehmen, als diese zulassen. Wir beweisen nur das, wozu unser Verstand in der Lage ist, zu beweisen. Die tiefere Wahrheit ist mit dem begrenzten Verstand nicht zu erfassen. Dazu bedarf es eines vom Körper unabhängigen, transzendenten Geistes. Da unser Körper, Verstand und Bewusstsein nur Elemente dieser hier erlebten fragmentierten geschaffenen Realität sind, können sie auch nur in dieser agieren, respektive nicht über diese hinausdenken.

Unsere physikalische Welt ist also schon komplexer, als unsere Sinne es wahrnehmen. Wie komplex mag dann erst die transzendente Ordnung sein, in welcher unser Geist und unsere Seele sich befinden. Wie beschrieben, ist es dem Verstand beziehungsweise dem Bewusstsein nicht möglich, in diese Ordnung einzudringen. Dies ist nur dem Geist respektive der Seele möglich. Vielleicht schaffen östliche Mystiker dies bei einer Meditation oder vielleicht schaffen es einige von uns im Traum.

Jeder von uns hat sicher schon einmal bei einer nächtlichen Autofahrt erschrocken aufgeschaut, als er ein Tier im Wald über die Straße laufen sah, dann aber feststellen musste, dass es nur ein Ast im Wind oder etwas Ähnliches war. Oder man sieht im Zwielicht eine Person stehen. Wenn man aber dann näher kommt, ist es nur ein Schild.

Nehmen Sie die unzähligen optischen Täuschungen und Illusionen, welche unseren Sinnen etwas vorspielen, was definitiv nicht da ist. Es gibt Bilder, auf denen zum Beispiel Körperteile fehlen. Der Betrachter merkt dies nicht, weil das Gehirn aufgrund seiner Erfahrung und Gewöhnung die fehlenden Teile ersetzt. Man sieht gebogene Linien, obwohl dort gerade sind. Figuren scheinen größer, obwohl sie messbar kleiner sind. Auch in der Erinnerung schafft das Gehirn eine eigene Realität. Das kann jeder testen, wenn er sich auf Klassentreffen mit den Kollegen über vergangene Ereignisse streitet. Jeder hat eine andere Version in Erinnerung. Der blinde Fleck im Auge zum Beispiel wird vom Gehirn ausgefüllt, wir sehen ihn nicht. Das Gehirn erzeugt dort ein genau in Farbe und Form der Umgebung angepasstes Bild.

Ich gebe zu, die hier angeführten Beispiele sind mehr psychologischer bzw. neurologischer statt quantenphysikalischer Natur. Aber es veranschaulicht, dass wir uns nicht wirklich auf unsere Sinne und unser Gehirn verlassen können. Aber vielleicht besteht zwischen der Psychologie und der Quantenphysik ja ein Zusammenhang. Immerhin sind die Prozesse in unseren Neuronen so klein, das dort quantenphysikalische Effekte nicht mehr ignoriert werden können. Die quantenphysikalische Funktionsweise des Gehirns ließe auch Raum für Telepathie und Telekinese, dazu aber später mehr. Hier sollte nur noch einmal verdeutlicht werden, dass unsere Sinne, unser Gehirn und unser Bewusstsein nicht das Maß aller Dinge sind und dass das, was wir wahrnehmen, nicht zwangsläufig die Realität darstellt.

Das einzig Zuverlässige und Reale ist demnach ein transzendenter Geist, welcher durch Auftauchen und Abtauchen aus und in die tiefere Wirklichkeit diese Wirklichkeit hier erst erschafft beziehungsweise vernichtet.

Sind Sie sich sicher, dass die Farbe Rot existiert? Dann versuchen Sie einmal einem Blinden zu erklären, was die Farbe

Rot ist oder wie diese aussieht. Nein, fangen Sie jetzt bitte nicht mit Vergleichen an! Sie sieht aus wie eine Kirsche oder wie Blut. Darunter kann sich der Blinde auch nichts vorstellen. Es ist nicht möglich, eine Farbe objektiv ohne Vergleiche zu definieren. Natürlich kann man rein physikalisch argumentieren und sagen, die Farbe definiert sich über die Frequenz und Wellenlänge des Lichts. Aber zum einen haben wir gesehen, dass dem Lichtteilchen ohne bewussten beobachtenden Geist keine objektive Realität zu zuordnen ist, und zum anderen besitzen weder Wellenlänge noch Frequenz oder Energie eines Strahls eine Farbe. Das heißt, die Eigenschaft Farbe ist nur eine Interpretation unseres Geistes.

Ist eine Rose noch rot, wenn kein Licht auf sie fällt? Die Antwort lautet eindeutig: nein! Da kein bewusster Beobachter, kein Geist irgendwelche Lichtteilchen beziehungsweise Wellen wahrnimmt, welche von der Rose ausgehen, da es ja absolut dunkel ist, existiert auch die Farbe in diesem Zustand nicht.

Ähnlich verhält es sich mit einem Geräusch. Wenn ein Baum im Wald umfällt, und niemand ist da, gibt es dann ein Geräusch? Nein, denn das Geräusch erzeugt unser Geist. Es existiert nur in unserem Kopf. Was da ist, sind höchstens Schallwellen, Luftdruckschwankungen, welche auf ein Trommelfell treffen und es in Schwingung bringen. Erst daraus erzeugt unser Gehirn den Laut. Jetzt werden Sie erwidern, dass Sie den Schall doch mit einem Tonbandgerät aufzeichnen können. Aber was zeichnen Sie wirklich auf? Das Mikrophon misst auch nur Luftdruckschwankungen ähnlich den Wellen, wenn Sie einen Stein in einen See werfen. Diese Wellen werden in elektromagnetischen Mustern auf einem Band oder in mechanischen Mustern auf einer CD gespeichert. Die Lautsprecher geben dann auch nur wieder Druckwellen und Luftdruckschwankungen ab, welche Ihr Geist dann wieder interpretiert und so die Töne erschafft.

Also denken Sie darüber nach, wenn Sie sich das nächste Mal sicher sind, etwas gesehen oder gehört zu haben. Wie wir in diesem Kapitel gesehen haben, ist unsere Realität, sofern sie überhaupt eine ist, erschreckender, als wir es uns vorstellen beziehungsweise mit unseren Sinnen wahrnehmen können. Im Buddhismus werden die zwei oben genannten Beispiele oft dafür angeführt, um zu verdeutlichen, wie der Geist die Realität schafft.

Wir müssen uns nun einmal klarmachen, dass wir und unser Gehirn nicht das Maß aller Dinge sind. Wir leben in einer bizarren komplexen Welt, in der wir gerade erst anfangen, über sie nachzudenken, und erste Schritte des Begreifens unternehmen.

Ein Hund oder eine Katze haben auch keine Vorstellung von der Stadt, in der sie leben. Trotzdem behaupte ich, dass auch jedes Tier in einem begrenzten Maße ein Weltbild besitzt. Auch wenn dieses Weltbild, zum Beispiel das des Hundes, überwiegend aus Gerüchen besteht oder der Suche nach Futter und einem Schlafplatz. Jedes Tier macht Wahrnehmungen und trifft Entscheidungen bezüglich der Nahrungsaufnahme oder seines Umfelds, um sein Überleben zu sichern oder zu verbessern. So existiert jedes Lebewesen in seiner ganz speziellen Welt. Natürlich ist die Welt eines Primaten komplexer als die Welt einer Ratte, diese wiederum komplexer als die Welt einer Ameise. Aber mit welchem Recht behaupten wir, dass die von uns wahrgenommene Welt die absolute objektive Realität ist und dass es über diese hinaus nichts mehr geben kann, was wir nicht erfassen können?

Stellen Sie sich eine Spinne in einem Krankenhauskeller vor. Sie hat keine Ahnung, was um sie herum in der Welt des

Krankenhauses geschieht, und lebt doch in genau dieser Welt. Oder nehmen Sie eine Ameise in einer Bibliothek.

Sie nimmt ihre Umwelt mit ihren begrenzten Mitteln wahr und lebt darin. Sie krabbelt über Reihen aus Büchern, ohne zu wissen was diese sind oder was darin steht.

Vielleicht sind wir auch nur Ameisen in einer Bibliothek und krabbeln durch eine Welt, welche wir zwar wahrnehmen, aber eigentlich nicht wirklich verstehen und aufgrund unserer begrenzten biologischen und neurologischen Kapazität auch nie wirklich begreifen können. Wir schaffen uns eben nur das Modell der Realität, welches unsere Sinne und unser Hirn zulassen. Ein höher entwickeltes Lebewesen würde wahrscheinlich ein ganz anderes, komplexeres Weltbild erstellen. Wir sind eben nur Gefangene unserer Anatomie und unserer neuronalen Leistungsfähigkeit.

Der Geist und der Spin

Wie wir gesehen haben, ist es auf der Quantenebene unsinnig zu behaupten, ein Teilchen hätte zu einer bestimmten Zeit eine bestimmte Geschwindigkeit, einen definierten Ort oder einen Impuls. Erst die Beobachtung bzw. Messung legt eine dieser Eigenschaften fest und lässt dafür aber andere noch mehr verschwimmen. Wir können es uns nicht vorstellen, aber ein Teilchen ist keine kleine Billardkugel. Es hat vor der Beobachtung nicht an einem definierten Ort existiert.

Alle subatomaren Teilchen besitzen aber eine Eigenschaft, welche Physiker als den Spin bezeichnen. Man kann es sich vorstellen wie die Drehung einer Kugel um eine Drehachse. (Vorsicht dies ist auch wieder nur eine Gedankenstütze!) Nach dem gesunden Menschenverstand sollte diese Achse zu jeder Zeit eine bestimmte Richtung haben. Aber auch hier ist das Teilchen wieder so schizophren, dass es alle möglichen Drehachsen parallel gleichzeitig einnimmt. Wenn nun ein Beobachter eine Messung des Spins durchführt, dabei aber eine bestimmte Richtung messen will, findet er bei der Durchführung der Messung den Spin des Teilchens in genau der gewählten Position. Führt er nun einen erneuten Versuch durch und will eine andere Position messen, welche das Teilchen ja nicht kennen kann, findet der Experimentator den Spin des Teilchens in genau dieser Ausrichtung. Egal nach welcher Richtung der Experimentator auch sucht, das Teilchen stellt seinen Spin immer in die gesuchte Richtung ein.

Es ist etwa so, als wenn Ihre Freundin (Freund) mehrere Telefone (nicht Handys) an verschiedenen Orten hätte – zu Hause, in der Firma, im Auto, bei einer Freundin und so weiter. Diese Telefone sind natürlich mit verschiedenen Nummern ausgestattet. Aber immer wenn Sie anrufen, egal welche Nummer Sie wählen, befindet sich Ihre Freundin an genau dem Apparat. Es hat den Anschein, als hätte sie vorher gewusst, dass Sie genau auf diesen Apparat anrufen werden.

Selbst wenn der Wissenschaftler versucht, zwei verschiedene Spinrichtungen unmittelbar hintereinander in verschiedenen Winkeln zu messen, sodass das Teilchen keine Zeit hatte, seine Richtung bezüglich des Spins zu verändern, muss er feststellen, dass sich der Spin jedes Mal in seine Referenzrichtung ausgerichtet hat.

Es ist etwa so, als ob Sie Ihre Freundin zu Hause und in der Firma unmittelbar hintereinander anrufen, beide Orte aber 100 Kilometer voneinander entfernt liegen. Sie geht aber sofort ans Telefon, obwohl es ja nicht möglich sein kann, dass sie gleichzeitig zu Hause und in der Firma ist bzw. den Weg sofort zurückgelegt hat.

Diese Tatsache lässt nur einen Schluss zu. Das, was wir als Drehachse kennen, wie z. B. bei der Erde, existiert auf der Quantenebene nicht eindeutig festgelegt. Es ist nur eine Illusion unserer Welt und daraus folgt, auf der Quantenebene gibt es keine eindeutige definierte Richtung. Alle möglichen Richtungen existieren gleichzeitig überlagert. Aber woher weiß das Teilchen denn vorher, wie es sich zu verhalten hat, sodass es genau mit dem verlangten Spin der Messung übereinstimmt. Daher folgt als zweiter Schluss, dass das Bewusstsein des Experimentators mit den Quantenteilchen in Verbindung steht oder zumindest auf diese einwirkt.

Noch interessanter wird es, wenn wir das Elektron um 360 Grad drehen. Wir erhalten dann nicht dasselbe Bild, wie wir es aus unserer Welt gewohnt sind. Wenn Sie sich um 360 Grad drehen, haben sie eine volle Umdrehung gemacht und stehen wieder genauso da wie vorher, das Elektron aber nicht. Man muss es schon um 720 Grad drehen, also praktisch zweimal, um wieder dasselbe Bild zu erhalten. Für uns sind 360 Grad nicht von 720 Grad zu unterscheiden. Für das Elektron ist es eine völlig andere Welt, in der es sich dreht. Es nimmt bei zwei mal 360 Grad zwei unterschiedliche Realitäten wahr, welche wir Menschen nur als eine wahrnehmen. Wieso sehen wir nur die Hälfte von der Welt des Elektrons? Was fehlt unserem Verstand? In welcher mysteriösen Realität befinden wir uns?

Östliche Mystik und Quantenrealität

In diesem Unterkapitel soll ganz speziell auf die Verbundenheit und die Gemeinsamkeiten der erörterten modernen physikalischen Theorien und der östlichen Philosophien wie Hinduismus, Buddhismus und Taoismus eingegangen werden.

Nach der Lehre des Hindugottes Krishna sind alle Dinge in unserer beobachtbaren Welt nur Manifestationen einer tieferen Ganzheit, aus der alles hervorgeht, ähnlich den zwei Seiten einer Münze. Alles ist dieser tieferen zusammenhängenden Einheit entsprungen, welche Brahman genannt wird. Brahman ist mit dem menschlichen Verständnis, mit Worten oder dem Intellekt nicht zu begreifen oder zu erklären. Hier fallen die Parallelen zur impliziten Ordnung und zur Quantenverschränktheit auf. Besonders interessant ist die Tatsache, dass auch die Quantenwelt als tiefste Ebene, aus der alles hervorgeht, mit dem menschlichen Geist nicht zu begreifen ist.

Die unabhängig und objektiv existierende Welt, wie sie die klassische Physik kennt, wird im Hinduismus als »Maya« bezeichnet. Dies bedeutet in etwa, dass es keine objektiv messbare Realität außerhalb unseres Geistes gibt, die Dinge nicht getrennt von uns existieren, sondern in unserem Geist als Illusion hervorgerufen werden. Die Realität ist das, was unser Geist sagt, was die Realität ist. Auch hier gibt es ganz klare Parallelen zum Doppelspaltversuch und zum Beobachterphänomen in der Quantenphysik.

Darüber hinaus ist allen östlichen Philosophien die Untrennbarkeit von Mensch und Kosmos immanent. Der Mensch ist nicht isoliert und bestimmt sein Handeln autonom, er ist vielmehr in die Gesamtheit der Abläufe als Teil eingebunden und ihnen unterworfen. Geist und Kosmos existieren nur in einer gegenseitigen Durchdringung. Auch diese Aussagen finden ihre Bestätigung in den modernen holistischen Interpretationen der Quantenphysik.

Auch im Buddhismus ist die Vorstellung eines unabhängigen Individuums und einer beständigen Realität nur Maya. Alles Reale wird ausschließlich durch den Geist erzeugt.

Solange der Geist den Anhaftungen der materiellen Illusion nachläuft, ist er nicht in der Lage, aus dem Kreislauf von Werden und Vergehen auszubrechen.

Das Ziel der Buddhisten ist es, die Illusion des eigenen Ichs in der Welt zu überwinden und in einer Art aufgelösten kollektiven Geist, dem Nirvana, zu existieren. Ein raum- und zeitloser energieartiger Geisteszustand, transzendent zur physikalischen Welt der Illusionen. Auffallend sind auch hier die Konvergenzen mit dem ganzheitlichen geistigen Bild moderner Physik.

Auch im Taoismus soll der menschliche Intellekt nicht in der Lage sein, das wahre Tao, den Urgrund allen Seins zu begreifen. Veranschaulichen sie sich an dieser Stelle einmal, dass das menschliche Gehirn sich nicht einmal einen vierdimensionalen Würfel vorstellen kann. Alles entfaltet sich aus dem Tao zu ergänzenden Gegensätzen von Yin und Yang. Um die Worte des taoistischen Meisters Chuang Tzu zu zitieren: »Dieses ist auch Jenes, und Jenes ist auch Dieses, die Essenz des Tao ist es, dass die Dinge aufhören, Gegensätze zu sein.« Hier sei ein Vergleich zur Komplementarität der Quantentheorie angebracht, der sich ergänzende Dualismus aus Welle und Teilchen. Man kommt dem Tao näher, wenn alle Dinge eins werden und nur in einer durchdringenden harmonischen Einheit existieren. Ich möchte an dieser Stelle das Tao mit allen Photonen im Kosmos vergleichen, welche, wie wir gesehen haben, auch alle ein und dasselbe sein können.

Ob das buddhistische Dharma, das hinduistische Brahman oder das Tao, alle östlichen Philosophien sehen hinter der Existenz eine tiefere holistische Wirklichkeit, aus der alles hervorgeht, als Form einer geistigen Illusion im ständigen Wandel. Wir können nun versuchen, durch Meditation oder durch Quantenphysik uns von unserer geistigen Abstraktion zu lösen, die Dinge als real und getrennt voneinander anzusehen.

Die Quantentheorie hat uns gezeigt, dass isolierte Materieteilchen nur Abstraktionen unseres Gehirns, nur Maya sind. Die Welt in ihrem Innersten ähnelt mehr einer geistigen Beziehung als einer objektiven Raumzeit. Materie löst sich in Wahrscheinlichkeitsstrukturen auf. Nagarjuna, ein östlicher Mystiker, drückt es wie folgt aus: »Dinge leiten ihr Sein von gegenseitiger Abhängigkeit her und sind nichts in sich selbst.«

Im Buddhismus hängen alle Dinge im Kosmos zusammen und wirken aufeinander ein. Alle Ereignisse sind in einem subtilen geistigen Netz verknüpft.

Erinnern wir uns an die verschiedenen physikalischen Erörterungen zum Holismus wie z.B. das foucaultsche Pendel. Wir können die Welt nicht in Beobachter und beobachtetes Objekt trennen. Die Quantenphysik zeigt uns wie schon die alten östlichen Religionen, dass Subjekt und Objekt nur zwei Seiten desselben Gewebes sind. Die Dualität aus Beobachter und Beobachtetem fließt in einem tieferen Gewebe zusammen.

Dinge, welche wir als getrennt betrachten, können in einer höheren Dimension eine Einheit darstellen. Stellen Sie sich vor, wie Sie Ihre fünf Finger durch eine zweidimensionale Fläche stecken. Zweidimensionale Wesen in dieser Fläche würden nur fünf unabhängige getrennte mehr oder weniger runde fleischige Kreise wahrnehmen. Aber in der dritten Dimension sind diese fünf getrennten Einheiten Teil eines Ganzen. Auch wir könnten mit unserem dreidimensionalen Geist eine höherdimensionale Einheit nur als Bruchstücke, als dreidimensionale Fragmente wahrnehmen. Wir würden, wie es ja auch offensichtlich der Fall ist, nur getrennt voneinander existierende Objekte wahrnehmen, welche aber im Tao oder in einer anderen tieferen Wirklichkeit ein untrennbares Ganzes darstellen.

Es gibt also keine Schönheit, keine Symmetrie und keine physikalischen Gesetze in der Natur an sich. Alles, was wir

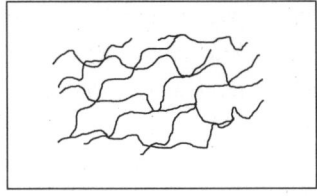 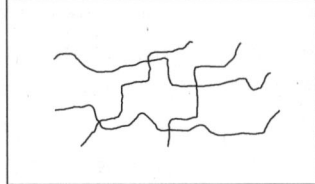

Teilchen existieren gleichzeitig und raumlos im gesamten Kosmos als überlagerte Wellen. Kollabiert durch Beobachtung eine Welle, bemerken alle anderen Wellen dies aufgrund der Überlagerung sofort. So könnte man sich das EPR-Paradox vorstellen oder Telepathie erklären.

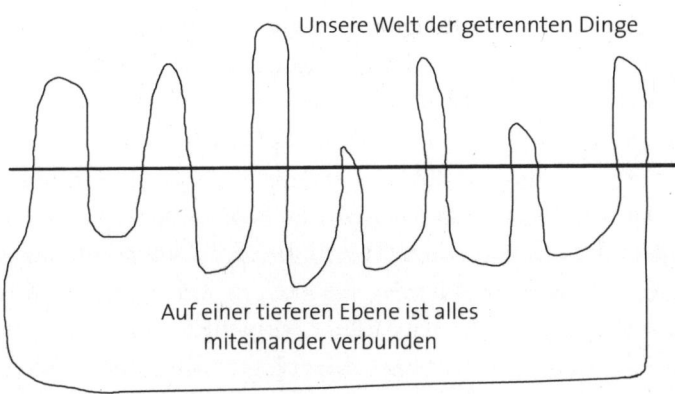

Unsere Welt der getrennten Dinge

Auf einer tieferen Ebene ist alles miteinander verbunden

Wir nehmen nur die Welt oberhalb der Linie wahr. Die Dinge stellen sich als unabhängig voneinander dar. Auf einer tieferen Ebene sind sie miteinander verbunden. Sie sind eins. Auch diese Vorstellung löst das Paradox der Nichtlokalität auf und ist auch mit östlichen Philosophien verwandt.

entdecken, ist nur ein Konstrukt unseres Geistes. Unser Geist findet das Gesetz, was er sucht. Er sucht eine ganz bestimmte physikalische Wahrheit, ohne bewusst zu wissen, was er sucht. Das Gesetz, welches er findet, ist nur das Gesetz, welches er aufgrund seiner eigenen geistigen Eigenschaften nur finden kann. Der Mensch findet nur die Realität, welche der Geist zulässt. Eine Symmetrie oder die Parabel eines Wurfs sind keine immanenten Eigenschaften einer unabhängigen Welt, sondern Eigenschaften des Geistes. Hätte der Geist keine Symmetrie, würde er sie auch nicht wahrnehmen, und schon gäbe es in der Natur keine Symmetrie mehr. Es ist etwa so, als wenn Sie versuchen, mit einem Metermaß ein Gewicht zu wiegen. Sie können mit dem Metermaß nur die Länge messen. Das Messobjekt an sich kennt den Meter nicht, erst das Metermaß sagt, was ein Meter ist.

Auf unserer Ebene finden wir nur das, was unser Geist zulässt. Die Logik ist in unserem Kopf, nicht in der Welt. Wäre unser Geist anders, dann wäre auch die Welt anders.

Jungs Traum und Deutschs Quantengehirn

Der Psychoanalytiker Carl Gustav Jung berichtet in seinen späten Jahren von einem Traum. Er sei während einer Wanderschaft auf eine Kapelle gestoßen, in welcher ein Jogi im Lotussitz meditierte. Bei näherer Betrachtung erkannte Jung zu seinem Erschrecken, dass dieser Jogi er selbst war. Erwacht dachte sich Jung, dass dieser Jogi durch seine Meditation den in unserer Welt in diesem Moment bewusst denkenden C. G. Jung erzeugt. Der Traum des Jogi ist das Ich des C. G. Jung. Das Sein des C. G. Jung würde im Moment des Erwachens des Jogis beendet sein. Nach Jung kehrt sich das Verhältnis von

Ichbewusstsein und Unbewusstem um. Demnach ist das Unbewusste der Erzeuger der empirischen Person. Die unbewusste Welt ist die wirkliche, die bewusste Welt nur eine Art Illusion. Die Wirklichkeit sei ein Traum, nur solange real, wie sie geträumt wird.

Wenn Sie nun einschlafen und eine Person erträumen, das mögen Sie selbst sein, hat diese Person dann ein Bewusstsein? Ihr geträumtes Ich erlebt und empfindet, denkt und entscheidet, oder? Sieht diese geträumte Person sich selbst als real und empfindet vielleicht Sie als Traum? Oder blicken wir im Traum auf quantenphysikalische Parallelwelten mit Quantendoppelgängern?

Wir erinnern uns an die Viele-Welten-Interpretation der Quantentheorie. Bisher hat man keine Möglichkeit entdeckt, wie diese Paralleluniversen miteinander in Kontakt treten könnten.

Der britische Physiker David Deutsch, ein Spezialist für Zeitreisen und Parallelwelten, schlägt das folgende Gedankenexperiment vor. Ein Quantengehirn, ob es nun ein menschliches, auf Quantenprozessen beruhendes Gehirn sei oder ein zukünftiger Quantencomputer, beobachtet einen Quantenprozess, bei dem subnukleare Teilchen in zwei verschiedenen Zuständen existieren. Nach Deutsch teilt sich nun das Universum in zwei verschiedene Welten, eine Welt mit einer toten Katze und ein anderes Universum mit einer lebenden Katze, um bei Schrödingers Modell zu bleiben. Auf makroskopischer Ebene haben wir keine Möglichkeiten, diese zwei Welten zu verbinden. In unserem registrierten Universum ist ein irreversibler Prozess abgelaufen. Die Katze ist tot. Das lässt sich nicht mehr ändern.

Auf atomarer Ebene ist es jedoch möglich, dass ein Quantenteilchen nach einer Aufspaltung in zwei Realitäten wieder in seinen Ausgangszustand zurückgeführt werden kann. Das Quantenteilchen kann also zum Beispiel einen Doppelspaltversuch als zwei getrennte Spalten erleben und danach doch wieder eins mit sich selbst sein. Welten können also auf atomarer Ebene gespalten und wieder zusammengefügt werden.

Unser Bewusstsein ist nicht in der Lage, diese Zwischenzustände zu erkennen. Eine Messung oder Beobachtung durch uns führt irreversible makroskopische Einflüsse in die Doppelwelt des Atoms ein, welche die Welten für immer spalten. Ein Quantengehirn nach dem Modell von David Deutsch würde keine solchen Einflüsse ausüben und so die gespaltene Welt nicht daran hindern, wieder zu verschmelzen. Solange beide Welten existieren, teilt sich das Quantengehirn und befindet sich auch tatsächlich in beiden Universen. Jedes der Duplikate des Quantengehirns hätte eine eigene Wahrnehmung seiner Realität und demnach auch eine eigene Erinnerung, welche sich von der des anderen Duplikates unterscheidet.

Verschmilzt der Prozess auf atomarer Ebene wieder, wird auch das Quantengehirn wieder eine Einheit. Es gibt jetzt nur noch eine Welt und keine Duplikate mehr. Aber das Quantengehirn hat nun zwei unterschiedliche Erinnerungen an zwei unterschiedliche Welten. Demnach könnte das Quantengehirn uns Informationen aus einem Paralleluniversum liefern. Bisher handelt es sich leider nur um ein Gedankenexperiment, welches zwar grundsätzlich möglich ist, aber ob es unabhängige Intelligenz in einem Quantenteilchen gibt und ob wir damit kommunizieren können oder ob wir je einen Quantencomputer bauen werden, lässt sich heute leider noch nicht beantworten.

Goswamis monistischer Idealismus

Der in den USA lebende Physiker und Fachmann für Quantenphysik Professor Amit Goswami, Sohn eines brahmanischen Hindupriesters, distanziert sich von der kartesischen Trennung von Leib und Seele sowie des materialistischen Realismus und postuliert als Primat des Seins das eine, alles umfassende Bewusstsein. Die objektive Realität sei nur eine Illusion. Das Universum ist ein bewusstes Universum und wird durch Bewusstsein erzeugt.

Bewusstsein ist die einzige wahre Realität. Es existiert außerhalb der physikalischen Raumzeit. Bewusstsein ist kein Epiphänomen der Materie, keine getrennte Entität des Gehirns, sondern Bewusstsein selbst ist die Realität. Die Welt werde nicht durch physikalische Bedingungen determiniert, sondern sei auf ihrer untersten Stufe kreativ. Jeder Akt der Messung oder Beobachtung, also jeder Akt des Bewusstseins schafft einen neuen kreativen Prozess.

Laut Goswamis Interpretation widerlegt die Quantentheorie den materialistischen Realismus. Der subjektive beobachtende Geist lässt ein Objekt erst Realität werden, ist somit in einer Einheit mit der Welt verbunden. Damit fällt das aristotelische Prinzip der starken Objektivität, welches besagt, dass außerhalb von uns ein materielles Universum existiert. Die stochastische Inhärenz der Quantentheorie beseitigt einen kartesischen kausalen Determinismus im Sinne eines Newton oder Laplace. Auch Einsteins Prinzip der Lokalität und der Epiphänomenalismus aus Geist und Gehirn werden durch die Manifestation eines Teilchens an einem Ort durch bewusste Beobachtung und den Kollaps der Wellenfunktion sowie der damit verbundenen Nichtlokalität beseitigt. Bewusstsein existiert nicht aus der Materie heraus, sondern es erzeugt Materie. Nicht das Gehirn erzeugt das Bewusstsein, sondern das Bewusstsein erzeugt das Gehirn.

Das derzeitige Dogma des materialistischen Realismus begann mit der objektiven unabhängigen Existenz der Materie vom Geist nach Aristoteles. Newton fügte den kausalen Determinismus hinzu und Einstein die Lokalität. Descartes etablierte den Dualismus aus Geist und Materie. Die klassische westliche Wissenschaft ging dann daran, den Geist zu verdrängen und die Welt reduktionistisch und materialistisch zu erklären. So wurde das Prinzip des materialistischen Monismus und des Epiphänomenalismus geboren, demnach die Welt nur Materie ist. Auch der Geist entsteht nur aus physikalischen Prinzipien heraus und ist somit nur ein Epiphänomen der Materie.

Wissenschaftler wie Heinlein oder Turing degradierten den Geist zu einer Gehirnmaschine und einer Art Computerprogramm. Roger Penrose hat aber nachgewiesen, dass Algorithmen niemals Geist entwickeln können, und Richard Feynman bestreitet diskontinuierliches Denkvermögen in einer Maschine. Nach Goswami sind aber Phänomene wie kollektives Unterbewusstsein, Selbstbewusstsein, Willensfreiheit, Kreativität oder paranormale Erscheinungen mit diesen Theorien nicht zu erklären und seien in einer solchen Welt auch gar nicht nötig. Deshalb müsse von einem Primat des Bewusstseins als Grundlage ausgegangen werden. Goswami strebt einen Paradigmenwechsel zu dem von ihm bezeichneten monistischen Idealismus an. Die Welt der Manifestationen gehe aus einer transzendenten Ideenwelt hervor.

Goswami betont, dass seine Postulate nicht nur in Einklang mit östlichen Philosophien wie Buddhismus, Hinduismus oder Taoismus, sondern auch mit der jüdischen Kabbala stehen. Auch Goswami vertritt die Ansicht, dass hinter der

Illusion des individuellen Bewusstseins das kollektive Bewusstsein stehe. Diese im Mystizismus immanente Aussage wird von den monotheistischen christlichen Religionen dahin gehend fehlinterpretiert, dass dieses Grundbewusstsein als unabhängiger Gott bezeichnet wird. Daraus resultiere eine religiöse Dichotomie in der westlichen Welt aus Gott und Mensch, Schöpfer und Schöpfung, deren göttliche Seite in den letzten Jahrhunderten durch die empirische Wissenschaft verdrängt wurde. Im monistischen Idealismus dagegen bestehe keine Getrenntheit von Schöpfung und Schöpfer. Alles ist Geist, alles ist ein Geist. Goswami beseitigt die Dichotomie und besiegt dadurch den Materialismus.

Die Paradoxien der Quantenphysik wie die Komplementarität, die Nichtlokalität und besonders die Manifestation eines Teilchens durch Beobachtung löst Goswami durch die Annahme des monistischen Idealismus.

Quantenwellen existieren nicht in Raum und Zeit, sondern transzendent, raumlos, zeitlos, überall und nirgends in einer reinen Welt aus Geist ohne klassische physikalische Gesetze. Auch benutzt er das Experiment der verzögerten Entscheidung, um seine These zu untermauern.

Das Bewusstsein kann den Weg eines Quantenteilchens noch verändern, selbst wenn es den Weg schon gegangen ist. All dies impliziert eine materielle Realität als Illusion und eine geistige Substanz als Grundlage und Ursache. Goswami beruft sich darauf, mit seinem Modell Synchronizitäten und Koinzidenzen nach C. G. Jung zu erklären.

Er überschreitet mit seinem monistischen Idealismus sogar Kants Transzendentalphilosophie und Hegels dialektische Phänomenologie des Geistes. Des Weiteren beruft sich Goswami auf Aussagen von John Eccles, wonach Nervensignale im Gehirn auf Quantenwellen basieren. Auch die Aussage

C. G. Jungs, dass Psyche und Materie dieselbe Grundsubstanz haben, und die Monadologie nach Leibniz, dass der Grund allen Seins mentaler Natur sei, stützen Goswamis Thesen. Nebenbei löst er auch noch das Leib-Seele-Problem. Wenn der Materialismus die Seele abgeschafft hat, so hat Goswamis Idealismus den Leib abgeschafft. Alles ist Seele!

Leben, Geist, Bewusstsein und was kommt danach?

»Neben der Raumzeit der Materie existiert auch eine Raumzeit des Geistes!«

JEAN E. CHARON

»Das Ganze ist mehr als die Summe seiner Teile!«

ARISTOTELES

In diesem Kapitel wollen wir untersuchen, ob wir uns in irgendeiner Form eine Vorstellung von dem machen können, was wir als Geist oder Seele bezeichnen, und ob es eine Möglichkeit geben könnte, dass dieser Geist nach dem physischen Tod weiterexistiert.

Es macht wenig Sinn, die unzähligen Berichte von Sterbeerlebnissen oder Geistererscheinungen aufzuführen. Ob Herr X nach einem schweren Unfall reanimiert wurde und von einem Lichttunnel berichtet oder ob Frau Y im Urlaub in einem englischen Schlosshotel nachts eine weiße Gestalt gesehen hat. Das liest sich zwar sehr spannend, ist aber in keiner Weise verifizierbar. Diese Berichte geben keine auch nur annähernd befriedigende Erklärung.

Seit den großen griechischen Philosophen existiert die Vorstellung einer Dualität von Körper und Geist. Wenn ein Mensch sofort nach der Geburt verstirbt, wird jeder behaupten, er habe gelebt. Wenn ein Mensch aber stirbt und sofort nach dem Tod wieder ins Leben zurückkommt, glauben die meisten Menschen, er sei irgendwie nicht wirklich tot gewesen. Obwohl die Menschen an ein Weiterleben glauben wollen, akzeptieren doch die wenigsten eine wirkliche Wiederbelebung eines Toten. Man stellt sich vor, es müsse ja noch irgendeine Lebenskraft in ihm gewohnt haben, sonst hätte er nicht zurückkommen können.

Wo beginnt der Tod überhaupt? Es lässt sich keine klare Trennlinie zwischen Leben und Tod ziehen. Der Übergang ist fließend. Menschen, welche vor 100 Jahren noch für tot erklärt wurden, werden heute dank moderner Medizin überleben.

Der Eintritt des Todes wird durch die medizinische Versorgung immer weiter hinausgeschoben. Kein Mensch wird einen Komapatienten, der keine Hirntätigkeit mehr aufweist und weder selbstständig atmet noch einen eigenen Herzschlag hat, dessen Sinne, Sehen, Hören usw. ausgeschaltet sind, der sich weder durch Sprache noch durch Gestik verständlich machen kann, als tot bezeichnen. Man nimmt immer noch an, dass in diesem Körper eine Seele oder ein Geist sitzt. Stellt man dann die medizinischen Geräte ab, geht man davon aus, der Mensch sei nun verstorben. Obwohl auch in diesem Körper noch biochemische Reaktionen ablaufen, würde man ihm kein Leben mehr zusprechen.

Genauso wenig würde man Gegenständen wie Tischen, Stühlen oder Steinen einen Geist bzw. ein Leben zusprechen. Wo beginnt und endet nun aber das Beseeltsein? Hat ein Virus, welcher nun definitiv eine Lebensform darstellt, eine Seele? Sie sagen: nein. Wie wäre es mit einem Insekt? Spätestens bei einem Hund oder einem Pferd würden wahrscheinlich die meisten Menschen davon sprechen, dass diese Wesen eine Seele besitzen.

Im Prinzip besteht alles im Universum aus denselben Elementarteilchen. Warum sind die einen beseelt und die anderen nicht? Wo im Körper eines Objektes bzw. Lebewesens ist der Sitz der Seele? Weder in den Molekülen der DNS noch in den Aminosäuren unserer Proteine oder in den Neuronen unseres Hirns lässt sich ein Geist oder eine Seele finden.

Ab welchem evolutionären Entwicklungsgrad tritt eine Seele in Erscheinung?

Niemand würde einen Geist in der molekularen Ursuppe vermuten. Dinosauriern oder Neandertalern würden wir dagegen wieder einen Geist zusprechen.

Wenn wir nun glauben wollen, Gott gäbe jedem höheren Lebewesen eine Seele, und diese würde nach dem Tod weiterleben, kommen wir zu der witzigen Vorstellung, dass irgendwo die Seelen der Neandertaler neben den Seelen von z. B. Newton oder Einstein weiterexistieren. Man könnte sich einen Gott vorstellen, der Seelen produziert, um sie nach dem Ableben irgendwo wieder einzulagern.

Oder die Seelen werden einer Reinkarnation unterzogen, das heißt ständig wiedergeboren, so wie es auch Buddhisten und Hindus glauben. Aber irgendwann müssen sie ja mal geschaffen worden sein. Wo waren die Seelen, als es noch kein Universum gab, also »vor« dem Urknall? Im ersten Kapitel haben wir gesehen, dass Gott transzendent zu Raum und Zeit die physikalischen Gesetze erdacht haben könnte. Analog dazu müssen wir schließen, dass Gott auch die Existenz von Seelen bzw. die für ihre Entstehung nötigen Gesetze transzendent geschaffen hat. Der menschliche Geist geht also direkt auf die Gedanken Gottes zurück. Obwohl es im Buddhismus keine Vorstellung von einem Schöpfergott gibt, glaubt man doch, dass der Geist schon »vor«, also transzendent zum Kosmos existiert hat und dann erst den Kosmos erschaffen hat.

Wie wir im Kapitel »Quantenphilosophie, was ist wirklich real?«, gesehen haben, ist diese Vorstellung gar nicht so weit hergeholt. Der bewusste Geist erzeugt die Realität. Man darf nicht der irrigen Anschauung verfallen, die Seele sei ein manifestiertes Etwas, das dem Körper zugefügt wurde, so wie man zwei Steine zusammenfügt und wieder trennt oder Wasser in ein Glas füllt. Geist und Seele finden nicht auf der physikalisch materiellen Ebene statt. Es handelt sich vielmehr um Entitäten, welche wahrscheinlich erst die materielle Realität durch ihr Vorhandensein erstehen lassen.

Bewusstsein und Komplexität

Der menschliche Geist oder die Seele ist kein physikalisches Objekt im klassischen Sinne. Dies bedeutet, dass er keine Ausdehnung in Raum oder Zeit hat, dass er kein Gewicht, keine Geschwindigkeit, Temperatur oder ähnliche physikalisch messbare Eigenschaften besitzt. Das heißt aber nicht, dass er etwas Übernatürliches darstellt. Er ist Bestandteil unsere Natur oder besser gesagt unserer metaphysischen Welt, aus der die physische Welt hervorgeht, und somit auch natürlich.

Wir haben im Bereich der subnuklearen Teilchen in der Quantenphysik gesehen, dass es in der Grundstruktur der Materie Entitäten gibt, welche keine klar definierten physikalischen Eigenschaften aufweisen. Einem Teilchen ist kein definierter Ort zuzuordnen. Ein Photon besitzt keine Ruhemasse. (Es gewinnt erst durch die kinetische Energie Masse.) Teilchen haben keine unabhängige Existenz in der Raumzeit, ja sogar die Raumzeit selbst wird zu einem Quantenschaum aus Möglichkeiten und Wahrscheinlichkeiten. Trotzdem ist die Quantenwelt nicht übernatürlich, sondern Grundbestandteil unserer Natur.

Das Bewusstsein ist eher eine Eigenschaft, welche sich erst auf einer höheren Ebene der Komplexität bemerkbar macht. Man darf den Körper nicht reduktionistisch in seine Teile zerlegen, um nach dem Bewusstsein zu suchen. Man muss ihn holistisch als Ganzheit betrachten, erst dann findet sich das Bewusstsein. Der Geist erzeugt die Realität, wobei die Komplexität des aus dem Geist entspringenden Bewusstseins von der Komplexität der geschaffenen Realität abhängt.

Die Komplexität und Ordnung eines Ameisenstaates als Ganzes gesehen wird wohl niemand bezweifeln. Betrachtet man aber jede Ameise für sich, verschwindet die Komplexität. Der Staat ist/schafft die Komplexität, die Komplexität ist/schafft den Staat. Die Ordnung des Staates findet auf einer höheren ganzheitlichen Ebene statt. Einer Ameise die Ordnung des Staates zuzuschreiben wäre ein Fehler, eine Vermischung der Ebenen. Genauso kann man auch das Bewusstsein keinem menschlichen Körperteil zuschreiben. Erst die Gesamtheit erzeugt es.

Den Inhalt oder den Sinn eines Buches bzw. das Sujet eines Romans finden Sie in keinem einzelnen Wort. Erst die Gesamtheit und Anordnung der Wörter, ihre Komplexität, macht den Sinn aus. Als weiteres Beispiel zur Verdeutlichung sei eine Melodie angeführt. In keiner Note findet sich ihre Harmonie. Erst die komplexe Anordnung der Noten erzeugt auf einer höheren ganzheitlichen Stufe eine Melodie.

Nun haben wir eine vage Vorstellung davon, wie das menschliche Bewusstsein im Körper, in unbelebter Materie, aufgrund ihres Grades an Komplexität in Erscheinung tritt.

Bleibt noch die Frage, wo im Raum befindet sich der Geist bzw. die Seele? Und hat der menschliche Geist eine zeitliche Ausdehnung? Wenn ja, muss er dann nicht auch sterblich sein?

Der Ort der Seele

Können wir, die wir ja mit unserem Selbst, unserem Geist denken, den menschlichen Geist entdecken? Denn das, was sucht, ist ja das, was es sucht! Wo im Körper, wo in Raum und Zeit sitzt also die Seele?

Die Frage ist ähnlich wie: Wo im Computer sitzt das Programm, die Software? Die Software befindet sich überall im Ganzen, im Rechner, im Monitor im Drucker usw., sie hat keinen definierten Ort. Wir laufen wieder Gefahr, die Ebenen zu verwechseln. Niemand wird behaupten, die Software befinde sich im Drucker, nur weil dieser gerade druckt.

Die Seele an einem bestimmten Ort zu suchen ist ähnlich sinnlos wie die Frage, wo in Raum und Zeit befindet sich die Farbe Rot, die Zahl Drei oder Beethovens 9. Sinfonie. Sie können mir rote Gegenstände zeigen, aber eine Farbe als von einem Ding unabhängige Existenz gibt es nicht. Eine Farbe an sich ist nicht existent. Gegenstände reflektieren elektromagnetische Wellen einer bestimmten Frequenz, welche auf unserer Netzhaut Nervenimpulse auslösen, die dann vom Gehirn als bestimmte Farbe interpretiert werden. Es gibt keinen festgelegten Ort für eine Farbe an sich. Genauso verhält es sich mit einer Zahl. Sie sind sicher, dass die Zahl Drei existiert? Dann sagen Sie mir bitte, wo und wann genau die Zahl Drei existiert. Es handelt sich um Abstraktionen, physikalisch nicht messbar, ohne Gewicht, Länge, Breite oder Temperatur.

Wie schwer, wie heiß oder wie hoch ist Beethovens 9. Sinfonie? Obwohl sie an sich keine physikalischen Eigenschaften hat, existiert sie doch. Oder existiert sie nur in dem Moment, wo sie gespielt wird, in Form von Schallwellen? Es wird wohl niemand behaupten, dass einzig und allein diese Luftdruckschwankungen, welche Vibrationen auf unserem Trommelfell auslösen, eine Sinfonie darstellen. Selbst wenn alle Notenblätter und alle Instrumente auf der Welt vernichtet werden und alle Menschen, welche die Sinfonie kennen, verstorben sind, existiert die Sinfonie trotzdem! In irgendeiner transzendenten Form zu unserer physikalischen Welt.

So ähnlich könnte man sich den Sitz der Seele bzw. des menschlichen Geistes vorstellen: physikalisch zwar nicht messbar, ohne Gewicht, Temperatur oder Ausdehnung, in Raum und Zeit nicht fest lokalisierbar, aber trotzdem als komplexe Abstraktion existent.

Bleibt die Frage, ob die Seele an den Körper gebunden ist oder nur mit ihm und durch ihn als höhere Ebene existiert, ähnlich dem Sujet eines Romans, welches sich ja auch in keinem einzelnen Wort findet und sich somit nach dem Tod auflösen würde. Wie die Ordnung eines Ameisenhaufens, wenn man ihn zerstört. Oder ob sie ähnlich einer Melodie vom Körper unabhängig weiterexistiert.

Lebenskreislauf, Quanten und Seele

Der Mensch macht sich immer Gedanken um den Tod und was danach kommt. Die Existenz wird als eine gerade Linie angesehen, beginnend mit der Geburt und endend mit dem Tod. Eventuell gibt es dann noch etwas darüber hinaus, ein Jenseits, welches aber dann auch geradlinig weiterläuft. Diese

Vorstellung enthält eine Asymmetrie, wie sie nirgendwo im Kosmos vorkommt. Wir haben gesehen, dass die Entwicklung des Universums mehr einem Kreislauf gleicht. Dass in der Quantenphysik alles eher einem großen, ganzen, geschlossenen Kreis gleicht und in den östlichen Philosophien und Religionen der Kreislauf ebenfalls enthalten ist.

Also könnte man »nach dem Leben« nicht auch als »vor dem Leben« bezeichnen? Könnte nicht alles ein Kreislauf sein? Wir waren vor dem Leben tot und sind nach dem Leben tot. Oder wir leben vor dem Tod und wir leben nach dem Tod.

Die Zellen im menschlichen Körper sind dem ständigen Verfall und der ständigen Wiedergeburt unterworfen. Sie kopieren sich ständig selbst durch Teilung. Die Materie des Körpers wechselt sich so selbst mehrmals im Leben aus. Der Körper wird ständig durch sich selbst neu geboren. Die Atome und Elementarteilchen, aus denen jeder menschliche Körper besteht, haben schon seit dem Urknall existiert. Die Bausteine, aus denen Sie und ich bestehen, haben schon vor Millionen von Jahren im Kosmos existiert. Vielleicht in einem Stern oder in irgendeiner anderen Form. Die Materie des Körpers wird auch nach dem biologischen Tod in einer anderen Form weiterbestehen. So makaber es klingt: Wenn zum Beispiel auf einem Grab ein Apfelbaum wächst, finden sich in dem Apfel Elektronen und Atome, welche früher zu dem lebenden Menschen gehört haben. Das bedeutet, dass der menschliche Körper, zumindest das, woraus er besteht, in einer Form weiterexistiert, ja eine Art Unsterblichkeit auf atomarer Ebene besitzt.

Ich möchte nicht so weit gehen und behaupten, die verstreuten Atome des ehemaligen Körpers hätten eine Art Bewusstsein. Obwohl es Physiker gibt, die behaupten, der Sitz des menschlichen Geistes sei auf atomarer Ebene zu finden und auch Elementarteilchen hätten eine Art Geist. Aber wenn der menschliche Körper zumindest in Teilen weiterexistiert, warum soll dann nicht der Teil von ihm, den man Seele nennt, auch weiterexistieren?

In der Quantenphysik haben wir gesehen, dass Teilchen, welche einmal miteinander korreliert waren, danach durch eine Art geisterhafte Fernwirkung miteinander verbunden sind. Erinnern Sie sich an das EPR-Paradoxon, wo Informationen ohne Verbindung und ohne Zeitverlust ausgetauscht wurden? Können demnach nicht auch die Teilchen des ehemaligen menschlichen Körpers noch in Verbindung stehen und ein Informationsfeld erzeugen? Könnte dieses Informationsfeld vielleicht der Sitz der menschlichen Seele sein?

Geist und Seele als Energiefeld

Der französische Physiker und Nobelpreisträger Louis de Broglie wies theoretisch nach, was später auch experimentell bestätigt wurde: dass jedem Teilchen eine Materiewelle zuzuordnen sei. Diese als Pilotwellen oder Führungswellen bezeichneten Eigenschaften stellen nicht das Materieteilchen als solches dar, sondern enthalten Informationen über die Möglichkeiten der Materie. Sie sind keine objektiven Objekte in unserer Raumzeit, ähnlich einer Wasserwelle, sondern eher abstrakt anzusehen, ähnlich einer Verbrechenswelle in der Kriminalstatistik. Diese Materiewellen wirken sich sogar im makroskopischen Bereich aus, sodass man die Materiewelle eines Menschen errechnen kann. Jedes Objekt lässt sich gleichzeitig durch eine Welle definieren, welche Informationen über das System, zum Beispiel einen Menschen, enthält.

Der Physiker Jean Charon ging sogar so weit, von einem Geist in der Materie zu sprechen und neben der Raumzeit der Materie auch eine Raumzeit des Geistes zu postulieren. Jedes Elementarteilchen des menschlichen Körpers besitzt auch eine Informationswelle. Könnte die Gesamtheit aller Wellen des menschlichen Körpers in der Überlagerung nicht so etwas wie der Sitz des Geistes sein? Ist die Dualität von Körper und Geist im Makrokosmos nicht das Gleiche wie die Dualität von Teilchen und Welle im Mikrokosmos?

Einstein zeigte, dass Raum und Zeit äquivalent sind, ebenso Materie und Energie, das heißt ineinander überführbar beziehungsweise umwandelbar. Es sind eigentlich nur zwei unterschiedliche Erscheinungsformen ein und derselben tieferen Wirklichkeit.

Zur Veranschaulichung: In einem schwarzen Loch verschmelzen Raum und Zeit zu einer Kontinuität. Nach der Formel $E = mc^2$, welche die Grundlage für die Atombombe ist, lassen Materie und Energie sich ineinander umwandeln. Das eine ist genauso gut das andere. Man könnte die Zeit als eine feldartige Eigenschaft des Raums beschreiben. Die Energie ist ein Feld der Materie. Die Welle ist ein Feld des Teilchens und der Geist ist ein Feld des Körpers. Es fällt sofort auf, dass wir analog zu einem Computer immer eine Hardware- und eine Software-Komponente haben:

RAUM   = ZEIT
MATERIE   = ENERGIE
TEILCHEN = WELLE
KÖRPER   = GEIST

Der Physiker David Bohm beschreibt in seiner Theorie der impliziten Ordnung, dass alles, was wir in unserer Welt wahrnehmen, einschließlich wir selbst, nur explizite Manifestationen einer tieferen Wirklichkeit sind. Der Theorie zufolge ist alles, was wir als getrennt betrachten, Gegenstände, Materie, Geist und Bewusstsein, auf einer tieferen Ebene miteinander holistisch verschmolzen, eingefaltet in einer Einheit des Seins. Unsere Welt besteht praktisch nur aus einzelnen Schatten einer höheren Wirklichkeit.

In der Tat haben wir gesehen, dass auf der Ebene der Quanten Raumzeit und Materieenergie zu einem undefinierten Meer aus Quantenschaum verschmelzen. Ab einer gewissen Größe macht die unabhängige Existenz eines Materieteilchens physikalisch keinen Sinn mehr.

Kann es nicht sein, dass die eben aufgeführten Hardware-Komponenten und ihre Software-Komponenten nur unterschiedliche Manifestationen einer holistischen Realität sind, auf einer tieferen Ebene miteinander verschmolzen? Ist der individuelle menschliche Geist ein Informationsfeld, ähnlich dem einer Materie zuzuordnenden Energiefeld? Ist der individuelle menschliche Geist auf unserer makroskopischen Ebene, analog zur getrennt manifestierten Materie, auf einer tieferen Ebene zu einem ganzheitlichen kosmischen Bewusstsein verschmolzen, analog zu der Materie im Mikrokosmos der Quantenphysik? Ist dieser ganzheitliche kosmische Geist der Bauplaner des Universums? Interessanterweise findet auch dieser Gedankengang seine Parallele im Buddhismus.

Da Teilchen, Materie und Körper im Prinzip das Gleiche sind, auch aus dem Gleichen aufgebaut, das heißt eine Einheit darstellen, könnte man analog dazu auch Welle, Energie und Geist als eine Einheit auffassen. Denn Teilchen sind ja auch Wellen, und Materie ist auch Energie. So könnte man den Geist als andere Form von Energie betrachten. Dieser Schluss könnte für die Parapsychologie von enormer Bedeutung sein.

Da wir nun den Geist als ein einzeln abgespaltenes, komplexes energetisches Informationsfeld einer höheren Gesamtheit definiert haben, wollen wir uns nun wieder den Möglichkeiten eines Weiterlebens des Geistes nach dem physischen Tod zuwenden.

Geist, Seele, Mehrfachwelten und Hyperraum

Im Kapitel »Quantenphilosophie, was ist wirklich real?« haben wir gesehen, dass zumindest theoretisch die Möglichkeit besteht, dass sich der Mensch in unzähligen Mehrfachwelten dupliziert. Dies wirft die Frage nach dem menschlichem ICH, seinem Bewusstsein, seinem Geist und seiner Seele auf. Besitzt jeder Bewohner einer Parallelwelt einen eigenen Geist oder besitzen alle Duplikate so etwas wie ein kollektives Bewusstsein?

Wenn sich der menschliche Geist in diesem Multiuniversum beliebig oft vervielfältigen lässt, in immer neuen unzähligen Quantenuniversen reproduzieren lässt, dann müsste er doch auch im Prinzip unsterblich sein, sich also beliebig oft reinkarnieren lassen. Oder wenn ein Mensch in einem Universum stirbt, sein Pendant in einem anderen Kosmos aber noch lebt, kann seine Seele bzw. sein Geist ja nicht mit verstorben sein. Wir müssen uns noch einmal klarmachen, dass es sich bei der Mehrfachweltentheorie nicht um ein Hirngespinst einiger Esoteriker handelt, sondern um Arbeiten international angesehener Physikprofessoren.

Demzufolge könnte man spekulativ äußern, dass die Seele eine höhere Wesenheit darstellt, welche transzendent zu unserem beobachtbaren Raum-Zeit-Kontinuum existiert. Diese Aussage deckt sich sowohl mit östlichen Religionen als auch mit den Erörterungen der vorangegangenen Seiten.

Stellen wir uns vor, unser Kosmos wäre eine zweidimensionale Fläche. Auf ihr sind alle Lebewesen, Informationen und so weiter enthalten. Wenn sich dieser zweidimensionale Kosmos nun nach der Mehrfachweltentheorie ständig vervielfacht, wäre es doch logischer, die Welten übereinanderzulagern, also rechtwinklig zu der Fläche in die dritte Dimension zu gehen und so eine Art dreidimensionalen Quader als Gesamtheit aller Welten zu erhalten, als immer mehr zweidimensionale Flächen bis zur Unendlichkeit nebeneinanderzulegen. Wir haben schon im ersten Kapitel gesehen, dass alle Vorgänge im Kosmos sinnvoll, ja fast ökonomisch durchdacht sind. Kehren wir nun analog dazu in unser beobachtbares dreidimensionales Universum zurück. Dann müssten rechtwinklig zu unserem Raum, also in die vierte Dimension hinein, die anderen parallelen Welten gelagert sein. So könnten physikalisch und mathematisch sehr sinnvoll und harmonisch eine Unzahl an dreidimensionalen Universen in einem vierdimensionalen Hyperraum, einem gigantischen Hyperkubus gelagert sein. Über die genauen physikalischen Eigenschaften eines Hyperraums werden wir in einem gesonderten Kapitel noch mehr erfahren. Der Hyperraum ist keine Erfindung fantasievoller Science-Fiction-Autoren. Physiker und Mathematiker gehen seit Generationen damit um.

Bei den Versuchen der zurzeit führenden Köpfe der Physik, die große vereinheitlichte Theorie für den Kosmos zu finden und die vier in der Natur vorkommenden Grundkräfte zu vereinigen, gehen die Wissenschaftler in der sogenannten Stringtheorie sogar von einem zehndimensionalen Kosmos aus. Um nicht zu tief in die theoretische Physik einzutauchen, sei hier nur am Rande erwähnt, dass in unserem dreidimensionalen Weltbild die Gravitation als Kraft auftritt, aber von Physikern als Raumkrümmung in der vierten Dimension beschrieben wird. Das heißt, dass es die Gravitation als Kraft, wie wir sie kennen, eigentlich gar nicht gibt, sondern dass sie in Wirklichkeit eine geometrische Eigenschaft des in die vierte Dimension gekrümmten Raumes darstellt.

Aber nun zurück zu unserem Hyperraum. Da wir aufgrund der Quantentheorie parallele Welten postulieren können, welche in einer Art vierdimensionalem (oder vielleicht sogar noch mehr) Hyperwürfel übereinander existieren und unser Geist in diesen verschiedenen Welten duplizierbar ist, existiert er transzendent zu unserer dritten Dimension ganzheitlich in diesem Hyperkosmos. Man könnte es auch so ausdrücken: Unser Geist ist vierdimensional (oder mehr)!

Das Ganze ist mehr als die Summe seiner Teile! Wir haben angenommen, dass die Summe der Komplexität eines Lebewesens das Bewusstsein hervorbringt.

Dieses Bewusstsein ist in unserer Raumzeit physikalisch nicht messbar, nicht fassbar. Dieses Problem ist durch die Annahme eines höher angesiedelten ganzheitlichen Geistes, welcher vierdimensionale Eigenschaften aufweist und den dreidimensionalen Raum transzendiert, also in der vierten Dimension angesiedelt ist, im Ansatz verstehbar (und dem aus ihm resultierenden Bewusstsein, welches der Geist ja auch mit der Komplexität erschafft).

Es ist etwa so, als wolle man in einer zweidimensionalen Fläche einen Würfel beschreiben, oder anschaulicher ausgedrückt: Es ist nicht möglich, einen Pappkarton in ein Blatt Papier zu stecken, umgekehrt schon.

Und noch einmal kommen wir zu dem Aristoteleszitat zurück: »Das Ganze ist mehr als die Summe seiner Teile!« Die Komplexität der Summe der Vorgänge im biologischem Körper ist das menschliche Bewusstsein, und die Summe der Komplexität im gesamten Kosmos könnte dann der Geist

Gottes sein, das große einheitliche, alles überspannende kosmische Bewusstsein.

Zugegeben, diese Betrachtungen sind sehr philosophisch und spekulativ. Aber es geht ja auch darum, Denkanstöße zu geben und Fragen aufzuwerfen. Wir sind heute bei Weitem noch nicht in der Lage, die Grundlagen unseres Daseins befriedigend zu beantworten. Auch die moderne Wissenschaft ist weit davon entfernt, Erklärungen zu liefern. Daher sollte es legitim sein, auch etwas links und rechts der eingefahrenen Pfade nach Lösungsansätzen zu suchen. Alle großen Denker, welche unser Weltbild formten und veränderten, waren ihrer Zeit voraus und bewegten sich abseits bzw. entgegengesetzt der konventionellen Denkrichtungen.

Unser deterministisches Uhrwerkuniversum nach Newton ist tot. Moderne Kosmologie, Relativitätstheorie und Quantenphysik haben uns gezeigt, dass es mehr Dinge zwischen Himmel und Erde gibt, als unsere Schulweisheit sich träumen lässt. Unser Kosmos und unsere Existenz sind fantastischer und bizarrer, als unser Gehirn es sich vorstellen kann. Daher sollten wir auch den Geist offenhalten und in alle, vor allem neue Richtungen denken. Gewisse Überlegungen mögen absurd erscheinen, aber selbst wenn sie sich später als falsch oder zu weit hergeholt erweisen sollten, waren sie es doch wert, gedacht zu werden. Es ist jetzt etwa 100 Jahre her, dass Einstein das Weltbild revolutioniert hat, dass er unter anderem die Möglichkeit von Zeitreisen in die Zukunft bewiesen hat und trotzdem ist diese Konsequenz der Relativitätstheorie in der Bevölkerung so gut wie nicht bekannt.

Wir werden dieses Thema ausführlich in einem späteren Kapitel behandeln. Hier sei es nur kurz angeschnitten, um zu überlegen, was dies für die Unsterblichkeit der Seele bedeuten könnte.

Die Zeit ist keine Konstante, welche immer gleich schnell läuft. Zeit ist dehnbar wie ein Gummi. Einstein zeigte, dies ist theoretisch und praktisch mehrfach bewiesen, dass Zeit bei höheren Geschwindigkeiten langsamer abläuft und bei Lichtgeschwindigkeit zum Stehen kommt. Auch Massen krümmen und dehnen die Raumzeit. Gravitation und Beschleunigung sind äquivalent. Das heißt, je stärker die Gravitation, desto langsamer verläuft die Zeit. In einem unendlich starken Gravitationsfeld, einer Singularität, wie sie in einem schwarzen Loch herrscht, steht die Zeit still.

Wir haben angenommen, dass der menschliche Geist, die Seele, transzendent zu Raum und Zeit existieren, unabhängig, ewig und zeitlos. Aber unser Bewusstsein, unser ICH muss doch in irgendeiner Form an den Körper, den wir in Raum und Zeit wahrnehmen, gebunden sein.

Unsterblichkeit und schwarzes Loch

Wir nehmen uns als Gesamtheit aus Körper, Geist (Seele) und Bewusstsein in der Raumzeit wahr. Zumindest unsere körperliche Existenz ist an die Raumzeit und an den Fluss der Zeit gebunden. Wir können nun mithilfe sehr hoher Geschwindigkeiten oder enorm hoher Gravitation unsere persönliche Zeit dehnen. Nicht nur alle Uhren laufen bei hohen Geschwindigkeiten langsamer, sondern die Zeit selbst. In einem Raumschiff mit extrem hoher Geschwindigkeit verläuft die Zeit langsamer als auf der relativ zum Schiff ruhenden Erde. Auf der Erde läuft die Zeit »normal« schnell weiter. Auch alle biochemischen Prozesse in unserem Körper, alle Vorgänge in unserem Hirn, der Herzschlag, einfach alles läuft bei hohen Geschwindigkeiten extrem langsam ab. Wir merken nichts davon, da sich ja um uns herum alle Vorgänge entsprechend verlangsamen. Dies ist keine Fiktion, sondern definitiv bewiesen. Jetzt könnte man theoretisch alle biologischen Vorgänge im Körper in einem schwarzen Loch zum Stillstand bringen. Die Zeit steht still. Die Frage ist nun, kann ein Mensch sterben, wenn der Fluss der Zeit still steht? Oder lebt er ewig?

Vernachlässigen wir die praktischen Probleme, welche es mit sich bringen, in ein schwarzes Loch zu fliegen. Es geht nur um das Prinzip. Es ist prinzipiell für einen Menschen möglich, die Zeit stillstehen zu lassen. Was würde dieser Mensch empfinden? Natürlich könnte dieser Mensch keine Bewegungen oder Handlungen mehr ausführen. Denn jede Tätigkeit setzt ja einen Zeitfluss voraus, eine Kausalkette aus Ursache und Wirkung. Wahrscheinlich würde dieser Mensch auch nicht mehr sehen, wahrnehmen oder denken können. Denn auch alle elektrochemischen Prozesse im Hirn kämen ja zum Stillstand. Demzufolge hätte diese Person kein Bewusstsein mehr. Man könnte ihn als tot bezeichnen, obwohl er nicht gestorben ist.

In diesem Zustand dürfte ein Körper weder Sauerstoff noch Nahrung brauchen, da alle Prozesse im Körper zum Stillstand gekommen sind. Es würden auch keine Verfalls- oder Zersetzungsprozesse eintreten. Der Körper wäre auf alle Ewigkeit perfekt konserviert.

Wie gesagt, die bei diesem Prozedere auftretenden praktischen Probleme werden ganz außer Acht gelassen. Dieses Gedankenexperiment liegt weit jenseits des derzeit technisch Möglichen. Aber im Prinzip erlaubt die Physik dieses Experiment. Wenn es nun in ferner Zukunft einer Zivilisation möglich wäre, dies durchzuführen und die Person nach einer beliebig langen Zeit wieder zu befreien, müsste die Person eigentlich wieder leben. Kann der Geist im Körper in diesem Zustand beliebig lange überdauern? Zumindest prinzipiell könnte so das Leben beliebig verlängert werden.

Reinkarnation und identisches Ich

Wenn man den herkömmlichen Reinkarnationstheorien glauben schenken will, wird die Seele des Menschen immer wieder in verschiedenen Körpern zu verschiedenen Zeiten erneut geboren. Das größte Problem dabei ist, dass man sich an die früheren Leben nicht erinnert – von einigen nicht wirklich überprüfbaren Erlebnisberichten einmal abgesehen. Wenn es aber prinzipiell möglich ist, sich an frühere Leben zu erinnern, dann müssten sich, bei der Vielzahl an Menschen doch schon rein statistisch gesehen, viel mehr Leute zurückerinnern können.

Auch die These, dass Muttermale mit Wunden von tödlichen Verletzungen aus früheren Leben übereinstimmen, ist haltlos. Da vor Jahrhunderten die meisten Menschen früh durch Seuchen oder durch schwerste Verletzungen, durch Unfälle oder Kämpfe gestorben sind, müssten die Menschen heute alle mit Muttermalen übersäht sein.

Die Frage ist doch, was macht den Menschen, unser ICH aus? Ist unser Bewusstsein, welches sich zum Körper vergleichbar verhält wie eine Melodie zu einem Musikinstrument, denn nach einer Reinkarnation noch als dasselbe zu bezeichnen, wenn man keinerlei Erinnerungen oder Ähnlichkeiten oder Fähigkeiten aus dem früheren Leben mitbringt?

Eine Melodie bleibt im Prinzip die gleiche Melodie. Egal auf welchem Instrument, egal zu welcher Zeit und egal an welchem Ort sie gespielt wird. Selbst wenn man eine Reinkarnation, eine Seelenwanderung annimmt, kann man doch nicht von dem gleichen Menschen sprechen. Aussehen, Intellekt, Fähigkeiten und Charakter sind bei den verschiedenen Reinkarnationsgeschichten oft total unterschiedlicher Natur. Da ist man heute ein lieber Grundschullehrer und war vor 500 Jahren ein mordender Raubritter. Es fällt wirklich schwer, solchen Geschichten einen Wahrheitsgehalt beizumessen.

Wir haben auf den vorangegangenen Seiten gesehen, wie man sich das Bewusstsein als ein übergeordnetes komplexes ganzheitliches Etwas veranschaulichen und sich die Seele als transzendent zu Raum und Zeit vorstellen kann. Und die Vorstellung, nach dem Tod in eine höherdimensionale kosmische Ganzheit aufzugehen, ist allemal sympathischer als ständig wieder als primitiver Mensch auf der Erde zu landen. Also egal, wie wir es betrachten, die unsterbliche Seele ist auf gar keinen Fall der Sitz irgendwelcher menschlichen Eigenschaften. Diese sind wohl eher an den Körper gekoppelt bzw. an das aus seiner Komplexität heraus entstehende Bewusstsein.

Obwohl wir immer wieder gern gute und schlechte Charaktereigenschaften eines Menschen auf dessen Seele zurückführen oder zuschreiben. Diese Eigenschaften finden aber nur in dieser Dimension, in diesem Leben statt. Es sind an unsere Raumzeit gebundene Eigenschaften, ähnlich physikalischen Größen.

Klar, diese Eigenschaften lassen sich nicht wirklich messen, aber eine transzendente unsterbliche Seele müsste von banalen irdischen Eigenschaften oder Gefühlen wie Lust, Verlangen, Trauer oder Freude frei sein.

Diese Dinge spielen nur in unserer Welt eine Rolle. Für die kosmische Gesamtheit dürften sie bedeutungslos sein.

Aber gehen wir ruhig wieder davon aus, wie es auch Buddhismus und Hinduismus lehren, dass es eine Form von Reinkarnation gibt. Wenn der wiedergeborene Mensch trotz aller Unterschiede in Aussehen, Intellekt und so weiter noch derselbe sein soll, kommt der körperlichen Existenz mit ihren Eigenschaften wie Charakter keine wirkliche Bedeutung bei der Suche nach dem SELBST, dem ICH, zu. Die irdische Daseinsform ist eigentlich nur ein bedeutungsloser Schatten unserer kosmischen Existenz. Der Sitz des eigenen ICHS muss demnach die unsterbliche transzendente Seele sein, obwohl sie keinerlei irdische Eigenschaften aufweisen kann. Oder das ICH ist nur eine Manifestation der transzendenten Seele in unserer Dimension.

Daraus folgt, dass im Prinzip doch alle Seelen irgendwie gleich sein müssten. Oder anders ausgedrückt: Sie stellen in irgendeiner Form ein und dieselbe Wesenheit in der kosmischen Gesamtheit dar, da sie ja keine der uns hier bekannten persönlichen, differenzierbaren menschlichen Eigenschaften aufweisen. Wobei wir wieder, wie auch im Buddhismus immanent, bei einem Holismus in Reinkultur wären. Man fühlt sich zwangsläufig an David Bohms implizite Ordnung oder C. G. Jungs kollektives Unbewusstes erinnert. Denken Sie an die Quantentheorie, z. B. an das EPR-Paradoxon. Auch hier zeigte sich, dass alles eine Gesamtheit darstellt.

Die wiedergeborene Seele bleibt also dieselbe. Sie löst sich nur aus der kosmischen Gesamtheit aller Seelen und manifestiert sich im dreidimensionalen Raum in einem Körper. Der neue Mensch ist im Prinzip ein anderes Wesen mit einem neuen, anderen Bewusstsein, ein einzelnes losgelöstes sterbliches Wesen mit einer ganzheitlichen unsterblichen Seele.

Das ICH und sein Körper

Betrachten wir nun den Sitz der Seele und unser eigenes ICH von der konventionellen irdischen Seite her. Stellen Sie sich vor, ein Mensch verändert durch einen Unfall oder eine Operation sein Aussehen, sodass er nicht mehr zu erkennen wäre. Dabei wäre zufälligerweise auch seine komplette Erinnerung verloren gegangen. Er wüsste nichts mehr über sich selbst und hätte keine seiner erlernten Fähigkeiten mehr. Er würde sich nicht mehr an seine Verwandten erinnern (das kann ja von Vorteil sein), hätte erlernte Fremdsprachen vergessen, könnte seinen Beruf nicht mehr ausüben, hätte sogar Gefühle und Charaktereigenschaften verloren.

Die meisten von Ihnen würden wohl sagen, klar, das ist trotzdem noch derselbe Mensch. Er war ja nicht tot, er lebt noch. Er hat sich nur verändert. Alle beschriebenen persönlichen Eigenschaften sind nur irrelevantes Beiwerk, der Mensch ist im Prinzip noch derselbe. Dieser Gedankengang untermauert die auf der vorangegangenen Seite aufgestellte These, dass die Seele nicht der Träger der irdischen Eigenschaften ist, sondern nur der Träger des kosmischen Bewusstseins, manifestiert in einer irdischen Person als losgelöstes ICH.

Gehen wir noch weiter. Wenn man einem Menschen das Gehirn entfernt, Körper und Gehirn aber getrennt am Leben hält und mit einer Art Funk in Kontakt stellt, sodass das Gehirn z. B. von Kanada aus den Körper in Australien bewegen kann, sogar sprechen lassen kann – natürlich ist das im Moment medizinisch noch nicht möglich, aber im Prinzip zumindest möglich und irgendwann sicher auch praktizierbar –, wo befindet sich dann das ICH des Menschen? Ist der Körper, mit dem Sie sich in Australien unterhalten, der Mensch?

Man kann sogar noch weitergehen. Zurzeit wird weltweit in der Forschung an der Entwicklung von Neurochips gearbeitet, die in Zukunft Funktionen unseres Hirns und Nervensystems übernehmen könnten. Es gibt erste Implantate für die Augen, welche dem Gehirn eine Meldung übermitteln und so ein schwaches Sehen für einige Blinde ermöglichen. Ähnliche Ansätze gibt es auch in der Medizin, um Gehörlosen zu helfen. Man hat schon Nervenzellen auf Mikrochips gezüchtet, die sich miteinander vernetzt haben. Es gibt Computerchips, welche die Bewegung gelähmter Gliedmaßen steuern. Die meisten Mediziner halten es für möglich, dass in ferner Zukunft das menschliche Gehirn mit Neurochips versehen werden kann.

Es wäre dann prinzipiell möglich, um zum Beispiel eine Sprache zu lernen, sich ganz einfach einen Chip, sagen wir für Spanisch, einpflanzen und vernetzen zu lassen und schon können wir in Urlaub fliegen und perfekt Spanisch sprechen. Oder man würde sich ein komplettes Ingenieurstudium einpflanzen lassen und hätte ohne großen Aufwand jede Berufsmöglichkeit.

Klar, das ist alles noch weit entfernte Zukunftsmusik, aber in ein paar hundert Jahren, bei der rasenden Entwicklung in der Computertechnik, könnte dies durchaus möglich sein.

Für unsere Überlegungen ist es eigentlich nur wichtig, dass es irgendwann einmal möglich sein wird, einen Menschen komplett über Computertechnik zu steuern, den kompletten Inhalt eines Gehirns, inklusive aller vom Gehirn erzeugten Eigenschaften wie Charakter, Gefühle und Intelligenz auf einen Mikroprozessor zu übertragen. Es wird sogar möglich sein, sämtliche Erinnerungen wie Eindrücke des Lebens, Ausdrücke der Persönlichkeit oder Schmerzempfinden beim

Zahnarzt, einfach alles, was den Menschen ausgemacht hat, auf einen Computer zu übertragen.

Könnte ein Computer der Zukunft so komplex sein, dass das Programm eines Menschen auf dem PC ein eigenes Ich, ein Bewusstsein entwickelt? Könnte der PC über sich selbst reflektieren? Würde er sich bewusst wahrnehmen? Würde er sich selbst dann als Mensch oder als Maschine identifizieren? Man könnte sagen, bewusste Selbstwahrnehmung setzt eigenes Leben voraus. Man könnte aber auch argumentieren, bewusste Selbstwahrnehmung erzeugt Leben. Empfindet sich dieser PC aufgrund seiner Selbstwahrnehmung als lebendes Wesen? Hat der Mensch damit sein ICH dupliziert? Hat dieses zweite Ich, welches ja aufgrund der Technik unsterblich ist, dann auch eine Seele? Kann der Mensch Gott spielen und Bewusstsein, ja sogar Seelen erschaffen? Könnte dieses Computer-Ich nach dem Tod des Menschen ein eigenes Leben weiterführen, sich selbstständig weiterentwickeln, wie es der verstorbene Mensch vielleicht getan hätte? Könnte man dieses Ich, den kompletten Hirninhalt eines Menschen mit allen Eigenschaften auf einen anderen Körper übertragen, auf einen genetisch gezüchteten leeren Körper, eine hirnlose Hülle, und wäre der Mensch dann unsterblich?

Oder könnte man einem Menschen das Gehirn entfernen, dieses zerstören, dann dem Menschen den Computer einpflanzen und ihn so am Leben halten? Von medizinischer Seite her ist das bestimmt nicht mehr so weit entfernt. Hätte dieser Mensch dann ein Bewusstsein, wo wäre seine Seele? Ist dieser Mensch dann tot oder lebendig? Ist es noch derselbe Mensch? Das Hirn ist ja nicht der Sitz der Seele, wie wir gesehen haben. Sie existiert ja nicht im physikalischen Raum. Eine Form von Leben lässt sich diesem Wesen dann aber auf jeden Fall zuschreiben. Also hat es eine Seele?

Beseelte Materie, beseeltes Leben und woher kommen die Seelen?

Wenn wir davon ausgehen, dass wir Menschen nun mal eine Seele besitzen, müssen wir uns fragen, wann diese Seele in uns eindringt beziehungsweise anfängt zu existieren. Die meisten unter Ihnen werden wohl denken, dass es irgendwann im embryonalen Zeitraum der Schwangerschaft zur eigentlichen Menschwerdung kommt.

Aber auch die Eizelle und das Spermium sind zweifellos lebendige Objekte, auch schon vor der Befruchtung. Besitzen sie schon eine Seele? Wenn ja, wie wird dann aus den zwei Seelen die eine des Menschen? Oder haben Eizelle und Spermium nur je eine halbe Seele vor der Befruchtung? Vielleicht kann man aber einer einzelnen Zelle keine Seele zuschreiben, obwohl die Zelle ja lebt. Daraus folgt, dass es seelenloses Leben im Universum gibt. Wahrscheinlich entsteht die Seele erst nach der Befruchtung, oder sie wird, wie die religiösen Menschen es annehmen, irgendwie von Gott eingesetzt.

Wie sieht es dann aber bei eineiigen Zwillingen aus, wenn sich die Zelle erst nach der Befruchtung in zwei unabhängige Objekte teilt, aus denen dann zwei Embryos entstehen? Hatte das befruchtete Ei dann auch noch keine Seele, und erst später erhalten die Embryos dann ihre Seelen? Ab wann ist dann der Fötus ein Mensch mit Seele? Oder hat das Ei vorher doch eine Seele und die Zwillinge müssen sich dann entweder eine Seele teilen oder die Seele teilt sich noch einmal und jeder bekommt eine.

Wo waren die Seelen, als es noch kein Leben im Kosmos gab? Entweder haben die Seelen sich aus der Komplexität des Lebens entwickelt – ein Stein hat keine Seele, ein Virus eine ganz kleine einfache und ein Mensch eine recht komplexe – oder die Seelen sind mit dem Kosmos entstanden, waren schon immer und überall und werden auch immer und überall sein. Woraus folgt, dass alles, auch die tote materielle Welt, in irgendeiner Form beseelt ist. Oder wie schon ausgeführt: Seelen existieren transzendent zu Raum und Zeit. Das würde auch ein Weiterleben der Seelen nach dem Ende unseres Universums und eventuell sogar eine Auferstehung der Seelen in einem anderen Kosmos ermöglichen.

Da es eine unlogische Asymmetrie darstellt, dass Gott ständig Seelen produziert und sie dann irgendwo einlagert, ist der Gedanke einer unsterblichen Seele, welche ständig erneuten Reinkarnationen unterzogen wird, mit dem modernen wissenschaftlichem Weltbild besser in Einklang zu bringen, wie übrigens auch mit Buddhismus und Hinduismus.

Auch die Tatsache, dass sich Menschen unter Hypnose nachweislich an frühere Leben erinnern, stimmt mit einer transzendenten raum- und zeitlosen Seele überein.

Da Vieles dagegen spricht, dass es unterschiedliche Klassen von Seelen gibt, müssten wir uns eigentlich auch an ein Leben als Dinosaurier oder Stein erinnern, ja, sogar über den Urknall hinausgehen können. Unsere Atome haben schließlich auch schon in einem Dinosaurier oder Stern existiert. Wir könnten vielleicht mithilfe unseres Geistes im Traum oder unter Hypnose auf den Urgrund allen Seins blicken. Auf das große nicht materielle Ganze, auf das, woraus alles entspringt vor der ersten Inkarnation. David Bohm nennt es implizite Ordnung, man könnte es auch Gott nennen.

Der schaffende Geist und die Illusion des Todes

Wenn dem einen oder anderen Leser die verschiedenen Erörterungen bzw. Gedankenmodelle auf den vorangegangenen Seiten teils widersprüchlich erscheinen sollten, sei angemerkt, dass hier keine einheitliche Theorie oder ein festes Weltbild aufgebaut werden soll, sondern vielseitige Überlegungen in verschiedene Richtungen aufgeführt werden. Die hier angeführten Fragen lassen sich nun mal nicht befriedigend erklären, sodass das Gesagte rein philosophischer Natur ist und zum Weiterdenken anregen soll. Es werden lediglich Möglichkeiten aufgezeigt, die Dinge ansatzweise zu erklären. Was der Leser im Einzelnen nun ablehnt oder persönlich sympathisch findet, sei jedem selbst überlassen.

Aber zurück zu unseren Gedanken. Zusammengefasst und unter Bezug auf andere Kapitel, speziell »Quantenphilosophie, was ist wirklich real?« könnte man nun behaupten, dass Geist und Seele nur zwei verschiedene Worte für ein und dasselbe sind. Dieses Etwas, nennen wir es beseelter Geist, existiert transzendent zu unserer physikalischen Welt, ist unsterblich und unabhängig vom Körper. So formuliert es in etwa auch der Buddhismus.

Das ICH-Bewusstsein entsteht aufgrund der Komplexität des Körpers und der Vorgänge, ist also abhängig vom Körper und stirbt auch mit dem Körper. Da der Geist erst die physikalische Realität erschafft (siehe Quantenphysik und Buddhismus), somit auch unseren Körper schafft, ist das Bewusstsein nur eine geschaffene Illusion. Das ICH-Bewusstsein ist nur in der expliziten Ordnung (physikalische Welt) manifestiert respektive abgespalten. In der tieferen transzendenten Wirklichkeit, der impliziten Ordnung, existiert nur der Geist in holistischer Form.

An dieser Stelle könnte man sogar so weit gehen, toter Materie einen geringen Grad an Bewusstsein, angepasst an den Grad ihrer Komplexität, zuzugestehen, beziehungsweise den transzendenten holistischen Geist in jedem Atom der physikalischen Welt zu sehen.

Wenn unser physikalisches Universum nicht die reale objektive Existenz darstellt, können wir auch nicht sterben. Unser Körper und unser Bewusstsein, welche ja aus der tieferen Ordnung erzeugt wurden, verschwinden zwar, aber das einzig reale, der Geist, bleibt. Man könnte vielleicht sagen, der Geist sucht sich nach einer gewissen Reife nur eine andere Form der Existenz. Der Geist hat unsere Welt geschaffen und schafft sich auch eine neue Welt jenseits von dieser. Wie auch immer unser Bewusstsein dort aussehen mag. Also nicht der Körper bestimmt den Tod, sondern der Geist bestimmt den Zeitpunkt der Verwandlung und spielt dem Bewusstsein nur einen physikalischen Tod vor. Sowohl Leben als auch Tod sind nur Illusion. Das wahre Sein spielt sich auf einer anderen Ebene ab.

Klone, DNS und der seelenschaffende Mensch

Da viele Philosophen, unter anderem auch Leibniz, davon ausgehen, dass der Grund allen Seins eher feinstofflicher beseelter Natur sei und man jedem Ding eine Art Geist oder Seele zuordnen kann, ob lebendig oder tot in unserem Sinne, müssten wir auch biochemischen Elementen wie unserer DNS eine Seele zuschreiben. Wenn die persönliche Seele eines Gegenstandes oder eines Lebewesens, wie schon erörtert, nur ein Fragment des gesamten kosmischen Geistes darstellt, könnte doch auch ein abgespaltenes Fragment der menschlichen Seele in der DNS weitervererbt werden. Biologisch gibt der Mensch auf jeden Fall Teile von sich weiter. Auch seine Atome bleiben nach seinem Tod hier bestehen. Es könnte also auch die Möglichkeit bestehen, dass etwas Geistig-Feinstoffliches weitergegeben wird. Auch so wäre wieder, wie in der Mystik und der Quantenphysik, alles mit allem verbunden und alles von allem durchdrungen.

Wie sieht es nun mit einem künstlich erzeugten genetischen Klon aus? Ohne Zweifel ist es möglich, einen Menschen zu duplizieren. Dieses zweite Lebewesen hat aber dann ein eigenes ICH-Bewusstsein. Da es aber nicht von Gott, sondern von Menschenhand erschaffen wurde, kann es dann auch eine Seele haben?

Ich denke ja. Denn dieses Wesen weist einen Körper, ein Bewusstsein und einen Geist auf, welcher quantenphysikalische Prozesse beeinflussen kann. Darüber hinaus steht dieser Geist mit anderen Menschen und mit dem Kosmos in Wechselwirkung. Daher ist dieser Geist, wie andere auch, mit einer Seele gleichzusetzen. Also bedarf es keines Schöpfergottes um beseelte Wesen zu erschaffen. Das Leben entfaltet sich mitsamt seiner Seele aus der tieferen holistischen Wirklichkeit. Es ist, wie der Geist, eine fragmentierte Eigenschaft dieser tieferen Ordnung, wie eine einzelne Welle, welche sich auf einem See erkennen lässt. Das Einzelne ist im Ganzen enthalten, es entfaltet sich aus ihm und muss nicht geschaffen werden. Diese Ganzheit könnte man einfach ohne Ursache als gegeben ansehen, man könnte sie Gott nennen.

Was aber nun, wenn es möglich wäre, einen wirklich kompletten Doppelgänger zu erzeugen, welcher auch dieselben Erinnerungen, Gefühle und dasselbe Wissen besitzt, ja, sogar ein und dasselbe Bewusstsein? Sie würden sich selbst in zwei Körpern wahrnehmen. Hat dieses perfekte Duplikat dann eine eigene Seele?

Das Duplikat könnte keine Sekunde perfekt bleiben, denn schon beim ersten Blick der Augen würde es ja etwas anderes sehen als das Original. Es würde andere Dinge erleben, andere Menschen treffen, eigene Schmerzen und Gefühle entwickeln. Andere Dinge lernen, eigene Meinungen bilden und anderen Prägungen unterworfen sein. Es würde sich ein zweites eigenständiges Bewusstsein mit eigener Erinnerung im eigenen Körper entwickeln. Wahrscheinlich würde sich auch eine eigene Seele, ein eigener Geist, ab der ersten Sekunde sukzessive entwickeln beziehungsweise aus der holistischen Gesamtheit ausfalten – ohne das aktive Eingreifen eines Gottes. Es sei denn, wir bezeichnen diese Gesamtheit wieder als Gott. Aber wenn dieser Gott die Kontrolle über die Seelen haben wollte, dann würde er schon das Klonen nicht zulassen.

Charon und der Geist im Elektron

Vor etwa 2500 Jahren erkannte ein junger indischer Prinz, dass die Grundstruktur unseres Daseins rein geistiger Natur ist. Er wurde als Religionsstifter unter dem Namen Buddha bekannt. Auch später behaupteten große Philosophen wie Leibniz im 17. Jahrhundert mit seiner Theorie der Monaden, dass alles auf der tiefsten Ebene geistig beseelt sei.

Der Physiker Jean Charon arbeitete eine Theorie aus, nach der Elektronen geistige Substanz besitzen und Träger eines eigenen Geistes sind. Elektronen kommunizieren miteinander durch den Austausch von Photonen. Demnach besitzt alles im Universum einen Geist auf unterschiedlicher

Ebene. Natürlich ist ein Mensch intelligenter als ein Hund, dieser intelligenter als ein Baum und dieser wiederum intelligenter als ein Stein. Aber im Prinzip bildet sich alles aus denkenden Elektronen. Diese Elektronen bilden neben der physischen Raumzeit eine Raumzeit des Geistes. Eigenschaft dieser spirituellen Raumzeit ist es, die größte mögliche Negentropie anzusteuern. Dies bedeutet, eine maximale Form an Organisation und Komplexität zu erreichen. Der menschliche Körper wird lediglich von der spirituellen Ebene benutzt. Es ist nicht vorstellbar, welche Art von Wesen oder Geist diese denkenden Elektronen noch hervorbringen werden. Bis jetzt ist diesen Elektronen die gesamte kosmische Entwicklung immanent. Jede Information wird gespeichert, nichts geht verloren. Die höchste Komplexitätsstufe denkender Elektronen stellt zurzeit das menschliche Bewusstsein dar. Die höchste vorstellbare Stufe könnte ein Art kosmischer, alles umfassender und allwissender Geist sein (Oder gibt es den schon? Gott?). Auf jeden Fall geht nach Charons Theorie das Bewusstsein nach dem körperlichen Tod nicht verloren. Es geht mit den Elektronen als Träger im gesamten Kosmos, in der gesamten Raumzeit auf. Es überlagert sich mit allen anderen »Ichs« wie zum Beispiel denen unserer Vorfahren und ist dann immer noch in der Lage, durch den Geist der denkenden Elektronen zu kommunizieren. Der Paläontologe und Philosoph Pierre Teilhard de Chardin sieht den menschlichen Geist als die derzeit höchste Form der Evolution aus unbelebter Materie an. Er postuliert als nächste Stufe das Verschwinden des individuellen Geistes und den Übergang aller Gehirne zu einem einzigen, alles überspannenden Bewusstsein.

In beiden Fällen, ob nun nach Charon oder de Chardin, wäre aber eine Unsterblichkeit auf geistiger Ebene möglich. Faszinierend ist aber auch bei diesen beiden Denkmodellen die Parallelität zu Bohm, Jung oder Sheldrake. Es hat den Anschein, dass die Modelle der größten Denker der Menschheit, angefangen bei Buddha, immer auf einen unsterblichen geistigen Holismus hindeuten.

Kleine Philosophie des Todes

Wahrscheinlich würden Sie mir nicht widersprechen, wenn ich die Behauptung aufstelle, dass Sie jetzt gerade in diesem Augenblick leben. Fakt ist aber auch, dass Sie, sagen wir ein Jahr vor Ihrer Geburt, nicht lebten. Wenn das so weit klar ist, waren Sie also zu diesem Zeitpunkt definitiv tot. Da Sie ja jetzt nach Ihrer Zeugung leben, folgt logisch daraus, dass es definitiv ein Leben nach dem Tod gibt, wir leben es ja gerade!

Der Mensch wird ca. 80 Jahre alt. Gemessen am Alter des Universums oder am Alter unserer Erde oder einfach im Vergleich zu der Zeit, in der es überhaupt Leben auf der Erde gibt, sind diese 80 Jahre praktisch nichts. Jetzt stellen wir uns vor, dass es heute etwa über sechs Milliarden Menschen auf der Erde gibt. Stellen Sie sich nun eine unermesslich große Zahl vor, nämlich alle Menschen und Tiere zusammen, welche in den letzten Millionen Jahren diesen Planeten bevölkert haben. Nun stellen Sie sich bitte im Vergleich zu unserem Körper die enorm große Erdoberfläche vor. Daraus folgend ist es fast unmöglich, sich eine Vorstellung davon zu machen, wie wahnsinnig gering die Wahrscheinlichkeit ist beziehungsweise wie verschwindend unwahrscheinlich die Tatsache ist, dass SIE eben genau IHR ICH genau JETZT und genau HIER wahrnehmen. Diese Tatsache ist aufgrund der gegebenen Fakten so unwahrscheinlich, dass die Möglichkeit, ein Jahr lang jeden Samstag sechs Richtige im Lotto zu erzielen, dagegen wie ein alltägliches Ereignis wirkt. Also die Behauptung, dass mein ICH nur genau jetzt zu dieser Zeit und an diesem Ort existiert, ist einfach zu unwahrscheinlich, um logisch zu sein. Wesentlich wahrscheinlicher und logischer wäre demnach die Annahme, dass mein Geist sein ICH an verschiedenen Orten und zu verschiedenen Zeiten wahrnimmt. Es ist etwa so, als wenn Sie an einem riesigen Sandstrand ein genau bestimmtes Sandkorn an einer bestimmten Stelle zu einer bestimmten Zeit finden wollen – ein praktisch unmögliches Vorhaben. Wenn Sie aber viele Sandkörner zu vielen Zeiten an vielen Orten aufheben, ist die Wahrscheinlichkeit höher, das eine, bestimmte Korn zu finden. Als Gegenargument muss leider angeführt werden, dass man sich einfach ein beliebiges Sandkorn nehmen kann und erst im Nachhinein erklärt, dass dieses eine das ganz besondere Korn ist. Es hätte dann aber auch jedes andere sein können. Demnach könnte unsere Existenz genau hier und jetzt doch bloß Zufall sein. Da ich aber nicht glauben kann, dass das alles hier nur Zufall ist, findet die erste Argumentation meinerseits größere Sympathie.

Etwa 99 % aller Elemente im Universum sind Wasserstoff und Helium. Alle anderen schwereren Elemente sind bei Kernfusionen in Sternen erzeugt worden. Die Atome Ihres Körpers sind also vor langer Zeit Bestandteil eines Sterns gewesen. Bei Supernova-Explosionen sind die Elemente, aus denen wir heute bestehen, ins All geschleudert worden, um später unser Sonnensystem zu bilden. Das heißt, alle Atome Ihres Körpers waren schon in anderen Sternen, im kosmischen Staub oder in unzähligen belebten und unbelebten Dingen existent, bevor es Sie als heutigen Menschen gab. Wahrscheinlich waren Ihre Atome früher einmal Teil einer Pflanze, eines Säbelzahntigers oder eines Neandertalers. Demnach hat ein Teil von Ihnen schon lange vor Ihrer Geburt existiert und wird auch nach Ihrem Tod weiterleben. Wenn ein materieller Teil dies schafft, was spricht dann dagegen das ein geistiger Teil dazu nicht auch fähig ist?

Auch während eines Lebens wird im Körper ständig Materie abgestoßen und neue aufgebaut. Etwa alle sieben Jahre ändert sich der Körper komplett. Sie haben dann Ihren gesamten Körper ausgetauscht, alle Atome gewechselt. Sie wohnen also jetzt in einem völlig anderen Körper als noch vor sieben Jahren. Aber Ihr Geist ist noch derselbe. Ihr Geist ist nicht mit den toten Hautschuppen oder den Ausscheidungen oder dem Schweiß gestorben. Demnach sollte der Geist auch weiterleben, wenn sich der biologische Körper ein letztes Mal komplett zersetzt. Der Körper ist nur wie ein Hotel für den Geist. Wenn wir unser Ich mehr als Geist und weniger als Köper annehmen, verliert der Tod viel von seinem Schrecken. Wir sollten uns von der Vorstellung frei machen, nach dem Tod hier etwas zu verlieren oder zu verpassen. Man sollte lieber denken, dass man jetzt hier etwas verpasst und sich auf das Neue danach freuen. Alles ist eine Frage der geistigen Einstellung.

Das Bewusstsein in der uns hier bekannten Form wird sich wohl auflösen, da der unsterbliche Geist weder Augen noch Ohren hat. Denn das sind nun einmal körperliche Eigenschaften aus unserer Raumzeitdimension. Daher wird er auch keine physikalischen Phänomene wie Schallwellen oder elektromagnetische Strahlung wahrnehmen können. Der Geist ist einfach und weiß einfach, ohne bewusste Wahrnehmung, zeitlos und transzendent. Der Geist ist wie ein subnukleares Teilchen in einer Art Quantenverschränkung mit allem verbunden. Er weiß alles, ohne es über physikalische Sinne wahrzunehmen, wie die Teilchen beim EPR-Paradox, raum- und zeitlos.

In dieser Diskussion können wir auch nicht ganz an den Sterbebettvisionen und Nahtoderlebnissen (NTE) sowie Geistererscheinungen vorbeigehen. Auch hier möchte ich nicht Altbekanntes wiederholen. Die Abläufe bei NTE sind zahlreich publiziert und hinlänglich bekannt. Ebenso verhält es sich mit den neurologischen und medizinischen Erklärungsversuchen. Das interessante an diesen NTEs ist, dass diese einen raum- und zeitlosen Charakter haben. So sehen Sterbende zeitgleich ihr ganzes Leben an sich vorbeiziehen. Ebenso können sie sich aus allen räumlichen Perspektiven gleichzeitig wahrnehmen. Auch zu Lebzeiten blinde Menschen haben diese visuelle Rückschau. Diese Erlebnisse, welche den Beschreibungen zufolge unabhängig von Raum, Zeit und Körper stattfinden, decken sich ja genau mit unserer postulierten Vorstellung eines transzendenten Quantengeistes.

Man nimmt wahr, ohne mit Augen zu sehen oder mit Ohren zu hören. Raum spielt keine Rolle. Man »sieht« aus mehreren Perspektiven gleichzeitig. Zeit spielt keine Rolle. Man »erlebt« alles gleichzeitig. Man ist einfach. Man weiß einfach. Ohne physikalisch determinierte Definition. All dies sieht eher wie das Verhalten eines Quantenteilchens aus als das eines Lebewesens.

Einige Mediziner behaupten, dass Sterbebettvisionen nur ein Schutzmechanismus des Gehirns seien, um den Tod erträglicher zu machen.

So werden zum Beispiel körpereigene Opiate ausgeschüttet, welche solche Visionen begünstigen könnten. Aber warum sollte sich dieser Mechanismus überhaupt entwickelt haben? Er macht evolutionsbiologisch keinen Sinn. Bei allen Lebewesen haben sich nachweislich nur Entwicklungen durchgesetzt, welche einen selektiven Überlebensvorteil hatten. Und Sterbebettvisionen stellen nun wirklich keinen Überlebensvorteil dar. Also wäre es unlogisch, dass die Evolution überhaupt eine solche Entwicklung hervorgebracht hätte.

Fakt ist, zum Zeitpunkt des Todes lässt sich am Körper keine Veränderung feststellen. Er hat unmittelbar nach Eintreten des Todes noch seine Temperatur, Farbe, Masse, Größe, Aussehen und Gestalt. Auch jedes Atom und Molekül ist noch vorhanden. Er hat noch die gleiche biochemische Zusammensetzung. Kein Wissenschaftler könnte zwischen dem toten und dem lebenden Körper einen prinzipiellen Unterschied feststellen. Außer, dass die Prozesse, welche das Leben ausmachen, nicht mehr ablaufen. Also was ist es, was diese Prozesse zum Stillstand bringt, was zum Zeitpunkt des Todes den Körper verlässt? Es kann demnach nichts Physisches sein, sondern muss etwas Geistiges sein!

Dieses Geistliche kann auch eine Form von psychischer Energie sein. Dieses Geistliche könnte im Prinzip auch in der Lage sein, mit anderen, auch lebenden »Geistern« zu kommunizieren. Aber es könnte sich demzufolge nicht physikalisch manifestieren. Die unsterbliche geistige Komponente existiert nicht mehr in unserer Raumzeit. Sie könnte aber Energie in einer Art Telepathie auf lebende Menschen übermitteln. Der lebende Empfänger schafft dann die Illusion einer Geistererscheinung. Deshalb lassen sich solche Erscheinungen auch nicht fotografieren. Sie existieren nur als psychische Energie im Kopf eines Empfängers. Deshalb sind sie aber trotzdem in einer anderen Dimension als real anzusehen, ähnlich der schizophrenen Quantenwelt. Unglaubhaft sind dann aber die Berichte, dass solche transzendenten Geister ohne Materie und ohne Körper, welche durch Wände gehen können, dann aber Klopfzeichen verursachen sollen oder Fußspuren hinterlassen. Der unsterbliche Geist hat keinen physischen Einfluss auf unsere Raumzeit. Er ist nicht physisch! Er kann daher auch nur über eine transzendente geistige Ebene Kontakt aufnehmen oder sich kenntlich machen. Genauso unsinnig ist es anzunehmen, dass Geistererscheinungen jahrelang auf irgendetwas oder jemanden warten. Sie existieren nicht in unserer Zeit. Sie sind zeitlos! Wahrscheinlich besitzt ein Geist nicht einmal eine persönliche unabhängige Identität, wie wir sie hier kennen.

Ausgehend von der Parallelweltenhypothese nehmen wir an, dass es unzählige Duplikate unserer selbst in anderen Welten gibt. Unser persönlicher Geist hier ist nur ein explizites Fragment des holistischen Geistes all unserer Duplikate. Es muss aber nun aufgrund unterschiedlicher Entwicklungen in anderen Welten auch mehr oder weniger unterschiedliche Duplikate von uns geben bis hin zu völlig anderen Individuen, welche wir nicht mehr als unsere Duplikate erkennen würden. Wo beginnt also das ICH und wo der andere Mensch? Die Übergänge sind fliesend. Daraus folgt, dass es nicht nur einen kollektiven Geist der eigenen Duplikate gibt, sondern auch einen übergeordneten kollektiven Geist aller Menschen. Das eigene ICH ist nur eine Illusion auf unserer bewussten Ebene. Damit sind wir wieder beim Holismus und dem unsterblichen alles umfassenden Geist.

Betrachten wir doch nun einmal den Augenblick des Todes aus relativistischer Sicht. Wem die Konsequenzen aus Einsteins Relativitätstheorie nicht bewusst sind, der sollte erst das Kapitel »Zeitreisen« lesen.

Fakt ist, es gibt keine absolute konstant laufende Zeit. Zeit ist dehnbar wie ein Gummiband. Sie kann schneller und langsamer verlaufen. Demnach kann es auch im Kosmos keine Gleichzeitigkeit geben. Je nachdem, in welchem Bezugssystem sich ein Beobachter befindet, ist ein Ereignis früher oder später eingetreten. Zwei Beobachter in unterschiedlichen Bezugssystemen erleben dasselbe Ereignis nicht zur gleichen

Zeit. Sie können aufgrund ihrer unterschiedlich laufenden Zeit nicht zu dem Schluss kommen, dass Ereignis A genau um 15 Uhr stattgefunden hat. So könnte z. B. ein Astronaut eine Raumschiffexplosion um 14 Uhr beobachten und ein anderer dieselbe Explosion erst um 16 Uhr. Die Frage ist jetzt, wann sind die Astronauten in dem explodierten Raumschiff gestorben? Es lässt sich aus relativistischer Sicht kein absolut gültiger Todeszeitpunkt festsetzen. Natürlich haben die Astronauten im Raumschiff auch ihre eigene Zeit, in der sie bestimmen konnten, wann genau das Schiff explodierte. Sie sind natürlich in einem bestimmten Moment gestorben. Aber paradoxerweise ist dieser Moment nicht für alle Beobachter derselbe. Während der erste Beobachter die Explosion bereits gesehen hat, sieht der zweite Beobachter die Besatzung noch fröhlich winken. Die Vorstellung ist schon pervers, dass auch der Tod nur ein relatives Ereignis in einer relativen Raumzeit ist.

Aber kommen wir wieder zurück zu ganz pragmatischen Überlegungen. Der Mensch als Individuum neigt dazu, seinen eigenen Tod überzubewerten. Wir müssen uns von der Vorstellung des eigenen individuellen ICHS etwas befreien und uns als einen holografischen Teil des Kosmos betrachten. Etwa so wie die einzelnen Zellen in unserem Körper ständig sterben, aber der Organismus als Gesamtheit noch weiterlebt, sind wir eine Zelle des Kosmos, welcher ja auch weiterlebt. Bedenken Sie bitte, wie viele Milliarden Menschen, Tiere und Pflanzen schon vor uns gestorben sind und auch noch nach uns sterben werden. Der Tod ist ein Teil des natürlichen Kreislaufes des Kosmos aus Werden und Vergehen. So können wir unseren persönlichen Tod als einen Teil des kollektiven Todes aller Wesen betrachten, als einen Teil des Ganzen.

Natürlich ist es schlimm, wenn ein junger Mensch plötzlich durch eine Krankheit oder einen Unfall aus dem Leben gerissen wird – besonders auch für Angehörige und junge Kinder. Aber glücklicherweise sterben wir ja meistens in einem relativ hohen Alter. Die Vorstellung, einen Körper zu verlassen, mit dem man bedingt durch Altersgebrechen eh nicht mehr viel anfangen kann, ist doch gar nicht so schlecht. Auch die Tatsache, dass viele Menschen, welche einen im Leben begleitet haben, schon verstorben sind, nimmt doch etwas von der Angst vor dem Tod. Was will man denn noch in einem Leben, in dem man niemanden mehr kennt, weil alle um einen herum schon tot sind?

Und wäre die Vorstellung, ewig zu leben, wirklich so wünschenswert? Überlegen Sie mal, wie viel Unfälle, Krankheiten und Katastrophen dann noch auf Sie zukämen. Hätten Sie wirklich Lust, das alles zu durchleben? Und wäre dann nicht jeder Tag sinnlos und langweilig? Sie hätten ja noch unendlich viele Tage vor sich, an denen sie ins Theater oder Museum gehen könnten, also warum sich heute dazu aufraffen? Warum soll ich einen Abschluss machen oder einen Beruf erlernen, dazu habe ich noch die ganze Ewigkeit Zeit. Ich denke, der Mensch würde in eine Lethargie verfallen, wenn er ewig zu leben hätte. Es ist etwa so, als ob man unendlich reich wäre, der Reiz etwas zu kaufen ist weg. Ewig in dieser Welt wäre schlicht und einfach langweilig. Außerdem sterben unser Sonnensystem und sogar das Universum wahrscheinlich irgendwann. Der Tod gehört dazu wie die Geburt – für alles! Außerdem gibt die Hoffnung auf eine andere Daseinsform unserem Leben jetzt mehr Würze als ein ewiges Leben als Mensch auf der Erde. Die Tatsache, dass uns nur eine begrenzte Zeitspanne zur Verfügung steht, lässt uns viel aktiver leben und täglich die verschiedensten Dinge auskosten. Denken Sie mal darüber nach, und schon verliert das Sterben etwas von seinem Schrecken.

Ein Quantenbewusstseinsmodell

An dieser Stelle soll versucht werden, ein mögliches Modell eines quantenphysikalischen Bewusstseins und Quantengeistes zu entwerfen. Diese Diskussion ist rein philosophischer Natur und deckt sich nicht unbedingt mit anderen erörterten Thesen in diesem Buch. Aber wie schon mehrmals bemerkt wurde, soll hier nicht eine fest eingefahrene Idee vermittelt werden, sondern es sollen Denkmodelle verschiedenster Art vorgeschlagen werden. Der Leser mag sich dann ein eigenes Bild machen.

Die Begriffe Geist und Seele sind meiner Ansicht nach nur zwei verschiedene Worte für ein und dasselbe. Seele ist der religiöse Ausdruck, während Geist mehr der philosophische Ausdruck ist. Ebenso ist die Psyche nur der medizinische Ausdruck für das Bewusstsein. Ich werde hier von Geist und Bewusstsein sprechen, könnte aber auch Seele und Psyche verwenden.

Unstrittig ist, dass unsere Gehirnmasse wie alles andere im Universum aus Quantenteilchen besteht. Gedanken und Gehirnvorgänge sind elektrochemische und elektromagnetische Prozesse, bei denen über die Synapsen der Neuronen in einer Art Netzwerk Elektronen ausgetauscht werden oder mithilfe von molekularen Substanzen wie Neurotransmittern (z. B. Serotonin, Adrenalin oder Melanin) Emotionen oder Aggressionen erzeugt werden. Die in unserem Gehirn ablaufenden Prozesse befinden sich in einer Größenordnung, in der quantenphysikalische Aspekte nicht mehr vernachlässigt werden können. Da bis heute kein Mediziner einen Geist in unserem Gehirn lokalisieren konnte und es auch noch keine exakte wissenschaftliche Vorstellung davon gibt, wie man das Bewusstsein erklären könnte, bleiben im Moment nur philosophische Ansätze. Wir hatten in unseren bisherigen Diskussionen den Geist ja schon als etwas Transzendentes, Nicht-materielles und Unsterbliches beschrieben.

Ich postuliere nun den menschlichen Geist als eine quantenphysikalische Superposition, das heißt einen transzendenten nicht lokalen holistischen überlagerten Zustand aller Möglichkeiten. Erinnern wir uns an die Eigenschaften subnuklearer Teilchen. Sie sind nicht Materie oder Welle und manchmal beides zugleich, können überall gleichzeitig sein, haben keinen definierten Impuls oder Ort, gehen nicht lokale Verbindungen ein und existieren in unzähligen überlagerten Zuständen.

Wenn man den menschlichen Geist als quantenphysikalische Superposition beschreibt, ist es vorstellbar, dass auch er nicht lokal agiert, transzendent zur Raumzeit überall gleichzeitig sein kann, nicht aus Materie wie Gehirnmasse besteht, keinen definierten Ort einnimmt und holistisch das ganze Sein umspannt. Diese Beschreibung könnte darüber hinaus parapsychologische Prozesse wie Telepathie oder Telekinese erklären. Aber noch interessanter ist, dass sich diese Art des Quantengeistes mit den mystischen Erfahrungen östlicher Philosophen oder buddhistischer Mönche während der Meditation deckt. Dieses Modell impliziert auch die Tatsache, dass unser Bewusstsein überall in den Naturgesetzen Symmetrie und Harmonie erkennt. Denn wenn die materielle Welt, das Bewusstsein und die Naturgesetze, Kinder des Geistes sind, müssen sie aufeinander abgestimmt sein, weil sie demselben Urgrund entspringen. Unser Bewusstsein kann nur dies als Schönheit wahrnehmen, weil es selbst diese Definition von Schönheit mitbekommen hat.

Dieser holistischen geistigen Superposition wären dann analog zur Quantentheorie alle möglichen Realitäten in einer

Art surrealer überlagerter Form immanent. Dieser alles umspannende Geist besäße keinerlei klassische physikalische Eigenschaften. Dieser alles beinhaltende Geist (überlagerte Superposition) hätte aber noch kein spezifisches persönliches Bewusstsein. Es ist nun vorstellbar, dass aus diesem Geist durch einen Quantensprung, einen Zusammenbruch der Wellenfunktion, ein reales menschliches Bewusstsein entfaltet wird, sozusagen ein ICH und damit ein menschliches Wesen explizit realisiert wird.

Das Bewusstsein eines Einzelnen ist also der Zusammenbruch der quantenphysikalischen Wahrscheinlichkeitswellen eines holistischen Geistes und somit ein explizites ICH-Fragment des Ganzen. Der Geist schafft somit das Bewusstsein. Um das Ganze mit Schrödingers Katze zu verdeutlichen: Der Geist ist die Welt, in der es beide Katzen gibt, eine tote und eine lebendige. Das Bewusstsein ist die Welt, in der es nur eine Katze gibt, nach dem Quantensprung, welcher die Superposition kollabieren lässt.

Bleibt die Frage, wer oder was verursacht diesen Quantensprung? Entweder hat der Geist selbst die Macht, das Bewusstsein und die ganze Realität zu schaffen, oder er ist selbst nur Teil eines holistischen kosmischen Geistes, welcher durch übergeordnete Beobachtung die Superposition platzen lässt. Dies könnte man dann als Gott bezeichnen.

Zeitreisen

*»Jetzt sind die guten alten Zeiten, nach denen wir uns
in zehn Jahren zurücksehnen!«*

PETER USTINOV

*»Mehr als die Vergangenheit interessiert mich
die Zukunft, denn in ihr gedenke ich zu leben!«*

ALBERT EINSTEIN

Sie denken wahrscheinlich auch, Zeitreisen seien nicht möglich und gehörten in das Reich von Fantasie und Science-
Fiction-Literatur. Auch auf die Gefahr hin, Sie zu enttäuschen,
es ist kinderleicht, die Existenz von Zeitreisen zu beweisen.
Also, ich reise jeden Tag exakt 24 Stunden in die Zukunft und
während Sie diese Seite lesen sind Sie etwa fünf Minuten in die
Zukunft gereist. Aber ernsthaft, die derzeit beste physikalische Beschreibung der Zeit bietet Einsteins spezielle Relativitätstheorie. Ihr zufolge sind Reisen in die Zukunft definitiv
möglich und sogar theoretisch wie mittlerweile auch praktisch nachgewiesen. Zwar beschreibt sie nicht explizit, wie
Reisen in die Vergangenheit stattfinden können, aber verbietet diese auch nicht.

Da eine Unzahl von Büchern für jeden Anspruch auf
dem Markt existiert, welche sich mit der Relativitätstheorie

befassen und genaue Ausführungen den Rahmen dieses Kapitels sprengen würden und wahrscheinlich auch einige Leser mit physikalischen Details überfordert wären, möchte ich hier nur kurz die Konsequenzen darlegen, welche sich für Reisen in der Zeit ergeben.

Es sei hier ausdrücklich darauf hingewiesen, dass diese Theorie seit fast 100 Jahren bestand hat und unzählige Male empirisch verifiziert wurde. So stimmen astronomische Beobachtungen jüngeren Datums exakt mit den Vorhersagen der Relativitätstheorie überein und die Zeitdilatation, die Zeitdehnung, wurde sogar mit Atomuhren an Bord von Flugzeugen nachgemessen.

Auch in der später veröffentlichten Allgemeinen Relativitätstheorie beweist Einstein, dass die Zeit kein fester konstanter Fluss ist, sondern das jeder Ort und jeder Mensch sozusagen seinen eigenen Zeitfluss mit sich herumträgt.

Es gibt im Kosmos definitiv keine Gleichzeitigkeit! Damit sind wir schon bei den Konsequenzen, den wichtigsten Aussagen der Relativitätstheorie.

Zeitreisen in die Zukunft

Zeit ist dehnbar. Genauer gesagt, der Zeitfluss lässt sich verlangsamen. Die Geschwindigkeit, mit der die Zeit in einem System in Bezug auf ein anderes System fließt, ist abhängig von der Geschwindigkeit, mit der sich das System fortbewegt. So hat jedes physikalische System seine eigene Zeit.

Bedenken Sie bitte, dass auch Sie, während Sie in Ihrem Haus sitzen oder in Ihrem Auto fahren, eben in Verbindung mit diesem Haus oder Auto ein physikalisches System darstellen, dessen Zeit, im Vergleich zu Nachbarn oder Fahrradfahren, mit einer anderen Geschwindigkeit abläuft. Einfach ausgedrückt verhält es sich so: Je schneller sich ein Objekt beschleunigt bewegt, desto langsamer vergeht seine Zeit im Vergleich zu einem in Ruhe gebliebenen Objekt oder langsameren Objekt. Das Objekt kann natürlich auch ein Mensch sein. Im Klartext bedeutet dies, dass, wenn Sie extrem schnell Auto fahren, Sie langsamer altern, als wenn Sie ruhig sitzen, da alle physikalischen Prozesse langsamer ablaufen. Ihr Herzschlag, das Wachstum Ihrer Haare oder die Zellteilung in Ihrem Körper sind letztendlich physikalische Prozesse, welche sich nachweisbar verlangsamen.

Man könnte es so verdeutlichen: Sie fahren Vollgas von Hamburg nach München und zurück, während Ihre Frau zu Hause vor dem Fernseher sitzt. Da sich Ihre Zeit nach Einsteins Formel nun dehnt, also langsamer läuft, die Zeit Ihrer Frau im Vergleich zu Ihnen also schneller vergeht, sind Sie ein kleines Stück in die Zukunft gereist, wenn Sie zu Ihrer Frau zurückkommen. Ihre Uhr zeigt also z. B. 18 Uhr an, wenn sie zurückkommen, und die Uhr im Wohnzimmer zeigt 18 Uhr und eine Sekunde an. Da Ihre Uhr ja im Vergleich langsamer lief, sind sie also eine Sekunde in die Zukunft gereist. In Wirklichkeit ist dieser Effekt bei den uns zur Verfügung stehenden Geschwindigkeiten noch viel kleiner, sodass wir die Zeitverzerrungen im Alltag vernachlässigen können. Dies liegt daran, dass in Einsteins Formel die Zeitverzögerung abhängig von der Lichtgeschwindigkeit ist, und die ist nun mal im Vergleich zu unseren Geschwindigkeiten extrem hoch, etwa 300 000 km/s. (Nur für Interessierte, die es sich genau ausrechnen wollen: Der Faktor für die Zeitverzögerung ist gleich Eins geteilt durch Eins minus Wurzel aus, Klammer auf, Geschwindigkeit des Objektes zum Quadrat geteilt durch Lichtgeschwindigkeit zum Quadrat, Klammer zu.) Anhand dieser

Relation lässt sich unschwer ableiten, dass der einsteinsche Zeitdilatationseffekt umso mehr an Bedeutung gewinnt, je mehr sich die Geschwindigkeit des Objekts der Lichtgeschwindigkeit nähert.

Bei relativ hohen Geschwindigkeiten, welche zu erreichen unsere heutigen technischen Möglichkeiten übersteigt, wird der Effekt richtig deutlich, und man kann im Prinzip in jede noch so entfernte Zukunft reisen.

Irgendwann wird eine intelligente Zivilisation, vielleicht ist es ja sogar schon heute einer anderen Zivilisation im Kosmos gelungen, in der Lage sein, mit Raumschiffen Geschwindigkeiten von 70, 80 oder 90 Prozent der Lichtgeschwindigkeit zu erreichen. Anhand Einsteins Formel lässt sich nun leicht ausrechnen, wie weit beziehungsweise wie lange der Raumfahrer mit 90 Prozent der Lichtgeschwindigkeit unterwegs sein müsste, um bei seiner Rückkunft auf der Erde 100 000 Jahre in die Zukunft gereist zu sein. Seine Zeit steht, im Vergleich zur Erde, dann fast still und für ihn gesehen rast die Zeit auf der Erde davon.

Natürlich erscheint für jeden Beobachter sein Bezugssystem als normal. Jeder beobachtet seine Geschwindigkeit wie immer, er bezieht es ja auf sich selbst. Nur wenn er den anderen beobachtet, merkt er den Zeitunterschied. Für den Astronauten, der bei sich nichts bemerkt, rast die Zeit auf der Erde dahin. Für die Erdbewohner, die alles als normal empfinden, bewegt sich der Astronaut wie in Zeitlupe. Der Astronaut könnte ein ganz normales Leben führen, während auf der Erde Millionen von Jahren vergehen würden. Es wären für ihn nur ein paar Jahre in seiner Rakete. Er würde es erst bemerken, wenn er zurückkäme, in eine Zukunft, in der die Menschen vielleicht schon ausgestorben sind und Computer den Planeten bewohnen.

Das Problem sind nur die enormen Energien, welche nötig sind, um das Raumschiff auf relativistische Geschwindigkeiten zu beschleunigen, da laut Einstein, die Masse eines Objektes auch mit der Geschwindigkeit im gleichen Maße anwächst, wie sich die Zeit verlangsamt. Das heißt, je schneller ist gleich schwerer, desto mehr Energie muss also hinzugeführt werden. Dies ist auch der Grund, warum kein Objekt mit Ruhemasse die Lichtgeschwindigkeit erreichen kann. Wir können das Raumschiff zwar grundsätzlich auf 99,99999999999 … Prozent der Lichtgeschwindigkeit beschleunigen, aber um diese zu erreichen benötigten wir eine unendlich große Energie, da die Masse des Objektes unendlich groß würde. Und unendliche Energien haben wir nun mal nicht im Universum. Außerdem würde die unendliche Schwerkraft dieses theoretisch unendlich schweren Objektes ein gigantisches schwarzes Loch erzeugen, welches den gesamten Kosmos einstürzen ließe.

Aber zum Glück genügen ja Geschwindigkeiten annähernd der Lichtgeschwindigkeit, um in jede beliebige Zukunft zu reisen. Im Übrigen hat das Licht (Photon) keine Ruhemasse und kann sich deshalb mit Lichtgeschwindigkeit ausbreiten. Das Problem ist, dass es im Moment noch keine gesicherte Möglichkeit gibt, wieder in die alte Zeit zurückzukommen. Traurige Aussichten für unseren Zeitreisenden, wenn alle Verwandten und Bekannten verstorben sind und er in einer Zukunft ist, in der er sich gar nicht mehr zurechtfindet. Er hätte also auch keinen praktischen Nutzen davon, die zukünftigen Lottozahlen zu kennen.

Dieser Zeitdehnungseffekt löst aber noch ein ganz anderes Problem. Unzählige Sterne, wahrscheinlich umgeben von lebensfreundlichen Planeten, sind für uns unerreichbar, weil sie zu weit weg sind. Aufgrund der Entfernung würde es mit den uns möglichen Geschwindigkeiten Tausende und Aber-tausende von Jahren dauern, bis wir dort wären. Eine aus praktischen Gründen und in Anbetracht der menschlichen Lebensspanne von etwa 80 Jahren sehr ernüchternde Vorstellung, was interstellare Reisen oder den Kontakt zu eventuell anderen Zivilisationen angeht.

Wenn wir es aber in Zukunft schaffen sollten, mit relativistischen Geschwindigkeiten zu reisen, können wir aus unserem irdischen Maßstab heraus jede beliebige Strecke in kürzester Zeit zurücklegen. Da die Zeit für ein schnell reisendes Raumschiff bei 99,9999 Prozent der Lichtgeschwindigkeit fast stillsteht, hat die Besatzung im wahrsten Sinne des Wortes beliebig viel Zeit zur Verfügung, um zu reisen, so weit sie will. Eine Reise, die aus Sicht der Erde 100 000 Jahre dauern würde, würde für die Besatzung nur ein paar Jahre betragen, da ihre Uhren, und das heißt auch ihre inneren Uhren, also alle biologischen Prozesse, gedehnt sind und somit langsamer ablaufen. Das Problem ist nur, dass diese Reise für sie eine Art Einbahnstraße ist. Denn wenn sie zurückfliegen würden, gäbe es die Erde wahrscheinlich in der bekannten Form nicht mehr, da dort ja mehrere 100 000 Jahre vergangen sind.

Einstein wies darüber hinaus Jahre später in seiner Allgemeinen Relativitätstheorie nach, das der Zeitdehnungseffekt nicht nur für beschleunigte Geschwindigkeiten, sondern auch für Gravitationskraftfelder gilt. Die Gravitation ist äquivalent mit der Beschleunigung. In der Tat dehnt auch die Gravitation die Zeit. Genau genommen dehnt eine Masse wie ein Stern das Gefüge der Raumzeit. Eine Masse, Stern, Planet oder auch ganz einfach ein Haus oder Auto verformt den Raum um sich herum.

Stellen Sie es sich in etwa so vor, als sei der Raum ein Gummituch, auf das Sie einen Stein legen. Dieser formt eine

Mulde in das Gummilaken. Analog dazu verformt eine Masse bzw. deren Gravitation auch die Zeit. Genau genommen verhält es sich so. Je stärker die Gravitationskraft äquivalent zur stärkeren Beschleunigung ist, desto langsamer verläuft die Zeit. Auch hier unterliegen die Effekte wieder Einsteins Formel und zeigen in unserer Alltagserfahrung praktisch keine Relevanz.

Aber grundsätzlich verhält es sich so, dass die Zeit im Keller eines Hochhauses langsamer verläuft als im zehnten Stock, im Tal langsamer als auf einem Berg oder umgekehrt auf dem Berg schneller als im Tal, da die Gravitation in Erdnähe größer ist als in einer weiteren Entfernung.

Also wenn Sie nur lange genug im Keller bleiben und dann Ihren Kollegen im Büro im zehnten Stock besuchen, sind Sie jünger geblieben als er. Oder er ist schneller gealtert als Sie. Extrem verstärkt ausgedrückt könnte es bedeuten, dass Sie nach einem 8-Stunden-Arbeitstag nur um eine Stunde gealtert sind im Vergleich zu Ihrem Kollegen.

Sie könnten also auch in die Zukunft reisen, wenn Sie sich ein extrem dichtes und massereiches Objekt suchen und sich seiner enormen Schwerkraft aussetzen würden. Wenn Sie das Objekt dann wieder verlassen, ist um Sie herum (z. B. wieder auf der Erde) mehr Zeit vergangen. Sie sind also wieder in die Zukunft gereist. Das Problem hierbei wäre nur, dass Sie wahrscheinlich von einer so starken Gravitation zerdrückt würden. Aber technische Schwierigkeiten lassen sich lösen. Es geht hier nur darum, dass es im Prinzip möglich ist. Streng genommen könnten Sie sich in ein schwarzes Loch setzen und die Unendlichkeit abwarten, denn dort steht die Zeit still.

Ich will noch einmal betonen, dass dies keine Science-Fiction ist. Einsteins Theorien sind mehrfach nachgewiesen und haben sich immer bestätigt, bei astronomischen Messungen und sogar im atomaren Bereich in Teilchenbeschleunigern. Es fehlt uns lediglich noch die Technik, um sie wirklich zu nutzen.

Zeitreisen in die Vergangenheit

Wie wir auf den vorherigen Seiten gesehen haben, stellen Zeitreisen in die Zukunft zumindest prinzipiell kein größeres Problem dar. Zeitreisen in die Vergangenheit sollten schon aufgrund der Symmetrie möglich sein. In der Regel verhält sich die Physik symmetrisch. Geht das eine, dann geht das Entgegengesetzte auch. Gibt es Materie, dann gibt es auch Antimaterie. Es gibt Schwerkraft und Antischwerkraft, positive und negative Ladung und so weiter.

Einsteins Relativitätstheorie verbietet auch Reisen in die Vergangenheit nicht grundsätzlich. Sie sagt nur aus, dass kein Objekt mit Masse die Lichtgeschwindigkeit erreichen kann. Photonen haben keine Ruhemasse, sie besitzen lediglich eine geschwindigkeitsabhängige Masseenergie, können deshalb Lichtgeschwindigkeit erreichen.

Einsteins Theorie sagt aber auch aus, dass bei Überlichtgeschwindigkeit die Zeit rückwärtsläuft. Nach der Relativitätstheorie sind Überlichtgeschwindigkeiten nicht verboten, nur darf die Lichtmauer nicht durchbrochen werden. Das heißt, kein Teilchen, welches langsamer ist als Licht, kann auf Überlichtgeschwindigkeit beschleunigt werden. Wenn es aber ein Teilchen gibt, welches schneller ist als Licht, widerspricht dies nicht Einsteins Theorie. Dieses Teilchen darf dann nur nie langsamer als Licht werden, es darf die Lichtmauer nicht nach unten hin durchbrechen. Es würde sich genau entgegengesetzt zu unseren bekannten Teilchen verhalten. Wenn es langsamer würde, würde es Energie aufnehmen, wenn es beschleunigt würde, gäbe es Energie ab. Dieses Teilchen würde sich dann rückwärts in der Zeit bewegen. Theoretische Modelle der Physiker sagen dieses Teilchen voraus. Es wurde ihm auch schon der Name Tachyon gegeben, welcher aus dem Griechischen stammt und so viel wie Schnelligkeit bedeutet. Leider wurde bisher noch kein Tachyon im Experiment nachgewiesen. Dies stellt aber keinen Grund zur Beunruhigung dar, denn es ist in der Physik fast immer so, dass erst etwas theoretisch postuliert wird und dann erst später entdeckt oder praktisch bewiesen wird. Wahrscheinlich wird es aber nie möglich sein, einen Menschen auf ein Tachyon zu setzen und in die Vergangenheit zu schicken. Dann müsste der Mensch ja Überlichtgeschwindigkeit erreichen, was nach Einstein ja verboten ist.

Aber was viele Physiker für möglich halten, ist, Informationen mithilfe von Tachyonen in die Vergangenheit zu schicken. Man könnte eine Art Tachyonentelefon konstruieren und seinem jüngeren Ich die Lottozahlen aus der Zukunft verraten.

Grundsätzlich wäre es dann möglich, jedes vergangene Ereignis aufgrund von gesendeten Informationen zu verändern. So könnte jemand über diese Erfindung John Lennon oder J. F. Kennedy vor den Attentätern warnen. Aber wahrscheinlich müsste der Empfänger ja auch einen Tachyonenapparat besitzen. Da Kennedy und Lennon so einen Apparat nun mal nicht besaßen, können wir ihnen auch nicht mehr helfen. Wenn wir aber heute ein funktionstüchtiges Tachyonentelefon entwickeln, jeden Politiker mit einem Empfänger ausstatten und in zehn Jahren würde Bundeskanzler XY erschossen, dann könnten wir einen Tag später mithilfe des Telefons in die Vergangenheit eingreifen und ihn vor dem Attentat bewahren.

Auch in der Quantenphysik, speziell beim EPR-Paradox, haben wir gesehen, dass es ohne Zeitverlust eine Informationsübertragung geben kann. Die sogenannte Cerenkovstrahlung, eine sehr hochenergetische Strahlung, breitet sich in bestimmten Medien mit Überlichtgeschwindigkeit aus, da herkömmliche Lichtstrahlen in dem Medium mehr abgebremst werden.

Prof. Dr. Günther Nimtz von der Universität zu Köln ist es gelungen, mithilfe des Quantentunneleffektes eine in einem Laserstrahl codierte Melodie mit annähernd fünffacher Lichtgeschwindigkeit zu tunneln, das heißt zu übermitteln. Im Prinzip wurde eine Melodie in die Vergangenheit geschickt.

Der Tunneleffekt kommt in der Quantenwelt ständig und überall vor. Ein Teilchen, welches eine unüberwindliche Barriere vor sich hat, kann nach den Gesetzen der Quantentheorie und der Unbestimmtheitsrelation augenblicklich und ohne Zeitverlust auf der anderen Seite auftauchen. Dabei hat es den Weg mit Überlichtgeschwindigkeit zurückgelegt und wäre somit ein Stück in die Vergangenheit gesprungen. Es ist etwa so, als stünden Sie vor einer Wand und würden augenblicklich auf der andern Seite wieder auftauchen, hätten also den Weg in Nullzeit mit Lichtgeschwindigkeit zurückgelegt oder sogar mit Überlichtgeschwindigkeit und würden auf der anderen Seite erscheinen, bevor sie auf der ursprünglichen Seite verschwunden wären.

Alles, was bisher gesagt wurde, lässt zwar grundsätzlich hoffen, dass es eine Form von Zeitreisen in die Vergangenheit geben könnte, aber so eine richtige Zeitmaschine zum Transport von Menschen war ja noch nicht dabei.

In der Tat wurden schon von einigen Wissenschaftlern unabhängig voneinander theoretische Zeitmaschinen konstruiert. Man muss sich an dieser Stelle noch einmal vor Augen halten, dass es sich bei einer physikalischen Theorie nicht um wilde haltlose Spekulationen handelt, sondern um mathematisch bewiesene Fakten, deren praktische Umsetzung in der Regel am Stand der Technik scheitert, nicht aber grundsätzlich unmöglich ist. Für Personen, welche keine Routine im Umgang mit physikalischen Theorien haben, möchte ich es einmal ganz einfach ausdrücken. Sie können theoretisch auf einem Blatt Papier beweisen, dass $2 + 2 = 4$ ist und werden es glauben, ohne vier Äpfel in die Hand zu nehmen, um durch Nachzählen den praktischen Beweis zu erbringen.

Der geniale Mathematiker Kurt Gödel konstruierte das Modell eines rotierenden Universums und bewies, dass dort Zeitreisen möglich sind. Leider hat sich aber herausgestellt, dass unser Kosmos nicht rotiert. Der Physiker Frank Tipler konstruierte eine Zeitmaschine mit rotierenden Zylindern, welche die Raumzeit so verzerren, dass man bei einem Flug um die Zylinder in die Vergangenheit gelangt. Der Physiker Richard Gott bewies, dass es mithilfe zweier parallelen kosmischen Strings, welche mit annähernd Lichtgeschwindigkeit aneinander vorbeifliegen, einem Raumschiff möglich wäre, in dem Bereich durch bestimmte Schleifen in die Vergangenheit zu fliegen.

Diese Modelle sind alle sehr abstrakt und theoretisch. Ich denke, niemand hat Lust, sich durch diese Berechnungen zu kämpfen. Deswegen sei hier nur kurz erwähnt, was Physiker theoretisch für möglich halten. Aber auf ein Modell, welches in der Praxis wohl am wahrscheinlichsten zu realisieren wäre, wollen wir etwas genauer eingehen.

Es handelt sich um eine Wurmlochzeitmaschine, welche der Physiker Kip Thorn entwickelte. Der Begriff Wurmloch wurde von John Wheeler geprägt, dessen Schüler nebenbei bemerkt Stephen Hawking war. Das Modell der Wurmlöcher an sich geht aber schon auf eine Arbeit der Physiker Albert Einstein und Nathan Rosen zurück. Sie postulierten die sogenannten Einstein-Rosen-Brücken als Abkürzungen in der Raumzeit.

Nach diesem Modell gäbe es Verbindungen zwischen schwarzen und weißen Löchern in der Raumzeit, welche grundsätzlich von Astronauten als Abkürzungen genutzt werden könnten, um an einen anderen Punkt in der Raumzeit zu gelangen.

Der Bau einer Wurmlochzeitmaschine stellt für uns heute noch unüberwindliche technische Schwierigkeiten dar. Aber wie immer wollen wir aufzeigen, was grundsätzlich möglich ist. Denn was die Gesetze der Physik erlauben, wird auch irgendwann oder irgendwo von einer technisch höher entwickelten Zivilisation praktiziert.

Also man baue oder nehme ein im Kosmos natürlich vorhandenes Wurmloch. Dazu benötigt man unter anderem ein rotierendes schwarzes Loch, welches eine Ringsingularität im Innern erzeugt, sodass man beim Durchfliegen nicht zerquetscht wird. Man kann die Öffnung auch offen halten, indem man exotische Materie hineinwirft, welche antigravitativ wirkt und negative Energie hat (nicht zu verwechseln mit Antimaterie, die hat positive Energie). Interessanterweise hat im Jahr 2004 der Satellit WMAP entdeckt, dass über 90% der Materieenergie im Kosmos eine unbekannte Art dunkler Materie und Energie darstellen, welche Antigravitation hat.

Das eine Ende des Wurmloches bewege man nun beschleunigt auf annähernd Lichtgeschwindigkeit hin und her. So entsteht aufgrund Einsteins Zeitdilatation zwischen den Enden eine Zeitdifferenz. Sagen wir, dass wir im Jahr 2000 das eine Wurmlochende so beschleunigen, dass am anderen Ende zehn Jahre vergangen sind, während am bewegten Ende nur ein Jahr vergangen ist. Sie erinnern sich an die Einführung in die Relativitätstheorie am Anfang dieses Kapitels. Bei beschleunigter Bewegung läuft die Zeit langsamer. So schreiben wir jetzt an dem einen Ende des Wurmlochs das Jahr 2001 und an dem anderen Ende das Jahr 2010.

Den gleichen Effekt können wir übrigens auch erzielen, indem wir das eine Ende des Wurmlochs in die Nähe einer starken Gravitationsquelle bringen. Dies könnte z.B. ein Neutronenstern sein. Hierbei handelt es sich um einen ausgebrannten Stern, bei welchem aufgrund der nicht mehr vorhandenen Kernfusion der Gravitation kein Druck mehr entgegengesetzt wird. Dadurch wird der Stern so zusammengedrückt, dass in seinen Atomen die Elektronen und Protonen zu Neutronen verschmelzen. Aufgrund der kompakten dichten Masse besitzt er eine enorme Gravitation. Diese Gravitation führt dann nach Einsteins Relativitätstheorie auch zu dem Effekt, dass die Zeit dort langsamer abläuft.

Egal wie wir es anstellen, wir können auf jeden Fall jetzt die Zeitdifferenz von neun Jahren zwischen den beiden Wurmlochöffnungen für eine Reise in die Vergangenheit nutzen. Wenn wir den Gang durch das Wurmloch beliebig oft wiederholen, können wir neun, 18, 27 Jahre und so weiter in die Vergangenheit reisen. Es ist aber nicht möglich, in eine Vergangenheit zu gelangen, in der das Wurmloch noch nicht existierte. Wenn wir also jetzt so ein Wurmloch mit neun Jahren Zeitdifferenz bauen und wollten zweimal hindurchgehen, um 18 Jahre zurückzureisen, müssten wir erst noch neun Jahre warten. (Die ersten neun Jahre sind ja schon während unseres relativistischen Fluges vergangen.)

Wenn wir das Wurmloch so belassen, haben wir immer eine Differenz von neun Jahren. Wir könnten also auch von

2015 zurück nach 2006 reisen oder von 2067 nach 2058. Da wir aber das Wurmloch erneut beschleunigen könnten oder einer Gravitation aussetzen, wäre es kein Problem, eine andere Zeitspanne einzustellen.

Ist es uns möglich, schnell genug um das Wurmloch herumzufliegen, könnten wir am Eingang ankommen, bevor wir dort hereinspringen und uns selbst dabei zusehen.

Das große Problem ist nur, da wir in keine Zeit zurückkönnen, in der das Wurmloch noch nicht existierte, wäre es uns in diesem Beispiel nicht möglich, in das Jahr 1999 zurückzureisen. Wir könnten also weder der Kreuzigung Christi beiwohnen noch den Zweiten Weltkrieg verhindern. Wenn eine intelligente, technisch fortschrittliche Zivilisation auf der Erde erst im Jahr 3000 eine Wurmlochzeitmaschine baut, können die Zeitreisetouristen aus der Zukunft uns nicht besuchen. Sie könnten dann von jedem beliebigen Jahr aus bis zum Jahr 3000 zurück, aber nicht weiter.

Wenn wir also den Homo habilis dabei beobachten wollen, wie er Feuer macht, müssen wir schon den Kosmos nach einer natürlich entstandenen Wurmlochzeitmaschine absuchen. Es ist grundsätzlich denkbar, dass unzählige Wurmlöcher schon vor Millionen von Jahren im Kosmos entstanden sind. Wenn wir dann eines finden, dessen eines Ende zufällig längere Zeit neben einem Neutronenstern geparkt war, haben wir unsere Zeitmaschine gratis erhalten und können auch in weitere Vergangenheiten reisen.

Alternativ bleibt zu hoffen, irgendwann auf außerirdische Zivilisationen zu treffen, welche die Technik schon seit Jahrtausenden beherrschen und uns ihre Zeitmaschine ausleihen.

Aber was ist, wenn wir in der Vergangenheit etwas verändern und sich so der Lauf der Geschichte ändert? Natürlich könnte es sein, dass wir dann augenblicklich in einem neuen

Umfeld leben und das alte vergessen haben, dass das Alte praktisch ausgelöscht ist und nie existent war, sodass es uns wieder völlig stimmig und logisch vorkommt.

Vielleicht passiert dies ja jede Sekunde und wir merken es nicht einmal. Sollte es aber nicht so sein, treten Paradoxien auf, denen wir uns nun widmen möchten.

Zeitreiseparadoxa — an den Grenzen der Logik

I. Am Montag, den 10. 10., kommt Paul durch einen tragischen Autounfall ums Leben. Sein Freund David, welcher den Verlust nicht verkraftet, begibt sich am Dienstag, also einen Tag später, auf eine Zeitreise zurück bis Sonntag, den 9. 10., und nimmt Paul mit in die Zukunft, nämlich Mittwoch, den 11. 10.!
Frage: Lebt Paul?

II. Angenommen, Sie reisen in der Zeit zurück und töten Ihren Vater, als der noch ein kleiner Junge war. Folglich werden Sie nie gezeugt, also existieren nicht, können also auch nicht zurückreisen, um ihren Vater zu töten, werden also folglich gezeugt, existieren doch, reisen also doch zurück, töten Ihren Vater, werden also nicht gezeugt ...

III. Ein verarmter Erfinder müht sich in seinem rumpeligen Keller verzweifelt, die erste Zeitmaschine der Welt zu bauen. Plötzlich erscheint aus dem Nichts ein wohlhabender älterer Herr, welcher ihm reichlich Mittel zur Verfügung stellt und ihn außerdem mit der zur Konstruktion einer Zeitmaschine erforderlichen Mathematik und Technik versorgt. Anschließend nutzt der Erfinder seine

Fähigkeit zu Zeitreisen, um sich ein Vermögen zu erwerben, denn er weiß ja im Voraus, wann die Aktien steigen und fallen. Er spekuliert also an der Börse, wettet bei Pferderennen und anderen Sportereignissen. Jahrzehnte später als wohlhabender, älterer Mann begibt er sich in der Zeit zurück, um sein Schicksal zu erfüllen. Er trifft sich selbst als jungen Mann, der in seinem Keller arbeitet, verrät diesem jüngeren Ich das Geheimnis der Zeitreisen und gibt ihm das Geld, welches er braucht, um das Wissen zu nutzen. Daher stellt sich die Frage: Woher kommen die Kenntnisse, welche der Zeitmaschine zugrunde liegen?

IV. Wer bin ich?
Von Robert Heinlein

1945 wird vor einem Waisenhaus in Cleveland auf geheimnisvolle Weise ein Säugling ausgesetzt. Einsam und ungeliebt wächst Jane auf und weiß nicht, wer ihre Eltern sind. Eines Tages, im Jahr 1963, verspürt sie eine seltsame Neigung zu einem Herumtreiber und verliebt sich in ihn. Doch gerade als Janes Situation eine Wendung zum Besseren zu nehmen scheint, kommt es zu einer Reihe von Katastrophen. Zunächst wird sie von dem Herumtreiber schwanger, welcher daraufhin verschwindet. Zweitens stellen die Ärzte bei der komplizierten Geburt fest, dass Jane sowohl männliche als auch weibliche Geschlechtsorgane besitzt und sehen sich gezwungen, um ihr Leben zu retten, die »Sie« in einen »Er« umzuwandeln.

Schließlich raubt ein geheimnisvoller Fremder das Baby aus dem Kreissaal. Unter dem Schock dieser Ereignisse, von der Gesellschaft ausgestoßen und vom Schicksal gebeutelt, wird »Er« (Ex-Jane) zu einem Trunkenbold und Herumtreiber. »Jane« (jetzt männlich) hat nicht nur ihre Eltern, die sie ja nie gekannt hat, und ihren Liebhaber verloren, sondern auch ihr einziges Kind. Jahre später, 1970, führt »Sie« (Er) der Zufall in eine verlassene Bar namens Pops Place, wo »Sie« (Er) ihre tragische Geschichte einem älteren Barkeeper erzählt. Der verständnisvolle Barkeeper bietet dem/der Herumtreiber/-in (ehemals Jane) die Möglichkeit, sich an dem Fremden zu rächen, der sie geschwängert und verlassen hat – unter der Bedingung, dass er/sie (jetzt Herumtreiber, ehemals Jane) dem Zeitreise-Korps beitritt. Nachdem die beiden eine Zeitmaschine bestiegen haben, setzt der Barkeeper den Herumtreiber (er/sie ehemalige Jane) im Jahr 1963 ab. Er, der Herumtreiber (ehemals Jane), empfindet eine seltsame Zuneigung zu einer jungen Waise, die bald darauf schwanger wird.

Daraufhin legt der Barkeeper mit seiner Zeitmaschine neun Monate in Richtung Zukunft zurück, raubt den weiblichen Säugling aus dem Krankenhaus, fährt ins Jahr 1945 zurück und setzt das Baby vor einem Waisenhaus aus.

Anschließend befördert der Barkeeper den völlig verwirrten Herumtreiber ins Jahr 1985, wo dieser dem Zeitreise-Korps beitritt. Nun endlich gelingt es dem Herumtreiber, sein Leben in Ordnung zu bringen, er wird ein geachtetes und in Ehren ergrautes Mitglied dieses Korps, nimmt die Tarnung eines Barkeepers an und bekommt in dieser Rolle seine schwierigste Aufgabe zugewiesen:

Eine Verabredung mit seinem Schicksal, ein Treffen mit einem Herumtreiber im Pops Place im Jahr 1970!

Wer jetzt noch mitgekommen ist und weiterdenkt weiß, dass ein Herumtreiber in die Bar kommt …

Die interessante Frage lautet:

Wer sind Janes Mutter, Vater, Großmutter, Großvater, Sohn, Tochter, Enkelin oder Enkel? Natürlich sind das Mädchen, der Herumtreiber, das Baby und der Barkeeper alle ein und dieselbe Person. Diese Paradoxa sind schwindelerregend. Vor allem wenn wir versuchen, Janes wirkliche Herkunft zu enträtseln. Wenn wir Janes Stammbaum zeichnen, stellen wir fest, dass alle Zweige sich nach innen krümmen und kreisförmig zu sich selbst zurückführen. So gelangen wir zu dem erstaunlichen Schluss, dass sie ihre eigene Mutter und ihr eigener Vater ist. Sie allein ist ein ganzer Familienstammbaum!

Zukunft versus Vergangenheit

Wenn Sie in die Zukunft reisen, scheint es kein Paradox zu geben, da Sie ja vor Antritt der Reise die Zukunft noch nicht kennen. Auch werden Sie in der Zukunft nie Ihrem Doppelgänger begegnen, da Sie ja während der Zeitreise in einem Raumschiff sind und nicht auf der Erde ganz normal mitaltern. Wir erinnern uns an die Möglichkeit der Zeitreise in die Zukunft nach der Relativitätstheorie. Sie reisen also in eine Zukunft, welche sich ohne Sie entwickelt hat. Während der Reise existieren Sie auf der Erde nicht. Sie spielen erst wieder eine Rolle, wenn Sie die Reise beenden und wieder auf der Erde landen. So können Sie, nachdem Sie zehn Jahre in die Zukunft gereist sind, wieder an Ihrem alten Leben teilnehmen. Ihre Familienangehörigen sind zwar in dieser Zeit zehn Jahre gealtert, während Sie fast nicht gealtert sind, und Ihr Job wird nicht mehr frei sein, aber grundsätzlich können Sie wieder an Ihr Leben anknüpfen. Es haben sich auf der Erde zehn Jahre ohne Sie entwickelt. Soweit gibt es im Prinzip keine Probleme.

Wenn Sie aber vorhaben, in der Zukunft Ihrem eigenem Ich zu begegnen, um zu sehen, ob es Ihnen in 20 Jahren auch noch gut gehen wird, treten Probleme auf. Da es Sie dann in der Zukunft zweimal gibt, muss sich das Ich, welches nicht durch die Zeit gereist ist, ja ganz normal weiterentwickelt haben. Das heißt, in dem Moment, wo Sie in die Zeitmaschine steigen, muss ein Duplikat von Ihnen Ihr Leben weiterführen, damit Sie es in 20 Jahren besuchen können. Aber wo wollen Sie dieses Duplikat in dem Moment des Beginns Ihrer Zeitreise hernehmen? Dies dürfte eine physikalische und biologische Unmöglichkeit darstellen. Deshalb können Sie mit Einsteins Zeitmaschine nie ihr eigenes Selbst in der Zukunft besuchen.

Sie besuchen nur eine Zukunft, welche sich unabhängig von Ihnen und ohne Ihre Teilnahme entwickelt hat. Sie besuchen die Zukunft der Erde und der Menschen, in welche diese während Ihrer Abwesenheit hineingewachsen sind.

Ihre Frau ist dann in der gleichen Zukunft wie Sie. Nur hat sie dafür wesentlich länger gebraucht. Sie haben praktisch einen Zeitsprung gemacht.

Ihnen fehlen die zehn Jahre Entwicklung auf der Erde. Dafür sind Sie aber jetzt gegenüber Ihrer Frau zehn Jahre jünger und können dadurch zehn Jahre länger leben als ursprünglich. Außer dass Sie zehn Jahre jünger geblieben sind, haben Sie im Moment noch keinen Vorteil.

Gut, wenn Sie eine schlimme Krankheit hätten, an der Sie gestorben wären, aber in dem Zeitsprung von zehn Jahren auf der Erde ein Medikament gegen diese Krankheit entwickelt worden ist, können Sie jetzt geheilt werden. Im Prinzip können Sie aber auch mit Einsteins Zeitmaschine jede noch so weit entfernte Zukunft besuchen. Das wäre für Sie persönlich bestimmt erst einmal sehr interessant. Aber bedenken Sie, dass in 1000 Jahren niemand mehr lebt, den Sie kennen, und in der dann herrschenden Gesellschaft mit der neuen Technik kommen Sie bestimmt nicht mehr zurecht. Wenn wir aber mit der Viele-Welten-Interpretation der Quantentheorie annehmen, dass Sie in unzähligen Paralleluniversen existieren, könnten Sie vielleicht doch ein Duplikat Ihrer Selbst in einem anderen Kosmos besuchen. Dies wäre aber dann kein Blick auf Ihre tatsächliche Zukunft. Sie würden nur einen Blick auf die Zukunft eines Ihrer unzähligen Quantenduplikate werfen. In Ihrem Kosmos würde es Sie dann gar nicht mehr geben, also hätten Sie auch keine Zukunft mehr in Ihrem Universum. Dafür gäbe es Sie in dem Paralleluniversum zweimal. Sie hätten aber nicht viel davon, als Außenseiter in einer fremden Welt zu existieren und Ihrem Doppelgänger beim Leben zuzuschauen, oder? Ihre eigene Zukunft in Ihrem Universum hätten Sie ausgelöscht. Egal, wie Sie es anstellen, Sie können zwar in jede mögliche noch so entfernte Zukunft reisen, Sie werden sich selbst aber nicht in der Zukunft besuchen können.

Stellen wir uns vor, Herr X reist eine Woche in die Zukunft und schreibt sich die Lottozahlen auf. Er beobachtet noch kurz durch das Fenster seines Hauses seine Frau, wie diese im Wohnzimmer sitzt und sich fragt, wo Ihr Mann seit einer Woche wohl steckt. Nun reist er zurück und wird aufgrund der Lottozahlen zum Millionär. Eine Woche später sitzt er mit seiner Frau im Wohnzimmer. Müsste jetzt nicht ein zweiter Herr X, der Zeitreisende, in diesem Moment durch das Fenster schauen und seine Frau allein dort sitzen sehen? Wie kann es möglich sein, dass jetzt zwei unterschiedliche Ereignisse parallel existieren? Es gibt zwei mögliche Varianten der Zukunft, welche gleichzeitig sozusagen überlagert existieren: einmal der Zeitreisende, der seine Frau allein sieht, und dann der zurückgereiste und normal um eine Woche gealterte Herr X, der mit seiner Frau auf dem Sofa sitzt – beides am selben Ort und zur selben Zeit.

Wir können es noch weiter auf die Spitze treiben, wenn wir uns vorstellen, dass Herr X vor der Zeitreise mit den Lottozahlen schon einmal in der Zukunft war, sagen wir um 20 Jahre, und seine Frau mit einem anderen Mann in seinem Haus beobachtet hat.

Nach Einstein ist für die Frau die Zeit ganz normal verlaufen. Verständlich, dass sie nicht 20 Jahre auf ihren vermissten Mann wartet. Sie hat irgendwann wieder geheiratet. Jetzt reist Herr X aber wieder zurück in die Vergangenheit und lebt mit seiner Frau und den Millionen aus dem Lottogewinn die nächsten 20 Jahre glücklich in einer neu gebauten Villa. Er hatte die Zukunft seiner Frau aber doch schon gesehen, wie kann es denn jetzt noch eine andere Zukunft geben? Und wo ist die erste Zukunft mit dem anderen Mann? Diese Zukunft hatte ja in der Zukunft existiert. Ist sie jetzt durch die Zeitreise wieder ausgelöscht? Kann ein zukünftiges Ereignis existieren? Offensichtlich ja, wenn es Zeitreisen gibt. Kann man es dann in der Vergangenheit auslöschen? Wenn jemand in die Zukunft reist und durch ein zukünftiges Ereignis (Lottozahlen) nach der Rückreise in die Vergangenheit seine mögliche Zukunft in der Vergangenheit ändert, gibt es auf den ersten Blick noch keine Paradoxie. Aber wenn die geänderte Zukunft dann eintritt, gibt es verschiedene überlagerte Varianten der Zukunft. Dies stellt schon eine Merkwürdigkeit dar.

Zur Verdeutlichung noch einmal. Herr X reist wieder in die Zukunft, sieht dort, wie sein Sohn bei der Reparatur eines Autos in der Werkstatt seiner Arbeitsstätte einen schweren Unfall erleidet, bei dem er sich einen Finger abschneidet. Nachdem Herr X wieder in der Vergangenheit ist, möchte er natürlich nicht, dass dieses Ereignis eintritt. Er sabotiert den Handwerksbetrieb und sorgt dafür, dass sein Sohn eine Ausbildung als Bürokaufmann macht.

Um ganz sicherzugehen, reist er nochmals in die Zukunft und sieht seinen Sohn mit allen gesunden Fingern an einem Schreibtisch sitzen. Die geistige Perversion wird nun perfekt, da Frau X hereinkommt und berichtet, sie hätte schon eine Woche vor der ersten Zeitreise ihres Mannes eine noch weitere Reise in die Zukunft gemacht, also bevor der Mann den zukünftigen Unfall ungeschehen machen konnte. Und sie hätte in einer noch ferneren Zukunft als ihr Mann bei seiner zweiten Reise ihren Sohn mit nur neun Fingern in einer Werkstatt arbeiten sehen. Jetzt hatte aber der Sohn bei der zweiten Reise des Mannes alle zehn Finger. In der Zukunft der Frau, die ja früher gestartet war, ist der Unfall aber noch nicht ungeschehen gemacht worden, sodass sie ihren Sohn auch noch nach der zweiten Reise des Mannes mit nur neun Fingern sieht. Bleibt die Frage: Was arbeitet der Sohn in der Zukunft und wie viele Finger hat er dann noch?

Wenn Sie dem jetzt nicht ganz folgen konnten, lesen sie den Abschnitt ruhig mehrmals und malen Sie sich die Reisen der Beteiligten in Form von Linien auf einem Blatt auf. Sie sehen, dass an diesen Geschichten nichts aus der Luft gegriffen ist und dass sie, sofern Zeitreisen möglich sind, ohne Widersprüche so funktionieren. Das Problem ist nur, wo sind die vielen verschiedenen Varianten der Zukunft? Man kann dieses Paradox nur lösen, indem man sich vorstellt, dass alles, was passieren kann, auch passiert, dass alle möglichen Varianten der Zukunft in Form von parallelen Wirklichkeiten oder Welten irgendwie überlagert existieren.

Wir suchen uns nur unsere Zukunft aus. Aber können dann nicht auch, oder müssen dann nicht auch, alle möglichen Vergangenheiten parallel existieren? Schließlich war jede Vergangenheit ja auch einmal eine mögliche Zukunft!

Es geht aber noch verrückter. Unser Herr X findet das Manuskript eines Buches. Dabei liegt ein Brief, in dem er erfährt, dass sein Vater das Buch dort versteckt hatte, nachdem dieser es von einem unbekannten Mann mit Sonnenbrille und roter Jacke erhalten hatte. Herr X veröffentlicht das Buch und wird dadurch zum Millionär. Daraufhin reist er in die Vergangenheit. Sie ahnen es schon, er trägt eine Sonnenbrille und eine rote Jacke, und er übergibt das Manuskript seinem Vater. Woher stammt das Manuskript? Es ist nie erdacht oder geschrieben worden, es existiert aber in einer Zeitschleife. Dieses Paradox ist schon in vielen verschiedenen Ausführungen veröffentlicht worden (z.B. von Michael Dummett von der Oxford University), und man kann es eigentlich mit allem nur Erdenklichen durchspielen – bis hin zu Lebewesen. Man könnte sogar so weit gehen, dass sich das gesamte Universum in einer unendlich konsistenten Zeitschleife befindet und ohne Ursache und Schöpfung existiert, wie das Manuskript des Buches.

Stellen Sie sich vor, Sie wachen um 8 Uhr auf und wollen frühstücken. Da Sie zu faul sind, beschließen Sie bis 9 Uhr zu warten und dann das Frühstück zu machen und es um eine Stunde in die Vergangenheit zurückzuschicken. Und siehe da, plötzlich taucht um 8 Uhr das Frühstück vor Ihnen auf. Reicht allein der Gedanke, etwas in der Zukunft zu erledigen und es zurückzuschicken aus, um die Gegenwart zu manipulieren? Wo kommt das Frühstück um 8 Uhr her, wer hat es gemacht? Oder ist doch alles nur Illusion, und nur Ihr Geist erzeugt die Realität und damit auch das Frühstück aus der Zukunft? Denken Sie darüber nach!

Vermeidung von Paradoxien bei Zeitreisen in einem holistischen, vom Geist geschaffenen Multiversum

Es hat bisher alles den Anschein, dass Paradoxien nur bei Reisen in die Vergangenheit auftreten. Reisen in die Zukunft dagegen scheinen frei von Paradoxien zu sein. Diese Annahme beruht darauf, dass wir die Vergangenheit als abgeschlossen und unveränderlich betrachten, die Zukunft aber als offen.

Wir haben in den vorangegangenen Kapiteln gesehen, dass auf unsere Sinne wenig Verlass ist, dass Zeit nicht konstant ist, dass die Realität auf Quantenebene anders aussieht, als wir es gewohnt sind, und dass unser Geist vielleicht das einzig Wirkliche ist, was erst die Realität erzeugt. Was macht uns also bei der Unterscheidung zwischen Vergangenheit und Zukunft so sicher?

Sie sind doch auch sicher, dass es oben und unten gibt, sie sehen es ja, können es messen, sich rauf- und runterbewegen, oder? Ich muss Sie enttäuschen, es gibt im gesamten Kosmos kein unabhängiges objektives Oben oder Unten. Es ist nur eine Illusion unserer Psyche, indem wir zwei Dinge miteinander vergleichen und sagen, dass das eine oben und das andere unten sei, in Bezug zueinander. Die Sonne ist nicht oben. Unsere Psyche nimmt sie nur als oben wahr.

Wenn wir in einem Raumschiff fliegen würden, könnten wir Erde und Sonne ganz nach Belieben oben oder unten wahrnehmen. Wir schauen auf den Boden, auf dem wir stehen, und sagen er sei unten. Demnach müsste ja ein Australier den Boden unter sich als oben bezeichnen. Alles Illusion. Es gibt kein Oben und Unten, ebenso wenig wie es einen Mittelpunkt auf einer Kugeloberfläche gibt. Jeder Punkt ist gleichwertig, jeder Punkt ist der Mittelpunkt, wie im gesamten Kosmos. Halten wir mit Einstein fest, dass Raum und Zeit relativ sind. Es gibt keinen objektiven Raum und keinen privilegierten Beobachtungspunkt sowie es keine Gleichzeitigkeit, keine objektive konstante Zeit gibt.

Laut des Buddhismus gibt es keine Realität ohne menschlichen Geist, und in der Quantenphysik erschafft der Beobachter erst die subnukleare Welt. Wo soll es in einem solchen Universum eine definierte Vergangenheit und eine determinierte Zukunft geben? Macht es nicht mehr Sinn, sich einen holistischen Kosmos vorzustellen, in dem alle Vergangenheiten und alle Zukünfte parallel möglich sind? Dass analog zur Viele-Welten-Interpretation der Quantenphysik nach Everett, Wheeler und De Witt alles, was möglich ist, möglich war oder möglich sein wird, auch existiert – in überlagerten parallelen Welten? Dass der menschliche Geist sich aus dieser holografischen Vielzahl immer nur eine Möglichkeit heraussucht und so seine Realität schafft? Tatsächlich enthält auch der Hinduismus so eine Art kosmischen Wissensspeicher. Konkret bedeutet dies, dass wir, wenn wir in die Zukunft reisen, uns nur eine mögliche, aber nicht tatsächlich existente Zukunft aus allen Möglichkeiten heraussuchen.

So wäre die Zukunft zwar einerseits determiniert, aber wir können uns aufgrund unseres freien Willens und unserer Handlungen eine persönliche Zukunft aus der Menge der determinierten Möglichkeiten auswählen, da sich mit jeder Entscheidung in unserem Gehirn, mit jedem Quantenprozess, das Universum in eine Vielzahl von Ästen aufspaltet (Viele-Welten-Interpretation), welche sich dann selbstständig entfalten. So könnte theoretisch alles, was möglich ist, auch schon existieren, und unser Geist entscheidet sich dann für einen dieser vielen Quantenäste.

Genau so verhält es sich auch mit der Vergangenheit. Unser Geist hat sich aus allen möglichen Quantenvergangenheiten eine mögliche ausgesucht und so diese Realität geschaffen. Aber warum behauptet nun jeder individuelle Geist auf diesem Planeten, dass es z. B. einen Zweiten Weltkrieg gab, einen Menschen Namens Adolf Hitler und dass Deutschland den Krieg verlor? Weil der menschliche Geist eben nur eine fragmentierte Abspaltung des holistischen kosmischen Geistes ist und dieser diese Vergangenheit im Gesamtbild erzeugt.

Wir haben uns mit unserem individuellen Geist als Teil des ganzen Geistes dieses gemeinsame Universum mit seiner einheitlichen Vergangenheit geschaffen. Ebenso werden wir auch alle bei der nächsten Bundestagswahl die gleiche Partei als Sieger wahrnehmen, da alles über einen ganzheitlichen kollektiven Geist verbunden ist. Hierzu kann man David Bohms implizite Ordnung oder Carl Gustav Jungs kollektives Unbewusstes als Vergleich heranziehen oder Analogschlüsse in östlichen Philosophien und Religionen finden.

Konkret bedeutet dies: Wenn wir in der Zeit reisen und etwas verändern, was zu Paradoxien führt, öffnen wir oder schaffen wir einen neuen kosmischen Ast, in dem dieses Universum mit dieser Veränderung augenblicklich zur Realität wird. In dem einen Universum lebt unser Großvater, und wir wurden geboren, in dem anderen Paralleluniversum wurde unser Großvater ermordet und wir existieren nicht.

Für die jeweiligen bewussten Beobachter des entsprechenden Kosmos, sprich Bewohner, gibt es keine Veränderungen der Vergangenheit und somit keine Paradoxien. Alles ist logisch und so wie es dem Anschein nach immer war. Diese Vorstellung deckt sich mit der Viele-Welten-Interpretation der Quantentheorie.

Auch dieser Gedankengang impliziert wieder, dass es keine absolute Zeit mit objektiv vorhandenen und voneinander getrennten Zuständen wie Vergangenheit und Zukunft gibt.

Schon Einstein sagte, dass jedes Objekt, ja jeder Mensch seine eigene Zeit hat. Was für den einen Zukunft, ist für den anderen Vergangenheit. Das einzig Reale ist der Moment der Gegenwart im Geist. Denn während sich das erste Universum in unserem Großvaterbeispiel ja über Generationen mit seiner Vergangenheit entwickelt hat, so hat es zumindest für uns den Anschein, existiert das zweite Universum mit dem ermordeten Großvater ja im Augenblick der Tat sofort mit seiner ganzen Geschichte. Obwohl die Geschichte ja keine objektive Zeit hatte, um sich zu entwickeln, ist sie augenblicklich da. Die Geschichte existiert nur in der Illusion der Bewohner bzw. Beobachter dieses parallelen Universums bzw. dieses neu geschaffenen Quantenuniversums.

Aber wo kommen die Unmengen an neu geschaffener Materie und Energie, welche jede Sekunde mit jedem Quantenprozess und der damit verbundenen Entstehung paralleler Welten auftauchen, her? Dies stellt eine eklatante Verletzung der Gesetze der Thermodynamik dar. Auch dieses Problem löst sich wieder auf, wenn man die Grundsubstanz allen Seins als etwas Geistig-Feinstoffliches annimmt. Wie im Buddhismus ausgesagt wird und in der Quantenphysik für möglich gehalten wird, ist es wieder nur der Geist, welcher diese Materie-Energie als Illusion erzeugt.

Auch bleibt hier leider kein Platz für einen Gott als Schöpfer, da der Geist diese Welten ja selbst erschafft. Wir müssen also wieder als einzige Grundlage allen Seins den Geist annehmen, als ewig bzw. zeitlos und damit auch unsterblich und raumlos. Die Geschöpfe dieser Quantenwelten, wir dürfen nicht vergessen, dass wir selbst nichts anderes sind, hätten dann auch Seelen, Seelen geschaffen durch den Geist. Man könnte höchstens noch einen kollektiven Geist aller möglichen Parallelwelten postulieren und diesen Gott nennen. Dieser würde dann aber nicht in die einzelnen Parallel-welten eingreifen. Er ist nur für die Gesamtheit erforderlich. Die Teile erschafft ja unser fragmentierter Geist, welcher ja ein Teil des kollektiven Geistes ist. Somit wäre der menschliche Geist ein Teil von Gott und der göttliche Geist die Gesamtheit und in jedem Teil enthalten. Das Ganze ist in allem und die Teile sind in dem Ganzen. Ein perfektes geistiges holistisches Universum.

Und die Zunahme an Entropie in unserem speziellen Kosmos, welche ja für unseren psychologischen Zeitpfeil ver-antwortlich ist, ist ebenso eine fragmentierte Illusion unseres Geistes, denn die Gesamtheit aller negativen und positiven Entropie im Multiversum ist gleich null. Wie wäre es von einem Multiversum, erschaffen aus Geist, ohne eine objektive unabhängige Raumzeit auch anders zu erwarten!

Das natürliche Unnatürliche

> *»Willst du wertvolle Dinge erblicken, so siehe dorthin,
> wo die große Menge nicht hinschaut!«*
>
> LAO-TSE, CHINESISCHER PHILOSOPH

> *»Das, wobei unsere Berechnungen versagen,
> nennen wir Zufall!«*
>
> ALBERT EINSTEIN

> *»Wir kennen nur ein Millionstel von einem Prozent
> aller Dinge!«*
>
> THOMAS ALVA EDISON

In diesem Kapitel soll der Versuch unternommen werden aufzuzeigen, ob es für Phänomene wie Telepathie, Telekinese, Präkognition bzw. präkognitive Träume, Ufos und Astrologie gedanklich nachvollziehbare Modelle oder Ansätze wissenschaftlicher Erklärungen geben kann.

Die einschlägige Literatur zu diesen Themen ist voll von faszinierenden Geschichten und Erlebnisberichten. Diese sind zwar oft recht spannend, aber liefern weder Beweise noch Erklärungen. Aus diesem Grund soll hier auf solche Erzählungen verzichtet werden. Viel wichtiger als zu hören, ob Frau Meier ihre Zukunft träumt, ist es, so denke ich, zu versuchen, eine Theorie aufzustellen, welche diese Möglichkeit irgendwie nachvollziehbar im Rahmen philosophischer Überlegungen oder naturwissenschaftlicher Gesetze erscheinen lässt.

Nachdem, was uns die Wissenschaftsgeschichte lehrt, was uns die Realität auf Quantenebene oder Zeitreisen in Einsteins Relativitätstheorie offenbart haben, wäre es mehr als dumm, davon auszugehen, wir wüssten heute alles, und was wir nicht erklären können, gäbe es auch nicht.

Schon zu Kaiserzeiten sollte das Deutsche Patentamt geschlossen werden, da man der Ansicht war, alle Erfindungen seien gemacht. Es könne nichts Neues mehr kommen. Welch ein Trugschluss! Als man noch nichts von Quanten und Relativität gehört hat, war man der Meinung, es sei alles erklärt. Das Ende der Physik sei in Sicht. Ende des 19. und im 20. Jahrhundert wurden dann mehr Erfindungen gemacht als wahrscheinlich in der ganzen Menschheitsgeschichte zuvor. Die neuen, großen Theorien über Relativität und Quanten sprengten dann alle je da gewesenen Rahmen unseres Weltbildes und unserer Vorstellungskraft.

Als nach dem Krieg und gegen Ende des 20. Jahrhunderts aufgrund technischer Neuerungen eine praktische Überprüfung von Quantenphänomenen wie dem Experiment von Alain Aspect und eine Überprüfung von Einsteins Zeitdilatation mit Atomuhren an Bord von Flugzeugen möglich wurde, kamen wieder Stimmen einiger Physiker auf, dass das Ende der Physik in Sicht sei. Genau das Gegenteil trat aber ein. Je tiefer wir in den Kosmos blickten und je tiefer wir in das Herz der Materie eindrangen, desto mehr Fragen taten sich auf. Unser Weltbild wurde fast täglich neu umgeworfen.

Mit Stringtheorie, Komplexität, Chaostheorie und sich selbst organisierenden Systemen, mit Alan Guths Inflationstheorie, mit GUT und QED, mit Ilja Prigogines dissipativen Systemen, mit Rupert Sheldrakes morphogenetischen Feldern, mit den neurophysiologischen Arbeiten von John Eccles oder Karl Pribram, mit David Bohms dynamischem Holismus der impliziten Ordnung oder mit Stephen Hawkings Modell von einem endlichen Universum ohne Grenzen wurde unsere Welt ständig bizarrer und abstrakter, als der menschliche Verstand es je hätte erahnen können.

Um nur ein Beispiel zu nennen: Als die Existenz von schwarzen Löchern theoretisch vorhergesagt wurde, glaubten die meisten Physiker nicht, dass es so etwas Absonderliches in unserem Kosmos geben könne, und versuchten, Theorien zu entwickeln, welche die Schwarzen Löcher verbieten. Mittlerweile ist jedem klar, dass sie in unserem Universum Realität sind. Man hat sogar im Zentrum unserer Milchstraße ein schwarzes Loch beobachtet.

Wir können also nicht sagen, was für Entdeckungen uns die nächsten Jahrhunderte noch bringen werden. Es wäre also dumm, alle sogenannten »übernatürlichen Phänomene« als Spinnerei abzutun.

Bedenken Sie bitte, dass auch ein Fernseher vor 300 Jahren Hexerei gewesen wäre, ein heutiges Flugzeug von Eingeborenen im afrikanischen Busch immer noch als UFO interpretiert werden kann oder dass Sie vor 400 Jahren auf dem Scheiterhaufen gelandet wären, wenn Sie ein Handy besessen hätten oder nur von dieser Möglichkeit gesprochen hätten.

Deshalb erlaube ich mir einfach davon auszugehen, sofern es keine gegenteiligen Beweise gibt, dass etwas dran ist an diesen sogenannten übernatürlichen Phänomenen. Ich denke, dass Menschen, die solche Dinge, ohne sich Gedanken zu machen, von vorneherein ablehnen, es sich zu einfach machen. Allerdings möchte ich zwei unterschiedliche Sichtweisen an dieser Stelle hervorheben.

Wenn man davon ausgeht, dass es Phänomene wie Telepathie usw. gibt, muss man sie auch als Bestandteil unseres Universums ansehen. Daraus lässt sich ableiten, das sie auch erklärbar sind. Wir verfügen heute nur noch nicht über die gültigen Theorien oder die technischen Mittel, solche Phänomene zu erklären oder zu beweisen. Aber irgendwann einmal wird der Mensch dazu in der Lage sein. Das heißt, sie wären dann ein Teil der Physik und somit nicht übernatürlich, sondern so natürlich wie Flugzeuge, Fernseher und Handys es auch sind.

Die andere Sichtweise wäre die, dass es Dinge oder eine Realitätsebene gibt, welche für unsere Physik nicht zugänglich ist. Wir bauen mit unserer Wissenschaft nur ein Modell des Universums. Ob dieses Modell in jedem Detail mit dem Original übereinstimmt, lässt sich vielleicht nie endgültig verifizieren. Wir nehmen ein Universum mit unseren Sinnen wahr, welche sich in diesem Universum entwickelt haben. Beides ist aufeinander abgestimmt, und so nehmen vielleicht unsere Sinne nichts rechts und links davon wahr, weil sie aufgrund ihrer evolutionären Entwicklung gar nicht anders können. Darüber hinaus kann es aber noch eine geistige, feinstoffliche Realitätsebene geben, welche unseren Sinnen verborgen bleibt.

Diese wäre aber trotzdem Bestandteil unseres Universums oder zumindest unserer geistigen Welt und deshalb nicht übernatürlich. Diese Welt kann unabhängig, transzendent zu Raum und Zeit ohne Materie existieren, wie eine unsterbliche Seele. Sie wäre aber trotzdem existent, begreifbar und erklärbar und wahrscheinlich sogar realer als unsere materielle Welt mit ihrem Indeterminismus auf Quantenebene und Kontingenz im Makrokosmos.

Die heutige Physik wäre praktisch nur ein Ausschnitt aus etwas Größerem. Sie wäre weiterhin als approximative Physik in ihrem Bereich gültig. Was uns aber fehlt, ist eine Physik dieser geistigen Realitätsebene. Vielleicht wäre dann tatsächlich das Ende der Physik erreicht und alles Übernatürliche wäre natürlich, aber das liegt wohl noch in weiter Ferne. Oder vor uns würden dann noch bizarrere Welten entstehen. Schon C.G. Jung und der Physiker Wolfgang Pauli hatten sich an einer solchen Theorie versucht.

Präkognition — Geträumte Zukunft

In diesem Unterkapitel sollen die sogenannten präkognitiven Träume, also Träume, welche zu einem späteren Zeitpunkt eintreffen, also real werden und somit eventuell etwas über die Zukunft aussagen, behandelt werden. Oft werden diese Ereignisse auch mit dem Déjà-vu gleichgesetzt, was so viel bedeutet wie »schon gesehen«.

Die Neurophysiologie hat leider eine vernichtende Erklärung parat. Da Sinneseindrücke in unserem Gehirn unbewusst in verschiedenen Hirnarealen verarbeitet werden, kommt es zwischen den Prozessen im Hirn zu minimalen Zeitverzögerungen untereinander. Die eine Region hat das gesehene Bild schon verarbeitet, während dies an anderer Stelle im Hirn erst einen Bruchteil einer Sekunde später geschieht. Unser Bewusstsein registriert dies nicht, aber das Unterbewusstsein schon. So kann es passieren, dass nachdem wir etwas gesehen oder erlebt haben, die gleiche Information noch einmal aus unserem Unterbewusstsein sozusagen hochgeladen wird und wir der Illusion verfallen, dass wir die ganze Szene schon einmal erlebt hätten. Es ist eher unwahrscheinlich anzunehmen, dass es sich hierbei um Erlebnisse aus vergangenen Leben handelt.

Wenn es einen unsterblichen Geist gibt, wovon ich auch ausgehe, ist dieser nicht zwangsläufig der Träger von Informationen. Näher liegt die Annahme, dass das Gehirn der Träger der erlebten Informationen ist und diese bei Eintritt des Todes ausgelöscht werden wie eine Festplatte. Würden wirklich Informationen aus vergangenen Leben sozusagen mitgenommen, dann würden sich viel mehr Menschen an viel mehr Details erinnern. Bei den Fällen wo unter Hypnose Rückführungen in vergangene Leben angeblich zustande kamen, gibt es meistens keinerlei Deckung der Aussagen mit geschichtlichen Unterlagen. Wahrscheinlich ist unser Gehirn einfach nicht leistungsfähig genug, um sich an vergangene Leben zu erinnern. (Hier ist nicht der immaterielle Geist gemeint.) Es ist nicht in der Lage, auf einer transzendenten geistigen Ebene Raum und Zeit zu überwinden. Die Ergebnisse unter Hypnose könnten nur Illusionen sein, wie sie auch nach Einnahme bestimmter Drogen beobachtet werden. Dies soll nicht besagen, dass es keine früheren Leben gegeben hat beziehungsweise zukünftige geben wird, aber in unserer derzeitigen diesseitigen Manifestation haben wir keinen Zugriff auf diese höhere Ordnung. Vielleicht kann unser Geist erst nach dem Tod in einem transzendenten Zustand alle Geschehnisse aus anderen Wirklichkeiten und vergangene Leben überblicken.

Stellen Sie sich vor, Sie stehen im Jahr 2005 mitten in München und haben ein Déjà-vu, wonach Sie angeben, in einem früheren Leben, sagen wir im 17. Jahrhundert, schon einmal hier gewesen zu sein. Sie meinen dann, genau sagen zu können, dass hinter der nächsten Ecke ein rotes Haus steht. Aber vor 300 Jahren gab es noch gar keine roten Häuser in München. Man kann gar nicht von einem Déjà-vu oder von einer Erinnerung sprechen, wenn man eine Stelle von heute mit der gleichen Stelle von vor 300 Jahren vergleicht. Sie haben doch fast nichts mehr gemeinsam. Selbst wenn Sie wirklich vor 300 Jahren dort gewesen wären, nichts an diesem Ort sieht heute noch so aus, dass es eine Ähnlichkeit hätte und eine Erinnerung auslösen könnte. Es macht auch Sinn, wenn nicht sogar einen evolutionären Vorteil, das wir uns eben nicht an frühere Leben erinnern, denn bei unzähligen vorangegangenen Reinkarnationen müssten wir ja jede Minute mit Informationen aus vergangenen Leben überschüttet werden, sodas wir dieses Leben hier gar nicht mehr frei erleben könnten.

Buddhistische Mönche, welche das Nirvana erreicht haben, sollen angeblich die absolute Kontrolle über ihren Geist, auch losgelöst vom Körper und unserer materiellen Welt, haben und so mit dem Geist jenseits von Zeit und Raum reisen können. Das Nirvana ist übrigens kein Ort für Seelen, wie es oft geglaubt wird, sondern ein geistiger Zustand.

Aber wenden wir uns nun den präkognitiven Träumen zu. Jeder hat wohl schon einmal erlebt, dass er etwas geträumt hat, wovon er der Meinung ist, es sei so oder wenigstens sehr ähnlich dann später eingetreten. Wie könnte dies zu erklären sein? Der erste, etwas unbefriedigende Ansatz könnte lauten: Da wir uns ja an die meisten Träume nicht erinnern, bilden wir uns nur ein, das Erlebte schon geträumt zu haben. Wir schaffen also im Geiste rückwirkend, in der Erinnerung, einen passenden Traum zu dem Erlebten.

Überzeugender ist aber eine Erklärung mit den Gesetzen der Wahrscheinlichkeit. Klar ist, dass wir in unserem Alltag natürlich nur Träume erleben werden, welche auch in etwa einem realen Szenario entsprechen. Wenn Sie träumen, dass

Sie auf einem lila Pferd zur Venus fliegen und dort ein erotisches Abenteuer mit einer fünfköpfigen Venusschönheit haben müssen. Sie werden mir zustimmen, dass es wohl sehr unwahrscheinlich ist, dass dieser Traum Realität wird. Wir können also die surrealistischen Träume vernachlässigen und müssen uns hier auf die realitätsnahen Träume beschränken.

Wir nehmen an, im Lauf eines Jahres erleben Sie etwa 100 000 Szenen. Alle diese Abläufe stehen in einem direkten Zusammenhang mit Ihrem Leben. Sie erleben Szenen mit oder in Ihrem Haus, Auto, Arbeitsplatz, Stammkino oder Kneipe, mit Freunden und Verwandten bei Hobbys und so weiter. Da Sie jede Nacht träumen, und diese Träume ja auch einen Bezug zu Ihrem Leben haben – es werden ja auch Ereignisse des Tages verarbeitet –, erleben Sie in einem Jahr wahrscheinlich auch mindestens 100 000 Szenen, welche irgendwie mit Ihrem Haus, Arbeitsplatz, Ihrer Kneipe, Ihren Hobbys oder Freunden zusammenhängen.

So kann man argumentieren, dass allein schon nach den Gesetzen der Wahrscheinlichkeit bei 100 000 realen Szenen und 100 000 geträumten Szenen, welche sich aus ähnlichen oder gleichen Komponenten zusammensetzen, es im Laufe eines Jahres mehrere Hundert Szenen geben muss, die annähernd gleich sind. Das heißt, eine Anzahl geträumter und realer Szenen stimmt aufgrund von Zufall und Wahrscheinlichkeit überein und erweckt so den Eindruck eines Déjà-vu-Erlebnisses oder den Eindruck, man habe das Erlebte schon vorher geträumt und so in die Zukunft geschaut.

Sogar bei surrealen Träumen kann es solche Erlebnisse geben. Stellen Sie sich wieder vor, Sie sind mit Ihrem lila Pferd unterwegs zur Venus (natürlich nur im Traum). Beim Abflug überblicken Sie Ihre Stadt und sehen dann auch die Alpen unter sich. Später auf der Venus treffen Sie dann wieder die fünfköpfige dunkelhäutige Schönheit.

So, der Traum ist lange her und vergessen. Er schlummert irgendwo in Ihrem Unterbewusstsein. Nun entschließen Sie sich zu einer Urlaubsreise nach Tunesien. Während Sie vom Flughafen abfliegen, sehen Sie Ihre Stadt unter sich. Dann fliegen Sie über die Alpen und abends in der Bar sind fünf hübsche dunkelhäutige Damen anwesend. Na, fällt Ihnen etwas auf? Das Ganze kommt Ihnen irgendwie bekannt vor, weil Elemente Ihres vergessenen Traumes aus dem Unterbewusstsein ins Bewusstsein emporsteigen und so ein Déjà-vu hervorrufen oder den Eindruck entstehen lassen, Sie hätten den Urlaub vorausgeträumt. Die Psyche und die mangelnde Erinnerung sind dafür verantwortlich, dass man Elemente aus einem surrealen Traum in ein späteres Erlebnis hineininterpretiert. Lassen Sie mich zur Verdeutlichung noch eine Geschichte als Beispiel anführen. Frau X trinkt mit Ihrer Freundin Frau Y Kaffee und blättert dabei in einem Modemagazin. Es klingelt und Frau Z betritt die Wohnung mit einem Kuchen in den Händen. Plötzlich denkt Frau X, Moment, das habe ich doch schon mal erlebt. Natürlich hat Frau X diese Szene wirklich schon einmal erlebt, da es einfach wahrscheinlich ist, dass sich diese Szene öfter abspielt, da die drei Frauen oft zusammen Kaffee trinken, Kuchen essen und Modemagazine durchblättern.

Aufgrund von Wahrscheinlichkeit und Zufall können sich wirklich identische Szenen mehrmals ereignen. Zugegeben ein etwas plattes Beispiel, je komplexer die Situation, desto unwahrscheinlicher ihre Wiederholung, das ist klar, aber es soll ja nur das Prinzip verdeutlicht werden. Oft liegt es ja nur an ein paar wenigen prägnanten Eindrücken, um ein

Déjà-vu oder den Eindruck eines präkognitiven Traumes hervorzurufen. Ob nun ein rotes oder grünes Auto gerade vorbeifährt, solche Details nehmen wir oft gar nicht bewusst wahr.

Aber wie könnte man erklären, dass Ihnen eine Straße in einer Stadt bekannt vorkommt, obwohl Sie nachweislich noch nie dort waren. Zum einen ist es nun mal so, dass in einem Land, nehmen wir dafür Deutschland, die Innenstädte sehr ähnlich sind. Es gibt eine Fußgängerzone mit Marktplatz und Brunnen. Die meisten Bahnhöfe sehen ähnlich aus. Es gibt überall die gleichen Filialen von Ketten, zum Beispiel Fast-Food-Restaurants und überall Apotheken, welche das gleiche Logo tragen. Die Häuser stammen naturgemäß meistens aus der Nachkriegszeit und sehen auch ähnlich aus.

Aber damit allein wollen wir uns nicht zufrieden geben. Es könnte auch sein, dass man aufgrund der Tatsache, an einem fremden Ort zu sein, seine Sinne besonders schärft, dass man besonders sensibel und wach für Eindrücke ist, was im routinierten Umfeld nicht so ausgeprägt ist. Oder dass man sich im Vorfeld stark auf die Reise freut und sich gedanklich intensiv mit der Stadt befasst. Diese Umstände könnten vielleicht begünstigen, dass man schon vorher oder während des Besuches in der besagten Stadt auf telepathischem Weg Informationen über bzw. aus dieser Stadt unbewusst aufnimmt.

Ähnlich geschärfte Sinne mit telepathischem Austausch finden oft unter Verwandten oder befreundeten Personen statt, besonders in Notsituationen. Das Ganze hat auch einen evolutionären Vorteil. Tiere mussten schon immer ihre Jungen beschützen. Analog zur Quantentheorie könnte es aber noch viel faszinierendere Erklärungsmodelle geben. Wenn, wie es die Kopenhagener Deutung der Quantentheorie besagt, alle möglichen Zustände in einer Art Überlagerung existieren, bis durch eine bewusste Beobachtung nur eine Möglichkeit Realität wird und die anderen Geisterwelten dadurch verschwinden, dann könnte der menschliche Geist, sei es im Traum oder auch bewusst, mehrere mögliche, ähnliche überlagerte Ereignisse wahrnehmen und dann nur einem Realität verleihen. So könnte das Gefühl entstehen, gleiche oder ähnliche Szenen schon mal erlebt oder geträumt zu haben.

Noch deutlicher wird es, wenn man die Viele-Welten-Interpretation heranzieht. Da sich unser Kosmos jede Sekunde in unzählige fast identische Quantenuniversen aufspaltet, könnte jedes mögliche Ereignis auch in einem parallelen Universum existieren. Alles, was geschehen kann, geschieht auch in irgendeinem Kosmos. Da es laut Einsteins Relativitätstheorie nicht einmal in unserem Universum eine absolute Zeit, also keine objektive Gleichzeitigkeit zweier Ereignisse gibt, muss die Zeit zwischen parallelen Welten auch nicht synchron laufen, sondern kann mehr oder weniger stark gegeneinander verschoben sein.

Diese Welten könnten neben unserer in der vierdimensionalen Raumzeit existieren oder aber auch überlagert und gemeinsam eine höherdimensionale Raumzeit bilden. Etwa so wie ein dreidimensionaler Würfel aus unendlich überlagerten zweidimensionalen Flächen besteht. In der Tat gehen Stringtheoretiker davon aus, dass unser Universum mindestens zehndimensional ist. Das heißt, von jedem Punkt in unserem Kosmos gehen sechs weitere Raumdimensionen aus.

Wenn nun alle Quantenteilchen als Wahrscheinlichkeitswellen kohärent und nicht lokal (ähnlich dem EPR-Paradox) in allen Universen bestehen, wo auch immer diese sein mögen, ob neben uns oder im Hyperraum, so gibt es eine Quantenverbindung zwischen allen Welten. Wenn der menschliche Geist nun diese Verbindung durch Bewusstsein kappt und so erst die einzelnen Realitäten manifestiert, dann hätte er Zugang zu allen Dimensionen bzw. Parallelwelten. Dann wäre der Geist prinzipiell in der Lage, in anderen Universen Dinge wahrzunehmen, welche dort bereits geschehen sind oder gerade passieren, aber gemäß der relativistischen Zeitverschiebung in seinem, in diesem Moment bewussten Kosmos noch in der Zukunft liegen.

Natürlich können sich diese Ereignisse auch von einander unterscheiden, da sich parallele Welten nach ihrer Abspaltung autonom weiterentwickeln. So kommt es, dass die gesehene Zukunft nicht determiniert, sondern veränderbar ist. Sie ist nur eine mögliche Zukunft.

Natürlich ist dieses Modell sehr hypothetisch und zurzeit nicht verifizierbar. Aber erinnern Sie sich an das Edison-Zitat zu Anfang und an den Text zur Einführung. Wir können nie wissen, wie bizarr unsere Welt noch wird. Auf jeden Fall sind mit diesem Modell Phänomene wie Déjà-vu, präkognitive Träume oder Präkognition ganz allgemein ansatzweise erklärbar.

Wahrscheinlich tritt die Präkognition in unseren Träumen öfter auf als im bewussten Wachzustand, weil unsere normalen Sinne im Schlaf minimiert sind und unser Bewusstsein oder Unterbewusstsein für die geistige Welt empfänglicher ist, wogegen im Wachzustand der Geist durch die bewussten Umwelteindrücke permanent erschlagen wird.

Buddhistische Mönche sollen zu solchen geistigen Reisen im Zustand der Meditation fähig sein. Wahrscheinlich hat diese Fähigkeit aber jeder Mensch, nur unterschiedlich stark ausgeprägt, je nachdem wie stark bei ihm die geistige oder die körperliche Komponente dominiert. Also denken Sie nach dem nächsten Traum daran, dass sich Ihr Geist vielleicht in einer anderen Welt befunden hat und Ihnen wahrscheinlich brauchbare Informationen offenbart.

Logik der Ufologie

Seit es denkende Menschen gibt, beschäftigen sie sich mit der Frage, ob intelligentes Leben im All oder Leben überhaupt, in welcher Form auch immer, einzigartig ist oder gar millionenfach vorkommt. Die unzähligen Berichte über Ufosichtungen haben uns nicht wirklich weitergebracht. In nahezu allen technisierten Nationen unserer Erde beschäftigen sich Wissenschaftler mit der Suche nach außerirdischen Lebensformen. Die einzelnen Projekte wie zum Beispiel das Projekt SETI füllen Bücher und sind hinlänglich oft publiziert worden. Der aktuelle Stand ist leider der, dass bis heute kein Planet, welcher intelligentes Leben beherbergt, ausgemacht werden konnte. Aber kaum ein Wissenschaftler schließt die Möglichkeit außerirdischer Lebensformen aus. Im Gegenteil: Sie wird von den meisten Forschern, Astrophysikern, Astronomen und Biologen für sehr wahrscheinlich bis sicher gehalten.

Die Tatsache anzunehmen, wir wären allein im Universum, halte ich für genauso ignorant und arrogant wie die Aussage, dass die Erde den Mittelpunkt des Kosmos darstellt. In einem knapp 14 Milliarden Jahre alten Kosmos mit unzähligen Milliarden von Galaxien, jede mit Milliarden von Sternen, von denen wahrscheinlich die meisten mehrere Planeten haben, ist es einfach wahrscheinlich, dass sich der Prozess zur Entstehung von Leben, so wie wir es kennen, oder eine ganz andere Form millionenfach vollzogen hat. Aufgrund der Gesetze der Wahrscheinlichkeit wird es vermutlich Millionen von erdähnlichen Planeten geben. Planeten mit der richtigen Entfernung zum Muttergestirn, damit es nicht zu heiß oder zu kalt ist. Planeten mit der richtigen Gravitation, damit eine Atmosphäre halten kann. Planeten, auf denen es Wasser und Sauerstoff gibt. Da die biologischen, chemischen und physikalischen Gesetze im gesamten Kosmos die gleiche Gültigkeit haben wie auf der Erde, ist es wahrscheinlich, dass sich woanders eben aufgrund der gleichen Gesetze und gleichen oder zumindest ähnlichen Anfangsbedingungen erdähnliches Leben entwickelt hat.

Natürlich kann es auch möglich sein, dass sich auf einem fernen Planeten Leben auf einer ganz anderen Basis entwickelt. Es könnte sich anstatt auf Kohlenstoffbasis Leben auf Stickstoffbasis entwickeln und den Gegebenheiten der dortigen Umwelt anpassen, wie wir es hier ja auch getan haben.

Vielleicht könnte so eine für uns unvorstellbare Lebensform existieren, welche wir als solche vielleicht gar nicht erkennen würden. Es könnten lebende Gaswolken existieren oder intelligente Kraftfelder. Stellen wir uns allein die bizarre Artenvielfalt auf der Erde vor. Unter extremsten Bedingungen bei Kälte oder Hitze, unter Wasser ohne Luft und Licht, in der trockenen Wüste, in der eisigen Arktis oder in der sauerstoffarmen Luft des Gebirges gibt es entsprechend angepasstes Leben. Stellen Sie sich alle Menschen und Tiere vor, von den Insekten bis zu den Primaten, Vögel, Fische, Reptilien, Pilze, Viren und Bakterien, Einzeller, Quallen, Spinnen und Elefanten oder alle Arten von Pflanzen. Wenn diese Vielfalt in unterschiedlichster Art nur auf einem Planeten vorkommt, wie bizarr kann dann das Leben auf anderen Planeten noch sein?

Wir denken immer, dass Sauerstoff der Lebensstoff ist. Aber unsere Bäume atmen Kohlendioxid. Das, was sie am Leben hält, würde einen Menschen töten. In den Resten einer Supernova und in den Trümmern von Meteoriten sind schon Aminosäuren gefunden worden, der Baustoff unseres Lebens. Egal ob erdähnlich oder komplett anders: Die Annahme, dass es unzählige belebte Planeten im All gibt, ist vielmehr wahrscheinlich als das Gegenteil, dass wir der einzige belebte Planet sind.

Bleibt die Frage, warum wir noch niemanden da draußen gefunden haben. Der erste Grund ist das extreme Alter des Universums. Zivilisationen auf verschiedenen Planeten müssen ja nicht nur im gleichen Raum leben, also unserem Kosmos, sie müssen auch in der gleichen Zeit leben beziehungsweise sich in der gleichen Zeit auf einem ähnlichen technischen Entwicklungsstand befinden. Da das Universum etwa 13,7 Milliarden Jahre alt ist, können viele Zivilisationen schon wieder ausgestorben sein, sei es durch kosmische Katastrophen wie Meteore oder Naturkatastrophen oder einfach Kriege. Auch die Sonnen der Planetensysteme leben nicht ewig. Wenn es eine Zivilisation nicht schafft, in der Lebensspanne seines Muttersterns sich so weit zu entwickeln, dass deren Bewohner, bevor der Stern stirbt, ein anderes Planetensystem aufsuchen können, werden sie aussterben. Viele Zivilisationen haben auch einfach noch keinen Entwicklungsstand erreicht, dass man sie finden könnte, das heißt, sie hinterlassen im All keine Spuren in Form von elektromagnetischen Wellen, wodurch wir sie aufspüren könnten. Sie sind einfach noch auf einem Stand, auf dem wir vor einigen Jahrhunderten oder Jahrtausenden waren und damit für die Radioastronomie unsichtbar.

Wir machen ja auch erst seit etwa lächerlichen 100 Jahren auf uns aufmerksam in Form von Licht, Radiowellen oder Luftfahrt. Die bewusste Suche nach Signalen anderer

Welten im All betreiben wir erst seit einigen Jahrzehnten. Stellt man diese Zahlen gegenüber, sieht man schon, wie gering allein die Wahrscheinlichkeit ist, dass wir schon gefunden worden sind beziehungsweise dass wir eine andere Zivilisation gefunden haben.

Das zweite und noch größere Problem sind die extremen Entfernungen. Der nächste Stern, Alpha Centauri, ist 4,3 Lichtjahre entfernt. Wenn wir Lebewesen dort ein Signal schicken würden, in Form von elektromagnetischen Wellen mit Lichtgeschwindigkeit, mit der Bitte um Antwort, würden wir auf die Antwort 8,6 Jahre warten müssen. Ein ernüchternder Dialog. Aufgrund der unvorstellbaren und gigantischen Entfernungen im All und der Milliarden mal Milliarden zählenden Sterne gleicht die Suche nach einem belebten Sonnensystem der sprichwörtlichen Suche nach der Nadel im Heuhaufen. Deshalb ist es schon sehr unwahrscheinlich, dass sich zwei etwa gleich entwickelte Zivilisationen treffen und Kontakt aufnehmen. Wenn wir davon ausgehen, dass in unserer direkten Nachbarschaft kein Leben existiert, sondern irgendwo weit draußen im All in einer anderen Galaxie oder auch in unserer Galaxie, sind die Entfernungen doch so weit, das eine Kommunikation praktisch sinnlos wäre. Der Sender wäre schon verstorben, wenn er die Antwort bekäme. Hinzu kommt, dass interstellare Reisen technisch sehr schwierig sind, für uns zurzeit noch unmöglich. Deshalb ist die These, dass ständig Ufos auf der Erde landen, eher unwahrscheinlich.

Aber unter der Vielzahl von Zivilisationen im All sind bestimmt auch solche, welche die Technik für interstellare Reisen beherrschen. Da bei relativistischen Geschwindigkeiten nahe der Lichtgeschwindigkeit, nach Einsteins Relativitätstheorie, die Zeit sich verlangsamt, das heißt für die Besatzung des Raumschiffes sagen wir nur ein Jahr vergehen würde, während sie eine Strecke zurücklegen würden, für die man normalerweise selbst mit Lichtgeschwindigkeit sagen wir 100 Jahre bräuchte. Alternativ gibt es auch noch die Möglichkeit, Abkürzungen durch extreme Krümmungen der Raumzeit, die sogenannten Wurmlöcher, zu nehmen.

Egal wie die Technik aussehen wird, grundsätzlich sind interstellare Reisen möglich. Aber warum hat dann noch keine intelligente fortgeschrittene Zivilisation mit uns Kontakt aufgenommen? Die Antwort liegt in der Frage selbst. Weil sie intelligent ist! Eine Zivilisation, welche interstellare Raumfahrt betreibt muss uns um Jahrhunderte, wenn nicht Jahrtausende voraus sein. Um die enormen technischen und finanziellen Probleme zu bewältigen, wird nicht nur ein einziges Land, sondern der ganze Planet daran gearbeitet haben müssen. Eine solche Zivilisation, die es so weit gebracht hat, ohne sich selbst vorher auszurotten, kann sich keine feindliche Politik unter den Ländern oder gar Kriege erlaubt haben. Sie kann es sich auch nicht leisten, ihren Planeten durch Umweltverschmutzung zu ruinieren, sonst hätten, sie es nie so weit gebracht. Wahrscheinlich haben solche Zivilisationen einen evolutionären Entwicklungsstand, der dem unseren um Äonen voraus ist. Sie müssen alle politischen Probleme sowie Naturkatastrophen oder Umweltverschmutzung im Griff haben. Von alldem sind wir noch weit entfernt. Wenn sie kriegerisch wären, hätten sie sich schon längst ausgerottet, bevor sie diesen Stand erreicht hätten.

Es liegt ganz klar auf der Hand, dass aus zwei Gründen kein Bedarf besteht, mit uns Kontakt aufzunehmen. Zum Ersten stellen Sie sich vor, diese intelligenten Wesen würden uns in Erdnähe von ihren Raumschiffen aus beobachten. Da die Erde von elektromagnetischen Frequenzen umgeben ist, welche im Zeitalter der Satelliten auch unser TV-Programm enthalten, könnten diese Wesen unsere Fernseh- und Radiosendungen mithören und mitsehen. Man braucht nicht lange zu überlegen, um zu erkennen, was diese Wesen denken, wenn sie nur eine Woche lang unsere Nachrichten verfolgt hätten – ganz zu schweigen von dem Niveau anderer Unterhaltungssendungen. Wir würden eher abstoßend wirken mit der täglichen Normalität aus Terror, Anschlägen, Hungersnöten, Krankheiten, Kriegen und so weiter.

Der zweite Grund ist einfach unser viel zu niedriger Entwicklungsstand. Worüber sollten sie mit uns kommunizieren? Es ist etwa so, als ob Sie im Wald einen Ameisenhaufen sehen. Sie würden ihn ja auch höchstens eine Zeit lang beobachten, kämen aber nie auf die Idee, mit einer Ameise verbalen Kontakt aufzunehmen.

Abschließend kann man sagen, die Behauptung, wir würden ja suchen und nichts finden, deshalb sind wir allein im All, ist etwa so, als wenn Sie Ihren Nachbarn anrufen, der aber nicht ans Telefon geht und Sie daraus schließen, dass Sie der einzige Mensch auf der Erde sind. Es gibt mit Sicherheit viele verschiedene Lebensformen im All. Solche, welche auf unserem Entwicklungsstand sind, können uns noch nicht erreichen, und die, welche weit fortgeschritten sind, haben kein Interesse an uns!

Unlogik der Astrologie

Haben die Sterne einen Einfluss auf das Leben eines Menschen, oder bestimmen sogar die Sternbilder den Charakter eines Menschen und dessen Lebenslauf?

Fakt ist, dass die angeblichen Sternbilder keine wirklich existenten Bilder am Himmel sind, sondern reine Fantasiegebilde. Es ist eigentlich unmöglich, die beschriebenen Objekte wirklich zu erkennen, sie könnten auch alles andere darstellen. Darüber hinaus dreht sich die Ekliptik (das Rad, an dem die Sternbilder festgemacht sind) alle 25000 Jahre einmal rund. So kommt es, dass heute z. B. die Waage dort steht, wo früher einmal die Fische standen.

Paradox ist auch, dass Objekte, die erst später entdeckt wurden wie die großen Jupitermonde, keinen Einfluss haben, aber altbekannte Planeten wie der kleine Merkur sehr wohl Einfluss nehmen sollen.

Des Weiteren stehen die Sterne eines Sternbildes ja nicht nebeneinander, das heißt in exakt der gleichen Entfernung zu uns, sondern können um unzählige Lichtjahre nach hinten in den Raum verschoben sein und stünden so eigentlich gar nicht mit dem Sternbild in Beziehung. Andere, wesentlich nähere Sterne werden dann wieder nicht berücksichtigt. Die Gravitation lässt das Licht nicht geradlinig durch den Raum laufen. So sehen wir Sterne dort, wo sie in Wirklichkeit gar nicht stehen, also auch nichts mit den Sternbildern zu tun haben können. Deshalb sind astrologische Berechnungen aufgrund der sichtbaren Position eines Sterns einfach falsch, weil er ja gar nicht dort steht, wo wir ihn sehen.

Das Gleiche gilt für Sterne, die längst nicht mehr existieren. Wir sehen sie aber noch, weil ihr Licht so lange braucht, um uns zu erreichen. Wenn ein 100 Lichtjahre entfernter Stern heute stirbt, sehen wir das erst in 100 Jahren. Wir sehen also unzählige Sterne am Nachthimmel, welche schon lange tot sind und so zu falschen Berechnungen herangezogen werden.

Besonders lustig ist die Tatsache, das Horoskop am Geburtstag festzumachen. Stellen Sie sich vor, Sie werden in einem Sternzeichen geboren und haben daraufhin einen bestimmten Charakter und Lebensweg. Da es der Medizin aber möglich ist, Ihre Geburt zu verzögern oder früher einzuleiten, sodass Sie auf einmal ein anderes Sternzeichen haben würden, hätten Sie, der Logik nach, aufgrund eines ärztlichen Eingreifens einen anderen Charakter und Lebensweg! Und das, obwohl ja Ihre Gene schon neun Monate vorher festgelegt worden sind.

Wie wir in anderen Kapiteln gesehen haben, besteht durchaus die Möglichkeit, dass im Universum alles eine Einheit darstellt und alles von allem abhängig ist. Dies hat aber mit Sicherheit nichts mit Sternbildern und Horoskopen zu tun.

Telepathie und Telekinese

Der Begriff der Telepathie ist wahrscheinlich unter dem Ausdruck Gedankenübertragung bekannter. Telepathie bedeutet also, dass eine Person die Gedanken einer anderen Person kennt, sozusagen lesen kann, daher auch der Begriff Gedankenlesen. Es können aber auch bewusst Bilder oder Gedanken übertragen beziehungsweise übermittelt werden. Bei Telepathie wirkt also ein Geist auf einen anderen Geist ein. Bei Telekinese dagegen wirkt ein Geist, also ein bewusster Mensch, auf ein Stück Materie ein. Es wird beobachtet, wie durch die Kraft des Geistes Gegenstände bewegt oder verformt werden können.

Zu beiden Themen wurden bisher unzählige Abhandlungen veröffentlicht. In einer riesigen Zahl von Experimenten haben Wissenschaftler auf der ganzen Welt unabhängig voneinander in den letzten Jahrzehnten empirisch verifizierbare Daten gesammelt und statistisch signifikante Ergebnisse erzielt. Speziell zu Zeiten des Kalten Krieges gab es ein parapsychologisches Wettrüsten zwischen Ost und West. Seriöse Wissenschaftler, speziell Physiker und Psychologen von internationalen wissenschaftlichen Instituten wie der Universität von Princeton, USA, der Universität Utrecht, Niederlande, verschiedenen wissenschaftlichen Instituten in Moskau oder der Universität Freiburg, um nur einige zu nennen, haben seit dem Zweiten Weltkrieg aufgrund ihrer Experimente die Existenz solcher parapsychologischer Effekte praktisch mehrfach nachgewiesen.

Es ist nicht Sinn dieses Buches, diese Experimente und ihre Ergebnisse nochmals im Einzelnen aufzuführen. Den meisten Lesern dürfte die Art dieser Experimente bekannt sein. So schaut zum Beispiel eine Versuchsperson intensiv ein Gemälde an, während eine andere Person auf telepathischem Weg Informationen von der ersten Person erhält und daraufhin versucht, das Gemälde in etwa zu skizzieren. Es wird versucht, Karten zu erraten, Ergebnisse eines Zufallsgenerators oder Würfelreihen telekinetisch zu beeinflussen. Fakt ist, dass Effekte immer wieder nachgewiesen wurden, nur eine wissenschaftliche Erklärung fehlt noch. Wer sich im Einzelnen für die Versuche, Testreihen und statistischen Auswertungen interessiert, findet im Anhang Literaturhinweise.

An dieser Stelle soll versucht werden, bestehende physikalische Prinzipien so auszulegen, dass sie zumindest ansatzweise als eine Erklärung für parapsychologische Effekte herangezogen werden können.

Mediziner sind heute in der Lage, mithilfe eines Elektroenzephalographen (EEG) Gehirnwellen aufzuzeichnen. Interessant ist nun, dass beobachtet wurde, dass die sogenannten Alpha-Wellen, welche besonders in einem Zustand der Entspannung dominieren, auch im Moment der Telepathieversuche sehr aktiv sind. Neurophysiologen haben nachgewiesen, dass durch die Dominanz von Theta-Wellen das Schmerzempfinden gedämpft werden kann. Interessanterweise misst man eine gesteigerte Thetaaktivität bei Jogis und Fakiren. Auch buddhistische Mönche sollen ihre Gehirnwellen während der Meditation untereinander synchronisieren können. Es muss also irgendeine Korrelation der menschlichen Gehirnwellen untereinander geben. Vielleicht könnten Gehirnwellen ähnlich Quantenwellen eine raum- und zeitlose Verschränkung aufweisen und so einen Erklärungsansatz für Telepathie liefern.

Auch wollen wir uns an den Tunneleffekt aus der Quantenphysik erinnern. Demnach ist es möglich, dass ein Teilchen ohne erkennbaren Grund plötzlich verschwindet, eine eigentlich undurchdringliche Barriere durchtunnelt und ohne Zeitverlust auf der anderen Seite wieder auftaucht. Da alle Gegenstände aus solchen Teilchen bestehen, ist es zumindest im Prinzip möglich, ein Objekt an einer Stelle verschwinden zu lassen und es augenblicklich woanders auftauchen zu lassen. Wenn alle Teilchen auf subnuklearer Ebene miteinander verbunden sind, könnten es doch die Teilchen des Gehirns und die elektrochemischen Prozesse, auf denen unser Bewusstsein basiert, durch den Austausch von Botenteilchen oder durch Quantenkorrelationen schaffen, Dinge zu bewegen bzw. verschwinden zu lassen.

Schließlich werden oft auch elektromagnetische Wellen als Übermittler von Gedanken herangezogen. Fakt ist, dass es unzählige Formen solcher Wellen gibt, die wir mit unseren Sinnen nicht wahrnehmen wie z. B. Radiowellen oder Röntgenstrahlen. Trotzdem werden damit zweifellos unsichtbar Informationen übertragen. Es würde allerdings für die heutige Technik kein größeres Problem darstellen, diese Wellen zwischen den Gehirnen der Versuchspersonen nachzuweisen. Da dieser Nachweis bis heute noch nicht erfolgt ist, kann man davon ausgehen, dass elektromagnetische Wellen als Erklärung ausfallen.

Gewöhnlich betrachten wir unsere Welt als dreidimensional. Sie nehmen den Raum in Länge, Breite und Höhe wahr. Albert Einstein wies nach, dass wir in Wirklichkeit in einem vierdimensionalen Raumzeitkontinuum leben. Moderne Theorien wie die Stringtheorie gehen von mindestens zehn Dimensionen aus. Man beachte, dass die Stringtheorie mit ihrem Hyperraum unter führenden Physikern zurzeit als Weltformel gehandelt wird. Es gibt auch Entwürfe unseres Universums mit 26 Dimensionen. Trotzdem lebt der menschliche Körper in drei Raumdimensionen. Wir sind noch nicht einmal in der Lage, uns ein vierdimensionales Objekt vorzustellen. Vielleicht könnte man ja den Geist oder die Seele oder das Bewusstsein als eine höherdimensionale Komponente unseres Universums beschreiben. Man könnte nun argumentieren, dass der Geist fest mit der mehrdimensionalen Raumzeit verbunden ist und selbst eine dieser Dimensionen darstellt. So wie die Zeit allein auch nicht existiert, sondern nur in Zusammenhang mit dem Raum als ein höherdimensionales Kontinuum. Demnach könnte der menschliche Geist in einer für uns nicht wahrnehmbaren Dimension agieren bzw. Informationen senden.

Analog können Sie sich wieder vorstellen, Sie lebten als zweidimensionales Wesen auf einer dreidimensionalen Kugel. Jede Information Ihrer Welt, Ihrer Kugeloberflächenphysik, würde in Form von Strahlung, Wellen oder Kräften eben nur über diese Kugeloberfläche laufen können. Wenn Ihr Geist aber nun eine Dimension eines höheren Kontinuums darstellt, könnte er z. B. in der dritten Dimension agieren. Das heißt, er könnte Informationen durch die Kugel hindurch schicken. Diese wären dann sogar wesentlich schneller, da die Strecke innen durch ja kürzer ist als außen herum. So könnte sogar die Lichtgeschwindigkeit überschritten werden, ohne die Relativitätstheorie zu verletzten. Damit wären Informationsübertragungen ohne Zeitverlust oder sogar in der Zeit rückwärts durch diesen Hyperraum möglich. Die zweidimensionalen Physiker der Kugeloberflächenwelt würden diese Art Strahlung bzw. Informationsübermittlung mit ihren Geräten auf der Oberfläche natürlich nicht messen können, da diese Strahlen bzw. Informationen ja nicht auf der zweidimensionalen Oberfläche laufen, sondern im dreidimensionalen Hyperraum.

Dieses Modell müssen wir uns jetzt nur auf unsere vierdimensionale Raumzeit bzw. zehndimensionale Stringwelt übertragen, und es ergibt eine, wenn auch sehr hypothetische Möglichkeit für Gedankenübertragung oder andere parapsychologische Effekte.

Rufen wir uns noch einmal die merkwürdige Welt der Quantenphysik in Erinnerung. Wir haben gesehen, dass subnukleare Teilchen keine objektive Realität besitzen, dass die Welt im Innersten nicht aus verkleinerten Billardkugeln besteht, sondern eher aus einer Art Geistwellen. Da die neurophysiologischen Prozesse in unserem Gehirn auch auf der Quantenebene stattfinden, wäre es doch möglich, gemäß den Gesetzen der Quantentheorie hier Verschränkungen und Korrelationen zwischen der Geistwelt der Teilchen auf der Quantenebene und dem menschlichen Gehirn anzunehmen.

Bei Telekinese wirkt der Geist vielleicht gar nicht auf die Materie im makroskopischen Bereich ein, sondern auf die Wahrscheinlichkeitswellen der subnuklearen Teilchen, aus welchen das zu beeinflussende Objekt aufgebaut ist. Im Klartext heißt das: Wenn wir es dank der Kraft unserer Gedanken schaffen, den Fall eines Würfels zu manipulieren, treten Atome oder Teilchen unseres Gehirns mit Teilchen des Würfels auf der Quantenebene in Wechselwirkung. Erinnern Sie sich an den Doppelspaltversuch oder an das Gedankenexperiment mit Schrödingers Katze, wo das menschliche Bewusstsein die Prozesse auf der Quantenebene beeinflusst? Unser Bewusstsein bzw. unsere Gehirnquanten beeinflussen die Würfelquanten insoweit, dass diese die Realität erzeugen, welche wir wünschen, z. B. dass eine Sechs oben liegt. Wenn Ihnen das jetzt zu weit hergeholt erscheint, lesen Sie noch einmal das Kapitel zur Quantenphysik in aller Ruhe.

Wir wollen uns auch noch einmal das EPR-Paradox und den Versuch mit dem Teilchen in der Kiste, welche geteilt an verschiedenen Orten geöffnet wurde, in Erinnerung rufen.

Bei diesen Versuchen wurde klar, dass Teilchen in der Lage sind, nicht lokal, das heißt unabhängig von Raum und Zeit, in Wechselwirkung zu treten. Wenn unser Bewusstsein auf Quantenprozessen basiert, und unser Gehirn besteht ja auf jeden Fall aus Quantenteilchen, könnten doch auch zumindest im Prinzip Teilchen in Gehirnen verschiedener Personen korreliert sein und nicht lokale Informationen austauschen. Wenn ein Photon ohne Zeitverlust auf seinen Partner am anderen Ende des Universums reagieren kann, und es gibt keine nachweisliche Kraft oder Übertragung messbarer Wellen, dann könnte sich doch auch das Bewusstsein diesen Quanteneffekt zunutze gemacht haben und so Telepathie erklärbar werden. Wir erinnern uns an dieser Stelle wieder an den Holismus und die Tatsache, dass auf der Quantenebene alles in einer Einheit miteinander verschmolzen ist. Dass der Geist auf die Quantenwelt einwirkt, ist mittlerweile kein Geheimnis mehr, sondern seriöse Wissenschaft. Es gibt zwar noch keine befriedigende Erklärung, wie dies geschieht, aber dass eine Beziehung zwischen Geist und Materie besteht, ist klar. Nichts existiert für sich getrennt unabhängig vom anderen. Wir müssen den Kosmos mit Raum und Zeit, Materie und Energie, Geist und Bewusstsein als ein untrennbares Ganzes ansehen.

Jetzt stellen Sie sich vor, Ihr Geist sei in der Lage, die Atome der Luft in dem Zimmer, in welchem Sie sich gerade befinden, zu beeinflussen. Seit dem Doppelspaltversuch wissen wir, dass diese Vorstellung gar nicht so abwegig ist. Man kann den Atomen der Luft eine kinetische Energie zuschreiben. Diese Energie äußert sich in der Raumtemperatur. Je schneller sich Atome bewegen, desto heißer wird es, je langsamer, desto kälter. Wenn es nun eine Wechselwirkung zwischen Geist und Materie auf der subnuklearen Ebene gibt, könnte unser Geist in der Lage sein, die Bewegung der Atome zu verlangsamen, das heißt ihnen Energie zu entziehen und den Raum dadurch abzukühlen. Schon eine Temperatursenkung von nur einem Grad Celsius in einem 70 Kubikmeter großen Raum würde genug Energie freisetzen, um einen handelsüblichen Schrank um mehrere Zentimeter zu bewegen.

Könnte hier das Geheimnis der Energie für telekinetische Effekte liegen? Interessanterweise berichten Wissenschaftler und Beobachter paranormaler Effekte oft von einer plötzlichen Abkühlung der Raumtemperatur in dem Moment des Eintretens eines parapsychischen Ereignisses.

Elektrischer Strom beeinflusst Magnetfelder, Magnetfelder beeinflussen elektrischen Strom. Die Entdeckung dieser Tatsache geht auf den Physiker Michael Faraday zurück. Eigentlich funktioniert alles nach dem alten newtonschen Prinzip von Actio gleich Reactio. Neurophysiologen haben nun festgestellt, dass Magnetfelder das menschliche Gehirn beeinflussen und sogar Halluzinationen auslösen können. Könnte demnach im Umkehrschluss das Gehirn dann auch auf Magnetfelder einwirken?

Auch Schallwellen sind in der Lage, Gegenstände zu bewegen. Sie sind ja nichts anderes als Luftdruckschwankungen. Jeder kennt die Kraft von Luftdruckschwankungen in Luftpistolen oder platzenden Autoreifen. Wenn nun der Geist in der Lage ist, auf mikrophysikalischer Ebene nach den Gesetzen der Quantenphysik auf die Luftatome einzuwirken und so vielleicht eine Schwingung zu erzeugen, welche sich auf der makroskopischen Ebene z. B. als eine Infraschallwelle äußert, welche von unseren Ohren nicht wahrgenommen werden kann, könnten durch diese Schallwellen ganz klassische physikalische Wirkungen auf Gegenstände erzielt werden.

Ausgehend von der quantenphysikalischen Tatsache, dass ein Photon bis zum Zeitpunkt seiner Beobachtung keinen definierten Ort besitzt, sondern als Welle, welche sich mit unterschiedlicher Wahrscheinlichkeit praktisch über das ganze Universum erstreckt, verstanden werden muss, könnte man auch den menschlichen Gedanken eine Dualität aus Welle und Teilchen zuschreiben. Das heißt, im Moment des Denkens könnte sich eine Quantenwelle über den ganzen Kosmos ausbreiten. Alle Gedanken bestünden in Form von Wellenwahrscheinlichkeiten, analog zur subnuklearen Welt, überlagert im gesamten Kosmos. Erst wenn ein anderer Geist dieser Welle bewusst wird, kollabiert sie und wird in diesem Geist zu einem aufgenommenen Gedanken, sprich Telepathie. So könnte im Prinzip jedes Lebewesen mit jedem in Kontakt stehen. Das Trägerteilchen könnte eine Art Biophoton sein. Man bedenke, dass Physiker täglich mit Tachyonen oder Gravitonen theoretisch arbeiten, ohne diese in Experiment nachgewiesen zu haben.

Warum geschieht Telepathie aber nun so selten? Vielleicht hat der Mensch es einfach verlernt, weil in unserer Welt von Fernsehen, Computer und Handy die herkömmlichen Sinne dominieren. Wir haben uns in unserer technisierten Welt von der Natur distanziert und nehmen solche Effekte nicht mehr wahr. Interessanterweise können Fisch- oder Vogelschwärme, bestehend aus Hunderten von Tieren, bei einem Richtungswechsel alle zeitgleich aufeinander reagieren. Oder warum spüren Tiere Gefahren oder Unwetter früher, warum merken Hunde, wenn Ihr Besitzer nach Hause kommt?

Wieso wird bei den sogenannten »primitiven Kulturen« wie den australischen Ureinwohnern, Indianerstämmen oder Afrikanern wesentlich offener mit Telepathie umgegangen? Es hat den Anschein, als hätten Tiere oder Naturvölker einen »Sinn« ausgeprägter als wir Bewohner der Industrieländer. In unserer Gesellschaft scheint dieser »Sinn« nur in Extremsituationen noch zu funktionieren, bei einem Unfall oder dem Tod eines Verwandten, in Momenten extrem hoher psychischer Energie.

Aber zurück zu unserer Gedankenübertragung durch Quantenverschränkung. Ein System verschränkter Quanten bzw. überlagerter Wellen ist natürlich sehr instabil, und die Übertragung komplexer Informationen in Form von Sätzen ist nicht erklärbar. Aber es müssen ja keine Texte übertragen werden, sondern Wellenmuster, ähnlich den EEG-Wellen, und das Bewusstsein des Empfängers decodiert diese Wellenmuster dann erst wieder zu einem Satz. Das Faszinierendste ist aber, das Physiker der Universität Bristol errechnet haben, dass Quantenprozesse in einem höherdimensionalen Raum beschrieben wesentlich stabiler sind.

Könnte es also, wie schon erwähnt sein, dass Telepathie ein Effekt ist, welcher nicht durch unsere vierdimensionale

Raumzeit, sondern durch einen Hyperraum vergleichbar dem Modell der Stringtheorie läuft?

Ein weiteres Phänomen sind die dissipativen Prozesse oder Systeme des Chemienobelpreisträgers Ilja Prigogine. Vereinfacht ausgedrückt sollte es so sein, das bei einer chemischen Reaktion zweier Stoffe die einzelnen Moleküle nach den Gesetzen der Thermodynamik chaotisch und unabhängig voneinander miteinander reagieren, bis alle Moleküle verbraucht sind. Es sollten also durch das ganze Gemisch sukzessive Reaktionen in chaotischer Verteilung ablaufen. Rein zufällig sollten Moleküle zusammenstoßen und die Reaktionsprodukte erzeugen.

Prigogine hat nun nachgewiesen, dass dies nicht immer der Fall ist. Es gibt Prozesse, bei denen die Moleküle alle im Gleichschritt reagieren, als hätten sie sich untereinander abgesprochen. Woher weiß das einzelne Molekül, wie die anderen reagieren und wie es darauf zu reagieren hat? Prigogine wies weiterhin nach, dass aus chaotischen komplexen Strukturen ohne äußere Einwirkung sozusagen aus dem inneren Selbst heraus Ordnung entsteht. Könnte nun behauptet werden, die chaotische komplexe Struktur des menschlichen Geistes wäre im kollektiv in der Lage, eine solche dissipative Struktur auszubilden, was als Erklärung telepathischer Phänomene dienen würde?

An dieser Stelle müssen wir uns an C. G. Jungs kollektives Unbewusstes erinnern. Jung postuliert eine allen Menschen gemeinsame gleiche Schicht der Psyche. Er führte bestimmte Bilder oder Gefühle an, die er Archetypen nannte. So sind Vorstellungen von Drachen oder Hexen unabhängig voneinander in allen Kulturen vorhanden. Auch Sinnbilder wie der alte Weise, die gute Mutter, Ängste wie die Todesangst oder die Suche nach Gott und Sinn sind allen Kulturen immanent.

Könnte das kollektive Unbewusste ein dissipatives System sein, welches auf quantenphysikalischer Ebene Kohärenzen und Korrelationen in Form von Telepathie zulässt oder gar erst ermöglicht?

Machen wir uns doch einmal deutlich, dass wir noch nie ein Gefühl gesehen, gehört oder gerochen haben. Aber trotzdem nehmen wir Gefühle wahr, sie existieren außerhalb unserer Sinne. Oft wissen wir, was unser Gegenüber denkt, oder wie er uns gegenüber gesonnen ist, wir spüren Abneigung oder Zuneigung. Unser Unterbewusstsein nimmt viel mehr wahr als unsere Sinne.

Die vierte Dimension

Jeder hat schon von ihr gehört. Jeder glaubt zu wissen, was sie ist. Doch fast keiner kann sie erklären. Dabei gehört die vierte Dimension nicht unbedingt nur ins Reich von Geistermärchen. Physiker und Mathematiker können ganz nüchtern mit der vierten Dimension oder auch noch höheren Dimensionen umgehen.

Sie wissen, was eine Linie ist. Auch eine Fläche oder ein Würfel sind Ihnen nicht unbekannt. Eine Fläche erhält man, indem man zu der Linie eine zweite Linie im Winkel von 90 Grad hinzufügt. Den Würfel erhält man, indem man zu den zwei Linien der Fläche wieder eine dritte Linie hinzufügt, welche zu beiden im Winkel von 90 Grad steht. Einen Hyperkubus, also einen vierdimensionalen Würfel, erhalten Sie demzufolge ganz einfach, indem Sie zu den drei Seitenlinien des Würfels eine vierte hinzufügen, welche im Winkel von 90 Grad zu allen anderen steht. Stellen Sie sich in Gedanken nun einmal so einen Hyperwürfel vor. Das funktioniert nicht?

Keine Angst, es liegt nicht an Ihnen. Das menschliche Gehirn ist nicht in der Lage, sich ein vierdimensionales Objekt vorzustellen.

Um uns zu veranschaulichen, wie die vierte Dimension auf uns wirkt, müssen wir einen kleinen Trick anwenden. Wir stellen uns einfach vor, wir wären zweidimensionale Wesen und lebten in einer 2-D-Welt. Dabei betrachten wir, wie die dritte Dimension auf diese 2-D-Welt einwirkt. Dann können wir analog daraus schließen, wie die vierdimensionale Welt auf unsere echte dreidimensionale Welt wirkt.

Sie sind jetzt also eine platte Wanze in einer 2-D-Welt. Sie kennen nur vor und zurück, links und rechts. Oben und unten ist Ihnen gänzlich unbekannt. Zur besseren Veranschaulichung können Sie sich vorstellen, Sie seien ein Kreis oder Farbfleck auf einem Blatt Papier. Wenn Sie jetzt in Ihrer Blattwelt einen anderen Kreis treffen, können Sie diesen nur als Linie von außen betrachten. Die Innenfläche des Kreises bleibt Ihnen verborgen. Sie können links oder rechts an ihm vorbeigehen, aber nicht über ihn klettern.

Als geschütztes Haus würde ein Rechteck aus vier Linien ausreichen. Sie kämen nicht raus, keiner käme rein. Ein Dach gäbe es nicht. Neugierige Passanten der Blattwelt würden nur gegen die Linien des Rechteckes schauen können, ein Blick von oben in das dachlose Haus wäre nur aus der dritten Dimension möglich. Ein dreidimensionales Wesen könnte durch die verschlossenen Wände aus der zusätzlichen Dimension in Ihr Haus und sogar in das Innerste Ihres Körpers hineinschauen.

Dieses Wesen wäre in der Lage, Ihren Körper (den Kreis) von »oben«, also aus der dritten Dimension, in diese hinein, also in die Höhe zu heben und Sie so aus dem verschlossenen Haus zu entfernen und an einer anderen Stelle wieder in die

Blattwelt abzusetzen. Für Ihre Mitmenschen, welche die Höhe ja nicht wahrnehmen können, da sie ja nur zweidimensional denken und sehen können, sähe es so aus, als würden Sie augenblicklich an einem Ort verschwinden, sich in Nichts auflösen und kurze Zeit später wie von Geisterhand woanders wieder auftauchen.

Noch bizarrer wird es, wenn Sie sich vorstellen, Sie seien eine unregelmäßige Figur, etwa ein »L«. Wenn Sie als L auf einem Blatt Papier liegen, können sie sich um 90, 180 oder 360 Grad drehen, die untere Linie des L wird immer nach rechts zeigen. Jetzt kommt wieder das 3-D-Wesen und hebt sie aus dem 2-D-Land in das 3-D-Land und kippt Sie einmal um 180 Grad in der dritten Dimension, so als würde man eine Buchseite umblättern. Danach setzt es Sie wieder im 2-D-Land ab. Erstaunt stellen Sie fest, dass nun die untere Seite des L nicht mehr nach rechts, sondern nach links zeigt. Durch die 180-Grad-Drehung in der dritten Dimension ist Ihr kompletter Körper gespiegelt worden.

Nun wollen wir diese Phänomene auf unsere 3-D-Welt übertragen. Sie sitzen gerade in einem geschlossenen Raum, also etwa einem 3-D-Kasten mit vier Wänden, Boden und Deckel. Sie meinen, es gibt keinen Ausweg außer Türen und Fenster? Falsch! Ein Wesen aus der vierten Dimension kann jetzt eben genau aus dieser Richtung in Ihren verschlossenen und nach allen drei Ihnen bekannten Dimensionen blickdichten Raum hineinschauen. Es schaut genau aus der Dimension, in der Ihr Haus keine Ausdehnung, sprich Wand besitzt. Daher kann es Sie unbemerkt ausspionieren, so als würden Sie von oben auf das innere eines Kreises blicken. Dieser ist zweidimensional und hat in Ihrer Blickrichtung, der dritten Dimension, ja auch keine Begrenzung.

Es kann sogar in Ihren Körper schauen, alle Organe sehen, auch wenn dieser Anblick nicht gerade ästhetisch ist. Dieses Wesen könnte Sie jetzt packen, in die vierte Dimension zerren und ganz woanders wieder absetzen. Für Ihre Mitbewohner sähe es jetzt so aus, als würden Sie plötzlich ins Nichts verschwinden und an anderer Stelle plötzlich und ohne erkennbare Ursache aus dem Nichts auftauchen. Wenn das Wesen Sie dabei auch noch gedreht hat, sind Sie jetzt komplett gespiegelt. Die Leber sitzt jetzt links, das Herz rechts, die linke Hand ist die rechte und umgekehrt. Also wenn Sie einmal zwei linke Handschuhe haben, heben Sie einen einfach in die vierte Dimension, drehen Sie ihn und holen Sie ihn zurück. Schon haben Sie den fehlenden rechten wieder.

Sollten Sie es je schaffen, Herr über die vierte Dimension zu sein, stehen Ihnen ungeahnte Möglichkeiten offen. Sie könnten jede Gefängniszelle verlassen, ohne eine Tür zu öffnen, überall verschwinden und auftauchen, wie es Ihnen gerade passt. Gold und Schmuck wäre in den besten Tresoren nicht mehr geschützt. Ohne Spuren zu hinterlassen könnten Sie sich den wertvollen Inhalt aneignen. Es würde kein Problem darstellen, geheime Dokumente zu lesen, ohne den Umschlag zu öffnen. Ein Knoten in einem geschlossenen Band könnte gelöst werden, ohne das Band zu zerschneiden. Kettenglieder könnten getrennt werden, ohne sie aufzuschneiden.

Eine äußerst bizarre Welt, und das ist erst die vierte Dimension, grundsätzlich kann es unendlich viele Dimensionen geben. Wie schon gesagt arbeitet die Stringtheorie mit bis zu 26 Dimensionen. Sehr faszinierend ist, dass man mit den Möglichkeiten der vierten Dimension parapsychologische Effekte wie Teleportation, Geistersichtungen, Hellsehen, plötzliches Verschwinden oder Auftauchen von Gegenständen oder Personen und ähnliche Phänomene verstehbar, wenn nicht sogar erklärbar machen kann. Auch bei Berichten von transzendentaler Meditation, Drogenkonsum, Träumen oder außerkörperlichen Erlebnissen wird von vergleichbaren Eindrücken berichtet. Als besäße der Geist in einem dieser aufgeführten Zustände die Möglichkeit, körperlos in der vierten Dimension zu reisen. Ich wünsche Ihnen heute Nacht viel Vergnügen bei Ihren Träumen!

Zusammenfassung – Das Postulat des pantheistischen Idealismus

Als Abschluss möchte ich die wichtigsten Thesen noch einmal in einfacher Form zusammenfassen. Dadurch soll klar herausgestellt werden, welche Philosophie aus den erörterten Themen abzuleiten ist. Ich möchte für diese Sichtweise den Begriff pantheistischer Idealismus prägen, dessen Grundaussagen lauten:

1. Geist ist die Ursache für alle Manifestationen wie Raum, Zeit und Materie, welche wir als Realität ansehen.
2. Die Grundsubstanz allen Seins ist nicht materiell, sondern geistig.
3. Alle Manifestationen der Realität sind nur Illusion, geschaffen aus Geist und ohne Geist nicht unabhängig existent.
4. Die Gesamtheit der manifestierten Existenz stellt eine Einheit dar. Nichts existiert unabhängig vom Ganzen. Alles ist von allem durchdrungen.
5. Das individuelle Bewusstsein verschmilzt auf einer höheren Ebene zu einem kollektiven holistischen Geist.
6. Alles, was gedacht werden kann, existiert überlagert in einer quantenphysikalischen Superposition.
7. Den schöpferischen Geist könnte man Gott nennen. Dieser Gott wäre in allem, ist alles und erschafft alles. Er ist

zugleich die quantenphysikalische Superposition aller Möglichkeiten und der kollektive holistische Geist.

8. Der Geist ist unsterblich, nicht physikalisch, sondern raum- und zeitlos und transzendent.

9. Es gibt keine Dichotomie zwischen Schöpfer und Schöpfung. Das »eine« ist das »andere« und bestimmt das »andere«.

10. Die Ursache allen Seins ist geistiger Natur, der Geist ist der Schöpfer und der Schöpfer ist im Geist. Alles ist Geist, alles ist Schöpfung.

Beweise für das Postulat des pantheistischen Idealismus

1. Akausale und nicht lokale Synchronizitäten und Koinzidenzen.

2. C.G. Jungs kollektives Unbewusstes.

3. Untrennbarkeit der Teilchen und Nichtlokalität im EPR-Paradox und Aspect Experiment.

4. David Bohms implizite Ordnung.

5. Rupert Sheldrakes morphogenetische Felder.

6. De Broglies Materiewellen.

7. Prigogines dissipative Strukturen.

8. Auflösen der Materie in Wahrscheinlichkeiten auf Quantenebene.

9. Das Doppelspaltexperiment, Bewusstsein beeinflusst die Quantenwelt.

10. Photonen besitzen weder Raum noch Zeit noch Masse.

11. Kopenhagener Deutung, Bewusstsein erzeugt Realität.

12. Nichtlokalität und Holismus bei Foucaults Pendel, Machs Prinzip, retadierten Wellen, dem Teilchenspin und dem Pauli-Prinzip.

13. Komplementarität und Kohärenz in der Quantenwelt.

14. Unschärferelation und Tunneleffekt.

15. Paradox von Schrödingers Katze.

16. Die gesamte indeterministische akausale holistische Verknüpfung auf der Quantenebene.

17. Sämtliche Quantenphänomene, welche beweisen, dass erst der Geist die Realität schafft.

18. Phänomene wie Telepathie, Telekinese oder Sterbebettvisionen.

19. Alte östliche Philosophien wie der Buddhismus.

20. Untrennbarkeit in biologischen Systemen, Gaia-Hypothese.

21. Monadologie nach Leibniz und Noosphäre nach Teilhard de Chardin.

22. Einheit von Raum und Zeit in der Relativitätstheorie sowie die Äquivalenz von Materie und Energie.

23. Die in diesem Buch vorgestellten Gedanken und Ideen.

Nachgedanken

Unser Kosmos ist etwa 13,7 Milliarden Jahre alt. Wir Menschen haben erst vor 300–400 Jahren begonnen, ernsthaft darüber nachzudenken, und erst seit etwa 100–200 Jahren besteht das, was wir moderne Wissenschaft nennen. Mit welchem Recht behaupten wir, irgendetwas zu wissen oder zu verstehen?

Alles, was gedacht wird, gibt es auch. Was es nicht gibt, kann nicht gedacht werden!

Es ist nicht immer nötig Fragen zu beantworten, da das Nachdenken über Fragen schon neue, tiefere Fragen aufwirft. Dieses tiefere Eindringen in die Materie ist oft, trotz neuer Fragen, befriedigender, als oberflächlich Fragen zu beantworten!

In jeder Sekunde stellen wir die Weichen für einen ganz neuen Verlauf unseres Lebens. Das Erschreckende ist, dass wir nie erfahren, wie unser Leben verlaufen wäre, wenn wir in einer beliebigen Sekunde anders gehandelt hätten!

Wenn Sie das nächste Mal eine Mücke töten, denken Sie daran, dass Ihre Atome und die der Mücke im Urknall einmal eins gewesen und vor Jahrmillionen einmal zusammen in einem Stern gewesen sind!

Was macht uns eigentlich so sicher, dass die Vergangenheit feststeht, die Zukunft aber nicht, bzw. die Zukunft offen, die Vergangenheit aber unveränderbar ist?

Warum halten wir uns alle möglichen Zukünfte offen, suchen uns aber aus allen möglichen Vergangenheiten nur eine bestimmte heraus?

Die moderne Computertechnik schafft uns immer bessere imaginäre Welten. Irgendwann ist es nicht mehr möglich, zwischen Simulation und Realität zu unterscheiden! Vielleicht ist dies ja schon vor 1000 Jahren passiert?

Der Sinn der Wissenschaft ist es, Erklärungen zu finden. Der Sinn der Theologie ist es, diese Erklärungen abzulehnen und an deren Stelle Gott anzunehmen. Wäre es nicht sinnvoller, Gott als Erklärung für die Erklärungen anzunehmen?

Warum haben wir Angst vor dem Tod? Es gibt kein Indiz, dass sich je ein Toter beschwert hätte. Wir sollten auf die Lebenden hören, die beschweren sich ständig über das Leben!

Wir sollten uns jeden Moment bewusst sein, dass wir eines Tages aus diesem Traum, den wir Leben nennen, aufwachen und feststellen, dass wir tot sind!

Natürlich kann es sein, das alles, was in diesem Buch erörtert wurde, nicht zutrifft. Vielleicht gibt es wirklich einfach nur ganz klassisch Raum und Zeit, Materie und Energie. Wir sind einfach nur Fleischklumpen, welche ohne jeden Sinn geboren werden. Geist und Bewusstsein lassen sich streng reduktionistisch als Epiphänomen erklären. Die Seele ist nur eine

Wunschvorstellung der Theologen. Einen Gott gibt es nicht. Wenn wir sterben, ist alles aus und vorbei, da kommt nichts mehr. Aber, wenn dem so ist, dann bekommen wir es ja eh nicht mit. Also kann es uns jetzt auch egal sein. Also egal was wir jetzt im Leben glauben wollen, ob es eintrifft oder nicht, es macht auf jeden Fall in diesem Leben seinen Sinn.

Wenn das Universum vielleicht wieder verschwindet, ohne Grund und Ursache, genauso wie es gekommen ist, wenn es außer Materie und Raumzeit nichts Tieferes, Transzendentes gibt, dann wird kein Geist oder Gott oder Mensch mehr von unserer Existenz zeugen oder wissen. Es wäre, als hätte es uns nie gegeben. Nur das Nichts und die zeitlose Ewigkeit wären real!

V. J. Becker

Zitate

Zugegeben, eine lose Sammlung Zitate im Anhang mag etwas deplatziert erscheinen. Ich denke aber, einige besonders aussagekräftige Worte besonders beachtenswerter Personen ausgewählt zu haben, welche das Erörterte noch einmal unterstreichen und dem Leser die Möglichkeit geben, das Gelesene noch einmal zu reflektieren.

»Dasein und Wahrnehmung sind Wechselbegriffe.«

VEDANTA-PHILOSOPHIE

»Jedes Phänomen, das uns bewusst wird, ist stets eine Manifestation des Geistes.«

BUDDHA SHAKYAMUNI

»Materie besitzt nur insofern Realität, als sie durch irgendeinen Geist wahrgenommen wird.«

GEORGE BERKELEY, BISCHOF UND PHILOSOPH

»Die Welt ist meine Vorstellung!«

ARTHUR SCHOPENHAUER, PHILOSOPH

»Realität wird durch Beobachtung geschaffen!«

NIELS BOHR, PHYSIKER, NOBELPREISTRÄGER

»Bewusstsein erzeugt Realität!«

ANSICHT DES ATOMPHYSIKERS

EUGENE WIGNER (NOBELPREIS PHYSIK)

UND DES MATHEMATIKERS JOHN VON NEUMANN

*»Wir wissen heute, dass der Mond nachweislich
nicht vorhanden ist, wenn niemand hinsieht!«*

PROF. DAVID MERMIN (PHYSIK), CORNELL UNIVERSITY

*»Das Bewusstsein wählt aus, welchen Ausgang
der Kollaps eines Quantensystems nimmt.
Vor dem Kollaps existiert der Zustand
des Gehirn-Geistes in Form
unzähliger möglicher Tendenzen.
Der Kollaps setzt eine dieser Tendenzen
in die materielle Welt um.«*

PROF. AMIT GOSWAMI, QUANTENPHYSIKER,

UNIVERSITY OF OREGON

»Bewusstsein und Realität scheinen zusammenzuhängen!«

PROF. DR. A. ZEILINGER, QUANTENPHYSIKER, UNIV. WIEN

Der Autor

Volker J. Becker studierte neben seiner beruflichen Tätigkeit als Industrietechniker Philosophie und theoretische Physik. Er beschäftigte sich auch intensiv mit östlichen Religionen, vor allem mit dem Buddhismus.

Im Laufe der Jahre beteiligte er sich aktiv an unzähligen Vorträgen, Seminaren und Symposien zur Erforschung wissenschaftlicher Grenzbereiche und transzendentaler Themen. Er ist Gründer und Referendar eines Philosophischen Cafés und Mitglied des Physikalischen Vereins Frankfurt am Main.

Mit der Philosophie des pantheistischen Idealismus tritt er in dem vorliegenden Werk als eigenständiger Denker hervor. Ansetzend an der Nahtstelle von Naturwissenschaft, Philosophie und Religion, entwirft Becker ein Weltmodell, das nicht nur die Einheit von Materie und Geist anschaulich darlegt, sondern dem Menschen der heutigen Zeit auch eine geistige Orientierung in einer sich rasant ändernden Umwelt bietet.

V. J. Becker lebt und arbeitet als Sachbuchautor in der Nähe von Koblenz.

Bibliografie

Viele der Überlegungen und Gedanken in diesem Buch sind schon in ähnlicher Weise an anderer Stelle erörtert worden.

Die meisten Thesen in diesem Buch habe ich selbst entwickelt. Natürlich ist es aber nicht auszuschließen, dass etwas Ähnliches schon vorher von anderen Autoren geschrieben oder gedacht wurde. Wenn ich eine Idee oder Theorie eines Wissenschaftlers übernommen habe oder darstelle, ist dieser als geistiger Vater des Gedankens auch im Text genannt.

Die nun folgende Liste stellt eine Auswahlbibliografie der Werke dar, welche mich in den Jahren der Suche nach Wahrheit beeinflusst respektive weitergebracht haben.

Darüber hinaus hat der Leser hier die Möglichkeit, in einzelne Themenbereiche tiefer einzudringen.

Abbott Edwin, Flächenland, dtv 1989
Al-Khalili Jim, Schwarze Löcher, Wurmlöcher und Zeitmaschinen, Spektrum Akademischer Verlag 2004

Bender Hans, Parapsychologie, Schünemann 1982
Bohm David, Die implizite Ordnung, Goldmann 1982
Breuer Reinhard, Das Anthropische Prinzip, Nymphenburger 1996

Calder Nigel, Einsteins Universum, Umschau 1980
Capra Fritjof, Das Tao der Physik, O. W. Barth Verlag 1984
Chardin Pierre Teilhard de, Der Mensch im Kosmos, Beck 1999

Charon Jean, Der Geist der Materie, Zsolnay 1979

Chown Marcus, Warum Gott doch würfelt, dtv 2005

Cooper J. C., Der Weg des Tao, Rowohlt 1996

Davies Paul, Der Plan Gottes, Insel 1996

Davies Paul, Der Geist im Atom, Insel 2001

Davies Paul, Gott und die moderne Physik, Bertelsmann, 1986

Davies Paul, Prinzip Chaos, Bertelsmann 1988

Davies Paul, Mehrfachwelten-Entdeckungen der Quantenphysik, Diederichs 1981

Dawkins Richard, Der blinde Uhrmacher, Kindler 1987

Dennett Daniel, Philosophie des menschlichen Bewusstseins, Hoffmann und Campe 1994

Deutsch David, Die Physik der Welterkenntnis, Birkhäuser 1996

Ditfurth Hoimar von, Der Geist fiel nicht vom Himmel, Hoffmann und Campe 1993

Dürr Hans-Peter, Physik und Transzendenz, Scherz 1999

Eccles John, Gehirn und Seele, Piper 1991

Eccles John, Die Evolution des Gehirns, Piper 1990

Eccles John, Wie das Selbst sein Gehirn steuert, Piper 1994

Eccles John/Popper Karl, Das Ich und sein Gehirn, Piper 1989

Einstein Albert, Über die spezielle und allgemeine Relativitätstheorie, Springer 2001

Einstein Albert/Infeld Leopold, Die Evolution der Physik, Rowohlt 1995

Ewald Günter, Die Physik und das Jenseits, Pattloch 1998

Ferguson Kitty, Gottes Freiheit und die Gesetze der Schöpfung, Econ 2002

Fritzsch Harald, Eine Formel verändert die Welt – Newton, Einstein und die Relativitätstheorie, Piper 1988

Fritzsch Harald, Vom Urknall zum Zerfall, dtv 1996

Gell-Mann Murray, Das Quark und der Jaguar, Piper 1995

Geyer Christian, Hirnforschung und Willensfreiheit, Suhrkamp 2004

Gierer Alfred, Die Physik, das Leben und die Seele, Piper 1986

Gilmore Robert, Die geheimnisvollen Visionen des Herrn S., Birkhäuser 1996

Görnitz Thomas, Quanten sind anders, Spektrum 1999

Goswami Amit, Das bewusste Universum, Lüchow 2002

Gott J. Richard, Zeitreisen in Einsteins Universum, Rowohlt 2002

Guitton Jean u. a., Gott und die Wissenschaft, dtv 1996

Greene Brian, Der Stoff, aus dem der Kosmos ist, Siedler 2004

Greene Brian, Das elegante Universum, Siedler 2000

Gribbin John, Schrödingers Kätzchen und die Suche nach der Wirklichkeit
Fischer 1996

Gribbin John, Auf der Suche nach Schrödingers Katze, Piper 1988

Gribbin John, Jenseits der Zeit, Experimente mit der 4. Dimension, Betten-
dorf 1994

Gribbin John, Die erste Genesis. Gott, die Zeit und der Urknall, Herbig 1999

Grof Stanislav, Topographie des Unbewussten, Klett-Cotta 2002

Grof Stanislav, Wir wissen mehr als unser Gehirn, Herder 2003

Grof Stanislav, Geburt, Tod und Transzendenz, Kösel 1985

Halpern Paul, Wurmlöcher im Kosmos, List 1998

Hawking Stephen, Eine kurze Geschichte der Zeit, Rowohlt 1998

Hawking Stephen, Einsteins Traum, Rowohlt 1996

Hofstadter Douglas, Gödel, Escher, Bach, Klett-Cotta 2001

Hegel G. W. F., Phänomenologie des Geistes, Voltmedia 2005

Heisenberg Werner, Der Teil und das Ganze, Piper 2001

Heisenberg Werner, Physik und Philosophie, Hirzel 2000

Heisenberg Werner, Quantentheorie und Philosophie, Reclam 1979

Jacobson Nils-Olaf, Leben nach dem Tod, Lübbe 1979

Jeans James, Physik und Philosophie, Rascher 1951

Jordan Pascual, Der Naturwissenschaftler vor der religiösen Frage, Stalling
1963

Jung Carl Gustaf, Archetypen, dtv 2001

Jung Carl Gustaf, Synchronizität, Akausalität und Okkultismus, dtv 2001

Jung Carl Gustaf, Traum und Traumdeutung, dtv 2001

Kaku Michio, Im Paralleluniversum, Rowohlt 2005

Kaku Michio, Im Hyperraum, Rowohlt 1998

Kant Immanuel, Die drei Kritiken, Suhrkamp 2004

Kelsang Geshe, Einführung in den Buddhismus, Tharpa 2001

Kübler-Ross Elisabeth, Über den Tod und das Leben danach, Silberschnur 2002

Krishnamurti Jiddu, Über Leben und Sterben, Fischer 1998

Krishnamurti Jiddu, Die Leidenschaft des Geistes, Theseus 2004

Laotse, Tao Te King, Reclam 1997

Laszlo Ervin, Das fünfte Feld, Lübbe 2000

Laszlo Ervin, Kosmische Kreativität, Insel 1999

Ledermann Leon, Das schöpferische Teilchen, Bertelsmann 1993

Lehmann Johannes, Buddha, Leben, Lehre, Wirkung, Fischer 1986

Leibniz G. W. L., Monadologie, Reclam 1998

Libet Benjamin, Mind Time, Suhrkamp 2005

Lucadou Walter von, Dimension PSI, Fakten zur Parapsychologie, List 2003

Lucadou Walter von, PSI-Phänomene, Insel 1997

Lucadou Walter von, Geister sind auch nur Menschen, Herder 1997

Matthews Robert, Und Gott hat doch gewürfelt, Droemer-Knaur 1994

Michaels Axel, Der Hinduismus, Beck 1998

Molderings Gerhard, Beinahe unsterblich, Bewusstseinsprinzip und Kosmologie, Pro Business 2004

Monod Jacques, Zufall und Notwendigkeit, Piper 1983

Moody Raymond, Leben nach dem Tod, Rowohlt 2001

Moos Walter, Gott und die Physik, Patmos 2002

Mooser Paul, Gott, Zufall oder Geist, Buch + Media 2005

Orthbandt Eberhard, Geschichte der großen Philosophen, Dausien 1988

Oth Rene, Gott auf dem Prüfstand, Lübbe 1985

Pagels Heinz, Die Zeit vor der Zeit, Ullstein 1987

Pauli Wolfgang, Physik und Erkenntnistheorie, Vieweg 1984

Peat David, Synchronizität, Die verborgene Ordnung, O. W. Barth 1989

Penrose Roger, Das Große, das Kleine und der menschliche Geist, Spektrum 2002

Penrose Roger, Computerdenken, Spektrum 2002

Penrose Roger, Schatten des Geistes, Spektrum 1995

Planck Max, Vorträge und Erinnerungen, Hirzel 1949

Prigogine Ilja, Dialog mit der Natur, Piper 1986
Prigogine Ilja, Vom Sein zum Werden, Piper 1992

Rhine J.B., Die Reichweite des menschlichen Geistes, Deutsche-Verlags-
    Anstalt 1950
Rhine/Driesch, Parapsychologie, Kindler 1967
Ryzl Milan, ASW Phänomene, Ariston 1985
Ryzl Milan, Der Tod ist nicht das Ende, Ariston 1996
Rucker Rudy, Die Wunderwelt der vierten Dimension, Scherz 1987
Rucker Rudy, Der Ozean der Wahrheit, Krüger 1988

Sagan Carl, Unser Kosmos, Bechtermünz 1996
Sartre J.P., Das Sein und das Nichts, Rowohlt 1993
Segre Emilio, Die großen Physiker und ihre Entdeckungen, Piper 1998
Seidenstücker Karl, Die Lehren Buddha, Voltmedia 2005
Shanley William, Alice zwischen den Welten, dtv 2000
Sheldrake Rupert, Das schöpferische Universum, Ullstein 1993
Sheldrake Rupert, Denken am Rande des Undenkbaren, Piper 2004
Sheldrake Rupert, Das Gedächtnis der Natur, Scherz 1998
Schrödinger Erwin, Was ist Leben?, Piper 1999
Schrödinger Erwin, Was ist ein Naturgesetz?, Oldenbourg 1997
Schrödinger Erwin, Geist und Materie, Zsolnay 1998
Stadelmann H.R., Im Herzen der Materie, Wissenschaftliche Buchgesell-
    schaft 2004

Talbot Michael, Jenseits der Quanten, Heyne 1990
Talbot Michael, Das holographische Universum, Droemer Knaur 1992
Talbot Michael, Mystik und neue Physik, Heyne 1989
Tenhaeff W.H.C., Kontakte mit dem Jenseits, Ullstein 1995
Thuan Trin, Die verborgene Melodie, Kosmos 1993
Tipler Frank, Die Physik der Unsterblichkeit, Piper 2001
Thorne Kip, Gekrümmter Raum, verbogene Zeit, Droemer Knaur 2000

Vaas Rüdiger, Tunnel durch Raum und Zeit, Kosmos 2005
Vanamali Gunturu, Hinduismus, Diederichs 2002

Waldrich Hans Peter, Grenzgänger der Wissenschaft, Kösel 1993

Watson Lyall, Die Grenzbereiche des Lebens, Fischer 1984

Watson Lyall, Geheimes Wissen, Fischer 1985

Watson Lyall, Der unbewusste Mensch, Umschau 1989

Watts Alan, Die Illusion des Ich, Goldmann 2005

Weber Rene, Wissenschaftler und Weise, Aquamarin 1987

Weinberg Steven, Die ersten drei Minuten, Piper 1992

Weizsäcker C. F. von, Die Einheit der Natur, dtv 2002

Wilber Ken, Das Spektrum des Bewusstseins, Rowohlt 1991

Wilber Ken, Naturwissenschaft und Religion, Krüger 1998

Wolf Fred Alan, Die Physik der Träume, Byblos 1995

Wolf Fred Alan, Parallele Universen, Insel 1998

Zeilinger Anton, Einsteins Schleier, Beck 2003

Zukav Gary, Die tanzenden Wu-Li Meister, Rowohlt 1985

Zukav Gary, Die Spur zur Seele, Heyne 1990

Namen- und Sachregister

Dieses Register ist bewusst sehr kurz gehalten, da die Unterkapitel in diesem Buch so gewählt sind, dass der Leser schon im Inhaltsverzeichnis sieht, wo er das Gesuchte findet. Viele Gedanken lassen sich auch nicht an einer Seite festmachen, sondern ziehen sich durch das ganze Buch. So findet man zum Beispiel fast überall Gedanken zum Buddhismus, Holimus oder zu Gott. Solche Stichworte können daher im Register nicht aufgeführt werden.